The Feeling of Meaninglessness
A Challenge to Psychotherapy and Philosophy

虚無感について

心理学と哲学への挑戦

Victor E. Frankl
ヴィクトール・E・フランクル 著
Yoshiyuki Hirooka
広岡義之 訳

青土社

虚無感について　目次

虚無感について　心理学と哲学への挑戦

序に代えて

ヴィクトール・E・フランクルの生涯とロゴセラピーおよび実存分析の発展

アレクサンダー・バッチャニー

一九二三〜一九二七年：個人心理学からロゴセラピーへ

一九二六年、二一歳の医学生であったヴィクトール・フランクルは初めて、「ロゴセラピー」という言葉を医学心理学学術協会の講演会で使用した。その後十年間にわたって、フランクルがかかわることになる青少年相談所や、ウィーンのローゼンヒューゲル精神科病院やマリア・テレージエン・シュレッセル精神科病院、また「アム・シュタインホーフ」［ウィーン市立精神科病院］でフランクルの精神医学や神経学の専門的な訓練が影響を与えるなかで、彼はしだいにロゴセラピーを、今日では「ロゴセラピーと実存分析」として知られている独自の心理療法体系へと発展させてゆくのであった。

一九二〇年代を通してフランクルには、自らの心理療法や精神医学の学説をうちたてることは念頭になかったのであろう。一九二六年にフランクルは、アルフレート・アドラーの個人心理学の構想に基づいた神経症の人々の関係性の理解を補う「治療法と理論のプログラム」を構成することに唯一の関心があると明言している。換言すればフランクルは、寛解の見通しを危険にさらすような生活態度をもつ患者のために、出会いの基盤を創出したかったのである。

自らを満たすのに十分なほどきわめて知的で賢明かつ、スポーツをたしなむ悲観主義者を、助言することによって助けることなど誰にもできない。なぜなら彼の幸せすべてにわたって、悲観主義者の哲学は、［他人の］助言に従う理由を何も与えないからである。ここでわれわれは、さらなる治療への何らかの手がかりを得るために、まず悲観主義者が下している評価に影響を及ぼさなければならない。つまり、神経症について話し合うことの価値に対する評価に対してである！（フランクル、一九二五、二五〇頁）

この治療法のモデルの枠組みにおいて、フランクルはまた精神的に混乱した人々の関係性について現象学と分類システムを詳細に考え出した（フランクル、一九二六a）。さらに彼は個人心理学の運動のなかで初めて、人生に対する神経症的な性向についての現象学的研究の試みを受け入れた人物であった。実に興味深いことに、フランクルは一九二六年に生み出した思想や洞察を後に『時代精神の病理学』（フランクル、一九四九）での引用として使っているにもかかわらず、彼の分類システムは現代のロゴセラピーには結びついていない。後者（『時代精神の病理学』）は第二次世界大戦の体験を背景として現れた異常な性向を集合的に描くのに対して、前者（一九二六年の思想）は人格・人々・関係性などの面で精神的に混乱した個人を対象として考察している。このように両時期の著作は、狭義において臨床の実践上、診断と治療法を結びつける筋道として役立つように意図されているのである。

フランクルが分類システムをそれ以上用いなかった理由としては次のようなことがいくつか考えられる。第一に人生に対する神経症的な性向の分類はその重要性を失ったことが挙げられる。それというのも二、三年のうちに彼がロゴセラピーと実存分析を独立した完全な治療形態へと発展させてきたことによって、新しいロゴセラピーや実存分析が現在幅広く応用されるに至ったからである。第二にフランクルは、あらゆる類型論や診断上の図式化の限界を認識し、新しい治療形態にはより広く適用できることを考慮したからである。そして、心理療法の最前線で患者固有の人格との関係をますます重要視するようになった。しかしそれにもかかわらずフランクルが考え出した分類システムは、特徴的な診断上の理論的根拠から、普遍的で魅力的な研究テーマとしての様相を呈している。たとえば、現代のロゴセラピーの枠組みにおいて「理知的な神経症患者」の思考パターンを、「精神因性神経症」と表現される人格の特別な形態として見ることができるというところに、その様相が現れている。このロゴセラピーの枠組みは、患者自身の個性に対して広く行き渡っている類型論的な属性を当てはめようとはせず、治療法の公開性を創出する具体的な指針をもたらした。そしてどのような事情にせよ『実践における心理療法』で描かれた事例研究の検討は、フランクル自身が一〇年後に、しきりに分類システムに立ち返って参照していたことを示している。

治療経過が成功するかどうかは、患者のやる気と洞察にまさに依拠しているので、フランクルは治療を始める前に、患者が神経症について話し合うことの価値を認め、これを意識することが必要だと認識していた。この認識は、人格と病気の概念化を意味するものであり、このこと自体は根本的には新しい洞察ではない。すべての患者が等しく自ら進んで治療を始めるわけではないことは、臨床医やセラピストなら誰でも知っている。しかしながらフランクルの試みの新しさは、人生への態度の表現としてこれらの動機のちがいの意味を理解しようとしていることであり、そのちがいを根本的な神経症的障碍《しょうがい》からある程度独立したものとみなしていることであり、またそのちがいを十分に考察していることである。

われわれが神経症的と呼ぶものが正確でないということに、まったく同意されていないことはア・プリオリ［自明的］である。知的な意見や評価をもつことを不適応であるとみなす（たとえば、個人心理学で考えられているように）のはわれわれにとって決して自明なことではないし、不適応であることそのものが誤りであるともいえない。

（フランクル、一九二六ａ ix）

言い換えれば、たとえ患者が人生の意味を疑うにしても、それは決して心理的な障碍の決定的な表現や症状ではないということである。ある状況や人生に対する特定の考え方のもとでは、このことは非常に理にかなっており、論理的に一貫している。したがって、身体的あるいは精神的な病気の治療が成功しても、全人生の状態を変える望みはほとんどない。このように理解することによって、フランクルは神経症患者の人生への態度を、患者の精神状態から切り離すのである。後者は病気の特徴を指し示すかもしれないが、前者は少なくとも必ずしもそうではない。もしこのタイプの症状［人生への態度］を医者やセラピストが扱わないとしたら、治療の期間中、人生への態度はこれまでと変わらないものであり続けるだろう。このことはまさしく人生への態度が病気の症状のようなものではないからである。

他方で、当初から明確であるのは、ある種の人生への態度が、今呈する症状をさらに悪化させ、治療における成功の見通しを閉ざしてしまう可能性があるということである。治療が成功した後でさえ、統計的にみるとある種の人生への態度は病気を再発させる、さらに高い危険性を孕んでいる。それゆえに治療のケア以前の段階から以後の段階まで一貫して、患者を適切な人格―世界―関係へと導き、その患者の前で実存への肯定的なアプローチの可能性を見出すことが必要となる。若きフランクルの指導教官であったルドルフ・アラースも、「あらゆる心理療法の努力の目的は、――人格と世界の和解への導きを引き受けることである」と定義した（アラース、一九六三／二〇〇五、一二頁）。もともとの病気の合併的症状が耐えられるまでに低減し、あるいは完全に治癒したときに、人格と世界の和解は自ずと現れてくるのではない、と言える。というのも、治療が成功した後でさえも病気は患者の人生や学習歴に痕跡を残すのであり、それゆえに病気は患者の人生哲学を変えることもあるからである。

また、患者の人生経験や学習歴を取り去ることは、人間味のある精神医学的あるいは心理療法的なあらゆる治療の目的でもない。つまり第一に、倫理的で正当と認められる心理療法の枠組みのなかで、このように患者の人生経験や学習歴を取り去ることが可能かどうか疑わしいのである。たとえ可能であったとしても、そのような行為は人格と尊厳についてのロゴセラピーによる解釈と矛盾するだろう。さらにそのような行為は患者を、人生との自由で優美でかつ現実的な和解へと導く治療後の段階において心理療法上の未解決の課題を残すことになる。そして人生との和解に基づいてこそ、患者は成長し続けることができるのである。

一九二三年というさらに早い段階ですでにフランクルは、不自然で誤った実存のあり方があり、そのような実存のあり方の病的な原因は、単に心理的あるいは生理的な原因に限定されているのではなく、むしろ人格の精神的で哲学的な次元にあることを独自に看て取っていた。その当時十代のフランクルは、「心ではなく精神について強調するために、医学的・診療的な意味ではなく、言葉そのものについての最も真実な意味で精神的な病気」（フランクル、一九二三）の可能性について指摘していた。この所見はその後、経験的に確証されている（たとえば、ムーマル、一九八九、ストュワート他、一九九三、テストーニおよびザンペリーニ、一九九八、マコースキー他、一九九九）。

大学時代はもとより、高校時代の初期の理論においてでさえフランクルは、「認識論的転回」として後に知られ、科学の世界でのみ受け入れられた心理学上の発展を予想していた。今日まともな心理学的な研究プログラムならばどのようなものでも、人間の関心や態度、考え方の多様性を考慮に入れなければならないという点では大筋で一致している。イデオロギー的な還元主義の文脈において、人間の精神的な動機や関心を「何でもないもの」として退けようとし、動機や関心を衝動的＝力動的で行動的な概念化に置き換えようとすることを頑強に支持するモデルはわずかに残るだけである。

フランクルは、早くから精神的なものや人格的なものへの志向性をもっていたので、フロイトとアドラーという初期の二人の師から離れることになったと推測される。同時にフランクルは、最初は彼自身、精神的なものと心的なものとの区別の重要性を完全には意識していなかったように見える。また彼は最初の偉大な師であるフロイトの影響のもとで、短い間フロイトに黙従していたということもありうる。すなわち、『国際精神分析ジャーナル』に発表されたフランクルの最初の科学的な論文は、少なくともまちがいなく独創的な思想家であった若きフランクルのものとは区別される。そこで彼は肯定的・否定的な表情を、性交と性交に対する嫌悪の反応の連続として説明しようとするのである。

しかしそのような論文にあってでさえ、肯定と否定が精神的な要素をもっているかもしれないということを明白に否定しながらも、彼は明らかに、根本的な人間の関心の問題を精神力学的な基盤にまでさかのぼってしまっているのである。

われわれは、首から上のしぐさを知的な肯定あるいは否定の象徴として解釈するようなあり方において、表情の肯定と否定の表現の起源を見出すことはできない（中略）すなわち、われわれはその現象を説明するために、二つの基本的な生の本能――すなわち食欲と性欲――について言及することができる。（フランクル、一九二四）

この文章でロゴセラピーと実存分析の後の創始者を見出すことはむずかしい。しかしそれらを公表した後まもなく、フランクルはフロイトの精神分析から遠ざかり、アドラーの個人心理学に向かい始めた。ポール・フェダーンのもとで「教育分析」[1]を始めようとしてうまくいかなかったことに加えて、フランクルが精神分析から離れたのには、おそらく別の理由がいくつかある。第一におそらく、フランクルの哲学への積極的な関心や、共同体への活発な哲学的・社会的な参加が精神分析では無視されるということが挙げられるだろう。実際、フランクルの精神分析的な内容の論文の後に発表された最初の著作は、これら二つのテーマの考察に捧げられている。さらに彼はまもなく、精神分析的なモデルは人間の心理の一部を描いているに過ぎないことを意識するようになったと考えられる。そのような心理の上層部分は、患者の哲学的・形而上学的な関心を病理的に捉える傾向をもった精神分析によってつねに危険にさらされている。その危険性は、患者の哲学的・形而上学的な関心をそれ自体として認め、必要と判断された治療の枠組みでそういった関心に対処するような傾向を持った精神分析よりも大きい、とフランクルは考えた。

これらの考えは、個人心理学派のなかでのフランクルの最初の出版物においても表れている。『国際精神分析ジャーナル』に論文が発表されたわずか一年後、フランクルは後のライフワークへの多くの道筋をすでに予感させる論文を発表している。「心理療法と世界観」においてフランクルは次のように述べている。

神経症患者は、人生を軽蔑し、人生の価値を低く見、そして人生を嫌っているため、人生に適応することができず、それゆえ幸福でありえない。だから人生への愛と共同体への意志とを十分に回復させることが心理療法家の務めである。経験的な証拠としてではないが、患者は生きていることの価値と共同体の価値について批判的に話し合ううちに、容易にそれらを静かに抑制することができるようになるのである……。（フランクル、一九二五）

［一九二二年に完成し、一九二四年に『国際精神分析ジャーナル』に掲載された］論文と、一九二五年の論文との間の差異はある程度は、――両者は必ずしも相反するものではないが――論文が作成された年の三年間の開きによって説明されるかもしれない。その三年の間に、フランクルはもう一度それ自体の次元として理性的なものの独自な考え方へと戻ったのであった。彼は独自な考え方へと戻っただ

けでなく、個人心理学の枠組みを大きく広げ、非常に深めることで、それを治療に役立てようとしたのである。

一九二六年にはすでに彼は熱心なアドラー学者になっていた。たとえば彼は、カフェ・ジラーで定期的に開かれていた個人心理学の会合に参加し、また「個人心理学の普及のための」雑誌（『日常における人間』）の編集者でもあった。すでに彼は同じ年の九月には、デュッセルドルフで開かれた個人心理学の国際会議で中心的な位置を占める論文発表者に選抜された。

おそらくこの時期にフランクルは、彼の初期の指導者であるルドルフ・アラースと会っていただろう。フランクルと同様にアラースはその当時、ジークムント・フロイトとつながりを断っていた。およそ一九二五年の初めから、フランクルはアドラーの仲間と付き合うようになった。フランクルは一九二五年から一九二六年にかけて、ウィーン大学の生理学研究所でアラースの手伝いをしており、その間アラースは色彩知覚の分類についての知覚的・生理学的な研究をおこなっていた。後の心身症研究の創始者であるオスヴァルト・シュバルツと共に、アラースは個人心理学協会の人間学の分科会を主宰しており、シュバルツはおそらくアラースの哲学的な関心に対する責務を一九二四年に引き継いだのである。そうしている間に、これらの取り組みの初めから、内容に関して正統な個人心理学との対立が明らかになってきた。アドラー理論に関しては基本的に二つの主要な批判が存在していた。それは、アラース、シュバルツそしてフランクルらの人間学の立場のグループによって表明されていた。

これらの批判は、個人心理学による人間の捉え方の一面性に対する批判として要約し得る。第一にアラース、シュバルツそしてフランクルは、アドラーが神経症を単一原因からなる概念で解説しようとしていると批判した。それというのもアドラーの神経症の概念は、精神障碍の原因を、所有と権力の感覚と、成功を得ようとする努力との間の葛藤状態からのみ引き出そうと試みるものであったからである。第二に個人心理学に関連した、包括的で哲学的、人間学的なシステムのまさにその学説全体が脆弱になっていると彼らには思えた。なぜなら、アドラーが人間の社会的、心理的な有用性の観点から主に価値を観察しているので、規則と価値の区別を十分に示すことができないためである（アラース、一九二四、一〇頁以下）。［アドラー理論における］ある規則とは、価値の現実化の可能性を現実化することなく、理想的な事例として説明するものである。加えて、社会的な合意のもつ義務的な性質の強調は、時折、無価値のものを価値的なものへと格上げする基準概念を提示する。価値についての、理にかなった人間学的な認識論の観点からすれば、人間は共同体に対する義務だけでなく、とりわけ直観と良心という自分自身の価値観に対する義務も負っている。これらが一般的な基準または彼らの現在の有用性に反しない限り、とくに有効なのである。アラースが後半生に発表したこうした哲学的議論に関する回顧録で、アラースは次のように語っている。

統計を［正常の］決定の際の境界線の根拠として用いないのであれば問題がない。通常の現象が目立つ大多数となるような仕方で起こるならば、平均が正常と一致しているにすぎないことは、明らかである。しかし、このことは統計データを使う前に、「正常（normal）」とは何かについて自分ではっきりと知っていなければならないことを意味している。人口の九九％が結核である状況においては、残りの一％がいまだに正常を示している。病気についてのこの真理は、人間存在のその他のすべての局面にも当てはまる。道徳に関する統計は、いかなる道徳が正常であるかという証拠を示すことはできない。統計を意味のある方法で適切に使用するために、このことが明確にされなければならない。
（アラース、一九六三／二〇〇五、一二三頁）

フランクルは、アラースやシュバルツと同じく、個人心理学を徹底的に改革し、理論をより堅固で哲学的・人間学的な基盤に位置づけることができるだろうと当初期待していた（フランクル、二〇〇二、四三頁）。一九二七年以降、デュッセルドルフにおける個人心理学の学会を終えてから、個人心理学協会の人間学の分科会とアドラーとの間の亀裂が深まってしまった。それというのも、その学会でフランクルは、要因の列挙だけでなく、人格の真の現れとして神経症を説明することで、正統な個人心理学の立場を放棄していたからである。間もなく、それは公然とした断絶へとつながることになる。

それから、（中略）一九二七年の夕刻、アラースとシュバルツは個人心理学協会からの脱退を公然と表明し、すでに予告していた脱退についての理由を述べた。会議は、ウィーン大学の組織学研究所の大きな講堂でおこなわれた。最後部の数列には、数人のフロイト派の人々が座っており、この光景をほくそ笑みながら見ていた。それというのも、かつてフロイトに起こったのと同じことが、今アドラーにも起ころうとしていたからである。アドラーも同じようにしてフロイトのウィーン精神分析協会を脱退したのだから。

（フランクル、二〇〇二、四二頁以降）

一九二七年にフランクルの指導教官であったルドルフ・アラースとオスヴァルト・シュバルツが個人心理学協会からの脱退を表明した数カ月後、フランクルは、アドラーの個人的な希望で、「非公式的見解」のために協会から除名されてしまった。

一九二七〜一九三〇年：青年期の心理学に関して

フランクルにとって、個人心理学との決別は、その当時、ウィーンにおいて基本的に最も自由な考え方をもつ心理療法の協会を内部から改革し得るという期待の消失を意味していた。それだけでなくさらにフランクルが、個人心理学の内容と臨床上の進歩をアドラーや彼の親しい仲間とともに議論することができる、重要な場所を喪失したことをも意味していた。

同時に翌年には、フランクルと彼のカウンセリングのモデルにとっての新たな難題がもち上がった。フランクルは除名されたのち著しく活動的な時期を迎え、その間、実践的なカウンセリング活動を通して重要な経験を積んでいた。一九二六年にはすでに、フランクルは多数の論文のなかで、青年の精神的なケアの必要性を強調していた（たとえば、フランクル、一九二六b、一九二六c）。ウィーンにおいてヴィルヘルム・ヴェルナーが、生きることに疲れた人々のためのカウンセリング・センターの先駆けを設立したことが、フランクルを刺激した。ウィーンでは個人心理学者とオーストリアの社会精神医学の最初の支持者によって、これに相当する施設が整備されていたことも確かである。しかし、こうした施設が提供するカウンセリング・サービスは、青年自身を対象としてではなく、主として親や教師を対象と考えていた。実のところ、青年の不安や悩みに対しての配慮はほとんどなされていなかった。

青年の心理をよく知っている人は、［青年が必要とする］最終的で核となる動機が何であるかについて、十分に理解している。つまり、青年が彼らに重くのしかかる人生の問いについて徹底的に論ずることをわれわれが提供する機会は、今日においてきわめて少ない。すなわち、青年にとって決定的に重要な人生の問いについての葛藤を対象として、また青年がその問いを克服するのを援助してくれる、成熟した判断力と下地のある人と出会うという状況はきわめてまれなのである。親子関係が素晴らしいととくに思われない限り、親子関係であれ青年と教師の関係であれ、青年は心情を吐露しようとは思わないだろうし、何らかの形で助言を求めようとはしないだろう。彼は、未熟で世間知らずな友人を頼りにし、自分自身の悩みに無関心になる。（中略）はっきりさせておくが、われわれは青年カウンセリング・センターの即時創設とそれへの期待だけを求めている。われわれは、望ましくは速やかに、そして活発にセンターの創設を議論し、センターの実現を早急に求める。それというのも時間が人生を意味するからである。（フランクル、一九二六b、八頁）

アドラーのグループ出身の彼の元同僚のなかにはルドルフ・アラース、アウグスト・アイヒホルン、ヴィルヘルム・ヴェルナー、ヒューゴ・ルカーチ、エルヴィン・ウェクスヴェルク、ルドルフ・ドライクルス、シャルロッテ・ビューラーらがいた。フランクルは彼らと個人心理学協会を脱退した後、自身で一九二八年にウィーンで最初の相談所を創設するという要請に応じ、それに続いてヨーロッパの他の六つの都市で、ウィーン［第三］学派の方針に基づいて、情緒的な悩みをかかえる青年を無料かつ匿名で心理学的にケアする青少年相談所を設立した。カウンセリングはアパートの一室やボランティアの協力者の診療所でおこなわれた。そして、ウィーンのレオポルトシュタット、ツェルニンガッセ六番地にあるフランクルの両親のアパートでカウンセリングがおこなわれたので、そのアパートはあらゆる出版物や案内状において、青少年相談所へとつながる連絡先と見なされていた。

フランクルがウィーンにおいて現代的で重要な課題に応えたという事実を考慮すると、心理相談とカウンセリングの要請が数多くあり、青少年相談所の活動がきわめて成功したことは、驚くに当たらない。フランクルが後に、青少年カウンセラーとしておこなった活動について振り返り、要約して伝えることで活動を再検証した論文から、その活動がいかに成功をおさめたか、どれほど必要とされていたかについて知ることができる。これらの論文のなかでフランクルは、彼が単独でかかわったおよそ九〇〇のカウンセリング事例に言及している（フランクル、一九三〇、フランクル、一九三五a、フィゾッティ、一九九五）。それと同時に、フランクルはウィーンの青少年の憂慮すべきデータを示している。カウンセリングを求めた青少年の少なくとも二〇％が、「生きることへの絶え間ない倦怠感と自殺念慮」を示していた（フランクル、一九三〇）。

一九三〇年から、フランクルは生徒の自殺の発生率が、成績表の配布される前後の数日間にかなり上昇することに注目していた。同じ年には、学年末の重大な時期に対してとくに注意を払い、フランクルは生徒向けのカウンセリングのためにはじめて特別な組織的活動をおこなった。

ウィーンの青少年カウンセラーは、成績表が配布される日とその前後に常設のサービスを提供する目的で、カウンセリング・センターを創設した。（中略）この種の努力は、もしたった一人でも子どもが来さえすれば価値があるといえただろう。だがこの事業は青少年カウンセリングがまさにそうであったように、それ以上の実績を生み出し、ウィーンは他地域で福祉事業計画を創始する際の新たなモデルとして役立つようになった。しばらくの間、市立学校の教職員が新たな組織的活動を受け入れたことを、われわれは非常にうれしく思う。（中略）市会議員のタンドラーは、かつて以下のように述べた。「ウィーンの子どもは、飢えることがあってはならない！」、そしてわれわれはこれに次のように加えたい。ウィーンの子どもは誰が彼らを援助してくれるかを知らないために、心理的な悩みで苦しむことがあってはならない！　この心構えによって、われわれの訴えと学期全体の終わりまでの活動は上手くいくのだ。（フランクル、一九三一）

青少年相談所を開設した初年度（一九三〇）にすでに、その活動は大成功であることがわかった。生徒の自殺未遂の発生率は、著しく減少した。多年において初めて一九三一年には、ウィーンで生徒の自殺が生じなかったことが記録された。その成果のために、フランクルはメディアによって非常によく知られることともなった。「こうした生徒向けのカウンセリング・センターが実現したのは、ウィーンの青少年カウンセリング事業構想の創設者であり、名誉あるリーダーの若き医師、V・フランクル博士の類いまれな、幸先のよい発想によるものである。」（引用：ディーネルト、一九五九）と一九三一年七月十三日にウィーン新聞の編集長が記している。

フランクルは一九三〇年頃から「駆け出しの医師」となった。彼は自身の医学的研究を首尾よく完遂し、当時、彼はウィーンで最も有名な精神科クリニックと精神科症院の四つの施設で、精神医学と神経学の分野の専門的な研修を始めていた。ここでは、患者との直接の関わりを通じて、さらなる洞察と認識が得られたので、彼は初期のロゴセラピーと実存分析の基礎を形成することができた。『日常における人間』への寄稿に向けて研究を進めるうちに、そして［彼がおこなった］生徒向けのカウンセリング活動を通じて、フランクルは、危機予防や精神衛生といった問題に関するものまで、幅広く研究をおこなっていた。今や、精神科医療のより限られた領域において、彼はロゴセラピーを発展させていた。一九三三年の論文において論じられる、動機づけの理論がこのときすでに彼のなかで熟成されていた。こうした状況の歴史的な重要性については、これまでロゴセラピーの研究において、ほとんど注目されてこなかった。この論文では、ロゴセラピーと実存分析に関する、ほとんどすべての基本的概念を見出すことができる。フランクルは、失業者の心理的・精神的苦悩を社会的観点や経済的観点から解釈するだけでなく、また［失業者にとって生きる］意味が欠如することまで遡る観点を重視して解釈している。フロイトとアドラーがいまだに「快楽を得る能力」や「活動する能力」を心理療法の目的の中心に位置づけていたのと比較すると、［フランクルが心理療法の目的とする］不可避の運命に直面した「苦悩する能力」は、心理療法に欠けていた点を補填する目標として際立っている。

青少年が示す無気力症的で抑うつ的、神経症的な特徴は、仕事それ自体や職業活動そのものができないことよりも、むしろ、無意味に生きたくないという意識を示すものであり、このことはいくら強調してもし過ぎることはない。

青少年は仕事や生きる糧を求めてそうするのと同じように、人生の目的を求めて、人生における目標やねらいを求めて、あるいは生きる意味を求めて、少なくともあらん限りの大声で叫ぶ。私のもとを訪ねてくる若者たちは（中略）なすべき事で精一杯のため絶望状態のまま私の元を訪れるが、あるいは、彼らは私に奇怪な提案をする。（ある若者は絶対に、カウンセリングの時間がすべて終了した直後にやってきた。それというのも、当時私のアパートには沢山の人がいたからで、彼はその人たちが控えの部屋からいなくなったところを狙っていたわけである。）（中略）

しかしながら一方私たちは、本物の勇者と敬意を払って呼ばなければならない少年少女のことをよく知っている。彼らはすきっ腹をかかえながら、組合などで働いていた。たとえば、彼らは図書館のボランティア援助員として活発に働き、あるいは、成人教育センターで行政サービスをおこなう。彼らは、失業問題すら解決してしまうような、よりよい時代、新しい世界に向けての闘争という崇高な目的と理想への傾倒によって満たされる。彼らが過剰だと感じ、［無駄に浪費したと］後悔を感じてしまうような自由時間は、価値ある仕事をこなすことで満たされる。私は、人々が、彼らの苦悩する能力や（あれこれ考えたうえで結局、人は明るい面に目を向けたがる）、彼らの実現する能力に対して、若い世代を過小評価しているという感覚をもっている。　（フランクル、一九三二）

同じ論文では、避けられない苦しみに直面した際の「態度価値」、治療可能な苦しみや、心理的というよりもむしろ精神に限定された苦しみである精神因性神経症に直面した場合の「創造価値」の概念、また、「実存的空虚」に対する治療法としてのソクラテス的対話をも見出すことができる。

> 私が、失業して落胆している青少年に質問をするのは、彼らがビジネスマンといった類いの仕事で、苦労して毎日八時間あまり、上司のために働くことが本当に生きがいのある生活だと実際に信じているのかを確かめるという意図があってのことである。［青少年の］答えは「否」である。そして、私は若者に、その答えの意味する理由を説明する。すなわち、職業労働が人生に意味を与える唯一の機会だというわけではない！　ということを、である。職業と使命を誤って混同することによって、無気力と表現される状態の心理的根拠が形成される。（中略）
> 残念ながら助言者が、青少年の置かれている経済的状況を変えることは、まずできないだろう。せいぜいできることは、経済的状況に対する彼の態度に影響を与えることである。彼が必要に応じて困難に耐え得る能力を身につけることができるように、また可能な限り困難を取り除く能力を身につけることができるように、問題の調整をなしとげなければならない。
>
> （フランクル、一九三二）

一九三〇～一九三八年：若き医師――精神医療におけるロゴセラピー

この基本的で理論的な理解とこれらの治療手段を用いて、フランクルは専門的な医学研修を受け始めた。一九三三年に著した論文で、フランクルは、それ以外の点では心理的に健康な個人であっても避けられない苦悩の問題に対して、すでに強く関心を寄せていた。［それに対して］シュタインホーフの精神医療クリニックで、彼が応対したのは、より狭い意味で、精神障碍者の精神病理学的な苦悩であった（彼は、主にうつ病患者の診察をしていた）。失業中の青少年に対するカウンセリングにとってと同様、ここでは、彼が継続治療の期間の処置における重要な要素として記述した、病気にかかっている間の、精神的な援助者の効果に対する観察が可能であった。（フランクル、一九三三）

われわれが今日知っているような、精神医学の領域におけるフランクルの業績は、ロゴセラピーや実存分析の実際の成立さえも、当初は臨床のなかでおこなわれたということは、後になって明らかになったことである。われわれは、フランクルのそのときの状況に意識を向けて初めて、完全にこの発展の偉大さを理解することができる。フランクルは、彼の以前の師（フロイトとアドラー）のいずれも認めようとさえしなかった点を発見した。すなわち人間の精神的次元が、カウンセリングと治療の過程に貢献し得るということであり、このことは、日々の抑圧にもかかわらず、精神は病気から比較的独立していて、まさに最後の瞬間まで可能性として自由であるということである。カウンセリングとセラピー活動の過程で、フランクルには、この基本的原理が、神経症患者、自殺の恐れのある生徒、失業中の若者等の治療において、様々な問題群に対して効果があることがわかった。したがって、フランクルの経験より導かれた知見は、心理的な運命と社会的な運命のどちらであっても、人から精神的な自由を奪うことはできないことを示した。それらは同時に、人間の精神的な自由は、経験から導きだされた知見にもとづく人間学的な事実としてのみならず、完全に医学的な事実としてもその有効性が示されている。それは、心理的運命や社会的な運命により脅かされている患者に対して、その人の自律性と自己主張を回復させるという事実である。

こうした知識を踏まえ、そしてその知識を応用して、患者が自分自身の選択の自由についての意識を取り戻すことを目指した努力を生み出すという［治療］方法によって、フランクルはその後、それ自体は心身の病気として発現しているが、同時に社会的・心理的状態でも意気消沈している患者グループを診療するようになる。精神は比較的、運命から独立して存在するというフランクルの認識は、ここにおいても認められるだろうか？　この質問に対する答えは、少なくとも一時期においてははっきりしなかった。内因性うつ病の心身的な原因の構想は、神経症やそれに類する原因について明らかにできなかった。さらに、次のような問題が生じた。［たとえ］人間の精神的次元に関するフランクルの知見に基づくとしても、うつ病患者グループはすでに肥大化した罪の意識を特徴的としてもっている。知性を重視し自己責任に訴えた検診によって、慢性的に悩み、ときに深刻に苦悩するうつ病患者の罪の意識を強めてしまうのではないだろうか。

この問題の解決策として、フランクルは治療的というより現象学的な取り組みを、しばらくの間進めてみた。要するに、彼は慎重な観察をしたのである。その後の回顧録で彼は、この時期に患者自身が彼の先生になったと記している。彼の記述に従うならば、この頃に精神分析および個人心理学から学んだことから離れようとしていたのである（フランクル、二〇〇二、五二頁）。大学教授や指導者の代わりに、フランクルは、それからは精神医学的治療もしくは心理療法の治療処置以上に、患者の治療と回復に貢献する手段を発見するため、彼の患者に直接向き合った。再び、患者の精神のモデルは、病気のある無しにかかわりなく、それ自体が有効であるということが証明された。フランクルは回復した患者のなかに、人間の精神的な資質が、無気力で神経症にかかった患者を助けるだけでなく、［症状の］安定した統合失調症患者についても、自分自身の病状に対して自ら選択し、責任をもつ姿勢を受け容れることが、同時に病気それ自体の過程に作用し、患者を助けることを見出した。

このような背景から、フランクルは後に「病態形成」という用語を造り出した。それは疾病をもつ人が当人の兆候の特質を（ある程度まで）形作ったり、統合失調症によって［心理的に］陰のさした実存を形作ったりするために保ち続ける能力である。運命的な病気と自由に選択した反応との間の葛藤にかかわるこの領域から、人間の偶発性を余計なものとしてではなく、むしろ自由の原動力として定義する、フランクルの自由についての揺るぎない概念が生じた。自由にとっては、内的・外的な環境が圧倒的にあらわれるときであっても、いや、そのようなときこそ、単に理論的能力もしくは哲学的信念としてではなく、むしろ生きがいのある現実として自由が持続しており、［精神的ではなく］身体的な運命に直面したときでさえ、病床で有効とされる自由が残っていることが自ずと明らかになる。

このモデルは、応用療法に対して重要な関連性をもっている。その理由の一つには、病気に対する患者の態度が治療に影響を与えることが挙げられ、とりわけ長い期間にわたる場合は影響も強くなる（このことは十分に立証されている。たとえば、進行性の病気にかかり、新たに様々な症状に直面して、自分自身のケアをする責任を負うような患者の例に認められる）。理由の二つ目として、病気に伴う事象から距離を置くために、患者はたんに症状の受動的保有者や援助を求める者としてあるだけではなく、ある程度医師の共同作業者として機能するということがあげられる。

しかしながら、もしも患者の自律が保たれないときには、自由と責任は保障されない。そして患者の自律とは、医師に対する自律さえも含むのである！（フランクル、一九八六、二二三頁）

当然、患者とのこのようなつながりに関して、現実的な限度は設定される必要がある。たとえば、病気を抑えようという［患者と医師の］協同による試みは、病気の基本的な理解を前提にしているが、深刻な統合失調症患者は概して、そのような理解を有していない。さらに、この協同は、共同作業者としてではなく、臨床医として医者が患者に接するところでは、おそらくは薬物治療を処方することで停止に至らねばならない。しかし、彼はむしろ患者の個人としての中核を評価することを求め、この作用を治療に役立て、患者の病気と治療の過程に好ましい影響を与えようとする。ときには、たとえば内因性うつ病の場合、処置が効果を生むまで、しばらくの間患者にとっては、医師が治療のために専心する活動と援助に対して許可を与えること以外は、この協同にそれ以上の意味はないかもしれない。

われわれは患者を、堪え忍ばなくてもよい境地へと連れていくのではなく、むしろ患者が自ら、できるかぎり憂うつを堪え忍ぶことのできる状態へと導かなければならないのである。そのために患者は内なる憂うつを正確に受け止める――いわば、憂うつを客観化し、そうすることで自らを憂うつから遠ざける――そして、そこそこの状態にまで緩和できるのである。ある人は憂うつから身を遠ざけ、別の人はうつに屈するままになるというちがいは、他の条件が同じ場合、内因性うつ病自体に拠っているのではなく、むしろその人の精神性に拠っている。なぜなら、人はいつでも活動しており、いつでも何かの意図を働かせており、いつでも病気の表れ方をその人の精神性が共同して形成しているからである。

（フランクル、一九八六、二三七頁）

シュタインホーフでの研修中にフランクルのなした最も重要な発見は、生命にかかわる運命に直面してさえ精神的な自由の有効性が裏付けられたことである。「つねに病気の表れ方は、その人の精神性が共同して形成している」。しかし、病気の表れ方はいかにして、そしてどのような基準によって共同形成されるのか？　フランクルはこのような問いを提示することで、運命と自由との間の弁証法という回り道から、再びまた神経症について語り合う意義の問題へと立ち返った。精神病理学的に病気の人の場合、病気について語り合う意義の認識は、病気に一人で直面しているのではなく、他者と共に立ち向かっている態度が最も有効であることによって明らかになっている。同様に重要な点は、患者が自分の相対的な自由を利用する準備ができているかどうか、あるいはもし準備ができているなら、どの程度までできているのか、という問題である。このことは、実証検査に先立ってロゴセラピーの二つの基本概念を提示した。一つは、避けられない運命に直面して苦悩する能力であり、二つ目は、意味への意志であり、つまり困難な生活環境に耐える能力である。なぜなら、苦痛を経験することで、「より多くのこと」を受け容れられるようになるからである。

失業中の青年の精神的苦悩に関する一九三三年の論文でフランクルは、人が存在することに意味を見出すという考え方が、落胆、諦め、無気力に対する防護を可能にすることをすでに指摘していた。

さらに、シュタインホーフにおいて、フランクルは、自殺念慮のあるうつ病患者の観察から、これらの確証を得ることができた。

今や患者を隔離施設から退院させるのが妥当で適切であると決定するのであれ、入院しての施設看護に初めて患者を迎え入れる期間であれ、その人が示す自殺の危険性の深刻さの程度を正確に評価する必要がある。そして私は、それ自体が必然的に効果をもっていることを証明する標準的な方法を自分自身で作成した。それは継続的な自殺の危機について診断するというよりもむしろ、自殺の傾向について偽っているかの診断をすることを可能にした。まずわれわれは、彼がまだ自殺的な願望を懐いているかどうかについて、それぞれの患者へ質問をする。どんな場合であれ——彼が真実を語っている場合も実際の自殺願望についてたんに偽っている場合のどちらでも——患者は第一の質問に「いいえ」と答える。そこで、われわれは第二の質問を彼に提起する。この質問はほとんど残忍に聞こえる。それは、「なぜあなたは自殺したくないのか?」という問いである。そして今や本当に自殺願望を懐いていない人はすぐに、自分の人生を投げ出すことに対して反論と一連の論拠を並べるだろう。すなわち、自分の病気が治療可能であると見なしているとか、自分の家族にたいして思いやりを保持しているとか、もしくは職務上の責務を考えなければならないとか、今も多くの宗教的な責務を負っている、などといった論拠である。

一方で、自殺願望を偽り隠しているだけの人は、われわれの二回目の質問によって、その問いへの答えをもっていないか、当惑が特徴となる態度で反応することで露呈する。自殺願望のある人は、自殺に反対して話す際の論拠に困っているという事実の点を考えれば本当に単純である。

（フランクル、一九四七、一二一頁）

フランクルは、シュタインホーフにおいて勤務している間に、ロゴセラピーのもう一つの主要な要素を開発した。ここでは、患者の個性というよりも、医者の自己理解についてより多く取り組むことができた。すなわち、とりわけ医師が研究活動を活発におこなうときの医療行為はとくに、患者をたんなる研究対象としてではなく、フランクルが理解しているような他の誰とも異なる個人とみなしながら、科学者としての彼の役割も保ち続けるという医師の責務を成り立たせることである。このような認識でもって、人が元々持っている個人の価値は失われることがないというフランクルの根本的な理解に対して医者や研究者に示唆を与えるだけでなく、患者に対するこの種の心づかいは、診断上、治療上の新たな調整への道をも拓くものであり、臨床における極めて重要な到達点を示している。フランクルの関心が心理療法にだけでなく、「人道的な精神医学」にも向けられ、それが彼の活動を導く基本原則となっていることは、一九三五年に記された論文に典型的に表れている。その論文でフランクルは、シュタインホーフ診療所で同僚と共に企画した、贖罪の日［Yom Kippur：ヨム・キプル、ユダヤ教の祭日］の陽気なお祝いについて報告している。オーストリアにおいて精神医学の改革が始まる一〇年前に、フランクルがこうしたことを設定し、類似した活動を始めていたことは注目に値する。

個々の幻覚患者は静かに彼ら自身との会話を導き続け、そして彼らの空虚な視線はあてもなくホールをさまよっている。一人のラビはそこで彼らに向き直り、人間への奉仕は神への奉仕であることについてドイツ語で話し始めた。彼はそのように述べた意味を差し迫った様子で彼らに向かって語り、そして彼らは傾聴した。このようにしてそれは一時間、翌日は六時間続いた。間もなくそのラビは、幻覚患者の病んだ魂が渇望することを為し得た。たとえばラビは妄想の世界から幻覚患者を引き戻すこと、患者が夢中になるような何か新しいものに絶えず患者の注意を向けることを、である。豊富な感情移入、適応性、辛抱強さ、そして対人関係上の手法はこの作業にとって必要である。

(フランクル、一九三五C、七頁)

人格の精神的次元は病気の経過によって直接的には影響をうけることはないが、精神物理的な基盤の疾病によって影響されるというフランクルの根本理念は、患者の疎外された経験を、彼の破壊されることのない尊厳および個性を承認することによって少なくとも耐えうるようにするために無条件で実際的な妥当性をもつ。むしろそれはでき得る限り最善の医療をめざして、医者として内在する病気そのものを扱う際の彼の最大の目標であり最も崇高な職務であった。この文脈からわれわれが思い出すのは、一九三三年頃のフランクルの基本命題「必要ならば困窮にいつでも耐えること、可能ならばいつでも治療すること」である。精神疾患をかかえた人々は、病気の急性期にはとくに「治療」より「耐えること」が可能であることを見出すかもしれない。フランクルの見解では、精神疾患だからこそなおさら、新しく、よりよい治療法の可能性をつねに模索することは医者にとっての使命であった。

一九三九年には、彼は、神経症の患者の人たちに対する心理療法に薬物を援用することについて記述した。そしてこの論文に記された研究結果が、現代ヨーロッパの精神薬理学に画期的な進歩をもたらした（フランクル、一九三九a）。フランクルはそこで、感冒薬のミオスカインを現代の抗不安剤の先駆けをなす薬として導入するという、独創的で先駆的な研究をおこなった。彼の研究に対する評価は、ミオスカインの包装に記された添え書きに今も見ることができる。

［ミオスカインは］うつ状態、不安神経症（予期不安、テスト不安など）、吃音に結びつく不安刺激によって示されるような不安を鎮めるための薬品として、ヴィクトール・E・フランクルによって治療に初めて導入された。

一九三八～一九四五年：それでも人生にイエスと言う（人間の意味探求）

一九三八年、ナチス・ドイツによるオーストリア併合の年、フランクルは論文「心理療法の精神的諸問題について」を出版した。そのなかで彼は実存分析という概念を創出しただけでなく、その理論を幅広い問題に適用した。

人間存在の「より高い」層を含むような治療法上正しく方向づけられた治療は、その骨子と意図から「深層心理学」というフレーズと対照的に、「高層心理学」という名に値するのではないだろうか？　言い換えると、幅広い精神上の事象や特定の神経症的現象にかかわる理論、それを精神の領域に関するものと見なすならば、こうした理論は人間存在の全体を十分に考慮に入れたものとして、結果的に実存分析として記述され得るのではないだろうか？

（フランクル、一九三八、三六頁）

この論文ならびに次に著された「哲学と心理療法」と題する論文のなかで、フランクルは、およそ一九三三年からロゴセラピーの起源に戻り、心理療法の領域でそれまでに発表した内容を広範にわたって問題提起した。初めてわれわれはロゴセラピーと実存分析の動機づけ理論、すなわち人間の、意味への志向性を完全に構築された概念としてこの論文のなかに見出す。また、フランクルが後に「意味への三つの本道」と形容する、三つの価値領域に関する最初の言及もここに見出される。そして同論文では初めてロゴセラピーと実存分析の技術と方法について若干の記述が認められる。また心理療法へのフランクルの以下のような訴えはきわめて重要である。そこでは、心理療法の「人間に対するあらかじめ決定されたイメージが身体的・心理的・精神的統一性を、精神疾患をもつ個人に対するもの見方に持ち込む」と彼は論じている（フランクル、一九三九b）。結局、フランクルは、精神障碍の人でさえ、人格は無傷のままである、という確信の表明に非常に重要な価値を置き、彼は、これを自らの論文のなかで強調して記されるべき数少ない章句としていた。

ナチスが精神障碍のある患者の組織的絶滅を計画していたまさにそのとき、フランクルはこのくだりを書いている。そしてここで、すでに一〇年近く前にウィーンの苦しむ若者たちに代わってそうしたように、フランクルは自身で次のように嘆願したのである。初めのうちは独りで、後にウィーン大学精神医学病院長であるオットー・ペッツルの助力を得て、彼は、偽造した診断書で、なんとか多数のユダヤ人の統合失調症患者をシーラッハとヒトラーの安楽死計画から保護することができた（ノイゲバウアー、一九九七）、その結果、ウィーンのマルツ通りにあるユダヤ人向け老人ホームのベッドは、統合失調症患者でいっぱいになった。精神障碍のある患者の老人ホームへの受け入れは禁じられていたにもかかわらず、である。しかし、

……私はこのとき、この規定（老人ホームでの看護を禁じるという規定）をくぐり抜けた。というのは、私が診断書を出すことによって、老人ホームの管理者を保護したからである（結局、自分自身は危険を招くことになるが）。統合失調症は失語症に書き換えられたので、つまり「脳の器質的な病気」ということにされた。そしてまたうつ病は熱譫妄に書き換えられたので、「本来の意味での統合失調症ではない」ということにされた。いったん患者が老人ホームの網つきベッドに受け容れられたならば、開放病棟でも非常のときにカルジアゾールけいれん療法を施すことができたし、うつ状態でも自殺の危険を切り抜けることができた。（フランクル、二〇〇二、六〇頁）

「自殺の危険を切り抜ける」という、この従属節でフランクルが言及していることがらは、テレージエンシュタット［強制収容所］へ移送される以前に彼がなした、最後の神経生理学上の研究成果を示している。彼が、ナチスの人種法を理由に、精神科医、神経科医として新たに開始した最初の個人

的実践をやめさせられた後、一九三九年からフランクルは、イスラエル文化協会のロートシルト病院にある神経科科長に任命されている。その立場は、さしあたって［強制収容所への］移送からフランクル自身と彼の肉親の保護を保証するものであった。二〇世紀のヨーロッパに降りかかった、ほとんどの人間が考えつきもしないような恐怖に直面していたにもかかわらず、ロートシルト病院において、フランクルは医師としての自らの職責を果たし続けた。こうした苦境は、特殊な挑戦に医師たちを立ち向かわせることになった。シュタインホーフ病院内の自殺者病棟で診療行為と職責を全うするに際して、フランクルは生命を保護し救済するという医師としての義務を意識し、ここで再び医師としての責務を果たすことになった。尊厳を奪われた生活におかれて、また一部の人々は刻々と迫っている［強制収容所への］移送に直面したために、ウィーンの多くのユダヤ人たちが自殺した。これは病院にとってはとりわけ大きな医療上の挑戦であった。たとえば、日に一〇人にのぼる自殺未遂者が、ロートシルト病院に運び込まれることもときにはあった。彼がそれまでの数多くの職務のなかで示したように、自殺に関してフランクルは、「治療上できることはなんでもなされなければならない」（フランクル、一九四二）という自身の信念に忠実に従った。フランクルは、きわめて深刻な睡眠薬中毒であっても、ものともせずに患者を救おうと努めるなかで、血液脳関門を避けて局部的に解毒薬を注射するという独自の技術を開発した。病院の他の医師からすでに諦められているような瀕死の患者であっても、短時間ならば、この方法で蘇生することができた。だがフランクルは一九四二年にテレージエンシュタットに自分の家族と最初の妻と一緒に移送されてしまったために、それ以上この手術の技法を発展させることができなかった（バッチャニー、二〇〇六）。

〔強制収容所への〕移送の前に、フランクルはロゴセラピーと実存分析に関する最初の主要な研究である『医師による魂の癒し』（英訳は『医師と魂（*The Doctor and the Soul*）』という題名で出版されている。〔邦題『死と愛』〕）を完成した。ただしこの書は〔収容所からの〕解放後まで出版されることはなかった。同書[2]の一九四二年頃に作成された初稿は、困難な状況の打開策に対する希望がたとえ表面上は奇跡への希望に見えるとしても、どのようなものであれ希望は自殺の特効薬である、というフランクルの信念に対する洞察を与えてくれる。実際に、この無条件の希望はまた、痛み、罪悪感、死という悲劇的な三つの組み合わせからかつてのように再び意味を見出す可能性を備えており、無条件に生きる意味を示す論拠を保護することにもなった。

> 自分たちのおかれた状況が絶望的であると確信し、自殺を企てる多くの人々のなかでただ一人であったとしても、その企てが誤りだと証明することができる。つまり、最終的に彼らが解決策を見つけられたなら、あらゆる自殺未遂の人々は、その点で間違っていたことになる。なぜなら、彼ら全員にとっての確信はゆるがないが、たとえその人が最終的に生き残ることができないとしても、〔自死することで〕失われた時間に起きた出来事を通してしか、その人の確信が正しいのか、虚偽であると証明されるかは分からないからである。
>
> （フランクル、一九四〇／四二、八三頁）

この文章を書いたすぐ後に、フランクルは家族や最初の妻〔ティリー・フランクル〕と一緒にテレージエンシュタット〔強制収容所〕に移送された。唯一妹だけがオーストラリアに逃げることによって、［強制収容所への］移送を免れた。極限の絶望をもたらす困難な局面における無条件の希望を強く意義づけたのは、自分自身の経験だけでなく、おそらく他者を助けようと努めた経験から得られたものが一層大きかったと、われわれはフランクルの自叙伝から知ることができる。つい最近、フランクルの強制収容所での仲間が記した文章が、個人の遺した資料のなかから発見された。そこには、フランクルが強制収容所で無条件の意味に対する信念を仲間と分かち合い、収容所のような、生きる上で最も厳しい環境の下でさえ、医師として、友として、そして人間として他者を慰めるよう試みていたことが記されていた。

収容所に拘禁された大多数の医師と同じく、フランクルはテレージエンシュタットで病人の治療のための部署に配属された。ここで、彼はベルリンのラビで、改革派ユダヤ教の指導者であったレオ・ベックに出会った。テレージエンシュタットの被収容者を講話と説教で勇気づけ、励まそうと努めていたベックは、フランクルにも演説するように依頼した。そこでフランクルがおこなった講義のための案内チラシが今も残されており、そのチラシの裏には、フランクルが記したそのときの標語が記されている。

この世に、人生において果すべき務めがあるという自覚ほど、人をして外なる苦労や内なる苦痛を超克せしむる力となるものはない。

病人の治療のための部署で医師長を務めていたエーリッヒ・ムンクと彼の助手であったカレル・フ

ライシュマンの力を借りて、フランクルはテレージエンシュタットにおいて移動式心理相談所を開設した。この、いわゆる「突撃隊」は、医師とボランティアで組織され、彼らは、精神的な苦しみにさいなまれる被収容者に対し、可能な限り慰めや援助をおこない、治療を施した。突撃隊は、テレージエンシュタットにおいて、とりわけ弱く、寄る辺ない者たちに関心を向けた。たとえば、年配者、病人、精神疾患者で、すでに収容所内の社会階層の底辺に位置づけられ、劣悪な生活環境に貶められている人々であった。有志の援助者からなるこのグループは、テレージエンシュタットに新たに移送された人々の動揺を和らげることも重要な仕事であると考えていた。フランクルと彼の有志の協力者たち——そのなかには初の女性ラビであるレギーナ・ヨーナスもいた——は、テレージエンシュタットのゲットーの住人に自殺の危険がないか注意を向け、そのような人を探し出して、話し合う機会を提供することで肩の荷を下ろさせ、「人生を取り戻す」ことができるように働きかけた（フランクル、一九九三）。何年か前のように、苦悩している人々へのフランクルの献身的なかかわりが成果を挙げた。テレージエンシュタットの自殺率は著しく低下したのである（バークレー、一九九三、一二三頁以下）。

強制収容所における歳月は——戦争が終結するまでフランクルは四つの強制収容所に抑留されたが——、彼にとっては別れの節目でもあった。すなわち、彼の父、母、妻、義理の母、兄が亡くなり、そのうえ『医師による魂の癒し』の初稿さえも数カ月のうちに、いずれもわずか数日で奪われることになった。一九四五年三月五日、フランクルは最後の収容所となるトゥルクハイムに移送された。トゥルクハイムはダッハウの支部収容所で、当初、病気の被収容者のための「保養収容所」として設置された。フランクルはそこで医師としての役割を果たすために自発的に参加を申し出て、他の職務に加えて、発疹チフスの患者のバラック担当に割り当てられた。数年にわたる抑留のため、衰弱していたフランクル自身がチフスに罹るのは時間の問題に過ぎなかった。チフスの兆候が表れて、フランクルは、彼がアウシュヴィッツで失った『医師による魂の癒し』の草稿の復元にとりかかった。

私自身が生き残ることができたのは、［アウシュヴィッツで］失った草稿を復元しようと決心したことが大きいと確信している。その作業に取り掛かった時、私は発疹チフスに罹っており、血管虚脱で命を落とさないように夜の間起きておこうとして、それに着手した。仲間の一人が私の四〇歳の誕生日に、ちびた鉛筆一本と小さなナチス親衛隊の用紙数枚をどこからか魔法のように用意してくれた。私は高熱にうなされながら、紙の裏に覚書を速記した。それを元に『医師による魂の癒し』を復元しようと考えたのである。（フランクル、二〇〇二、七六頁以下）

一九四五〜一九九七年：体系化と確証

米軍によって一九四五年四月二七日に強制収容所から解放された後、フランクルは、バイエルン地方の保養地であるバート・ヴェリスホーフェンにある陸軍病院で、自らもその一人としてある戦争難民のための医師に任命された。彼は主任医師として一九四五年の夏までおよそ二カ月間そこで働き、ついにはじめて半合法的な移送方法でウィーンに戻ることに成功した。その直後、彼は最初の著作である『医師による魂の癒し』の再構成に取り掛かり、同書の一部として「強制収容所の心理」を付け加えた。新しく出版されたこの著書によって、フランクルはロゴセラピーと実存分析を体系的に示し、心理療法の新たな独立した学派を起こした。この学派はフロイトとアドラーに続くものとして、心理療法のウィーン第三学派と称される（ソウチェック、一九四八）。ウィーン第三学派は、心理療法の作用の中心に、人間の意味への意志、自由、尊厳、そして責任を位置づけた（フランクル、一九四六a）。

その後すぐに、フランクルは自らの伝記的な報告書の執筆に取り掛かった。この書『それでも人生にイエスと言う』（『人間の意味探求』という英訳題で出版された）は、一九四六年の春に元々はウィーンの出版社ユーゲント&フォルク社によって『ある心理学者の強制収容所体験』（邦題『夜と霧』）というタイトルで出版された（フランクル、一九四六b）。現在の正式な［原語］タイトル『それでも人生にイエスと言う』（上述）が初めて表紙に記されたのは、それから二、三年後のことである。当初フランクルは、ペンネームに自らの被収容者番号を使ってこの自伝的報告を発表する予定であった。しかし間もなく彼は、それを完全に匿名で出版すると決心した――はからずも同書が示すように、フランクルは「心理的露出症」に対して強い嫌悪を感じていた。フランクルにとって一番大切なことは、たんに自らの悲運を物語ることにあったのでないのは明らかであった。実際彼は、強制収容所での個人的経験とともに、ロゴセラピーと実存分析の核となる主張を伝える、事実に即した根拠を提示しようと考えていた。そしてその核となる主張とは、苦痛、罪悪感や死が、われわれの存在の無条件の意味を奪えないということ、収容所という、生きるうえでこのうえなく過酷な状況に直面してさえ、人は「悲劇を勝利に変えること」ができるということであった。ほとんど希望のない状態でも、実存的自由の最後の、そして決め手となる核は人間に残されている。そして自由は、不慮の出来事のさなかにもかかわらず残されているのではなく、むしろまさにそうした出来事のなかで、あるいはそうした出来事を通して効力を発するのである。

ひょっとするとわれわれは、これまでのどの世代も知ることがなかった、人間というものを見知った世代なのかもしれない。一体人間とは何か？　人間はつねに、自らが何者であるかを決定する存在である。人間はガス室を発明した存在である。しかし人間は同時に、姿勢を正して祈りを唱えながら、ガス室に入る存在でもある。

フランクルが戦後初めて公刊した『医師による魂の癒し』は、出版三日後にすぐに完売し、需要が大きかったため、一九四六年から一九四八年にかけて五版が出版された一方で、『夜と霧――ドイツ強制収容所の体験記録』は始め、わずかしか売れなかった。出版社は『夜と霧』の初版三〇〇〇部につづく第二版を売り出す際に、今度は著者の名前を表紙に記した。そうすることで、『医師による魂の癒し』の著者としての高い知名度を利用しようと企てられたのである（フランクルの名前は、そのときでさえ、［表表紙ではなく］、ただ一ページ目に出されただけだった）。しかしながら、第二版は、フランクル自身が出版社から安価で百部ほどを入手して、強制収容所協会に寄贈した後でさえも、大部分が破棄されるほど売れ行きが悪かった。

フランクル自身が人気のある講師であり、講演やラジオ講義で時折『夜と霧』を採りあげたにもかかわらず、同書が最初のうち戦後のウィーンの社会にほとんど広まらなかったことには、推察してみると様々な理由があるだろう。おそらく、同書が受け入れられるのを妨げた主な理由は、フランクルがこれといった理由もなくつけた、その最初の書名であろう（『ある心理学者の強制収容所体験』、英訳 *A Psychologist Experiences the Concentration Camp*）。これは、フランクルが書籍の内容そのものを変えることをしないで、著書の題名だけを変更した、最初で最後のできごとだった。

その本の実際の影響は、当時のアメリカ心理学協会会長のゴードン・W・オルポートによって推薦されたアメリカ版を通して広がり、一〇年遅れてやってきた。一九五九年に英訳が、『死の収容所から実存主義へ』という書名で、ボストンのビーコン・プレス社から出版され（一九六三年以降は『人間の意味探求』）、すぐに世界的なベストセラーへとのぼりつめた。それ以来、この本は一〇〇〇万部が販売され、一五〇以上の版を重ねている。ワシントンにあるアメリカ議会図書館では、同書をアメリカで最も影響力のある一〇冊のうちに選定した。このような状況について、フランクルは自らの回顧録で次のように感想を述べている。

私のすべての本のなかで、それは特別なものではなく、私の思考のなかにあるものを確信をもって書いた一冊であるが、匿名で出版されて、私に私的な成功を決してもたらすことがなかった一冊である。つまり、まさに、ベストセラー、アメリカでいうところのベストセラーにまでのぼりつめた本なのだろうか？

（フランクル、二〇〇二、八四頁以下）

一九四六年二月にフランクルは、ウィーン総合病院の神経科の科長の職に任命された。彼は退職までの二五年間、この職を務めた。総合病院でフランクルは、年若い歯科助手のエレオノーレ・シュヴィントと知り合った。間もなく彼らは結婚し――一年後、アメリカの著名な哲学者ジェイコブ・ニードルマンは、ヴィクトールとエレオノーレの結婚と二人の家庭生活について次のように述べている。「彼女は光を伴う温かさだ」。一九四七年には、彼らの娘ガブリエレが誕生した。

フランクルの多くの著書や論文が続く数年のうちに出版された。そのなかには『実践による心理療法』も含まれている。『医師による魂の癒し』と並んで、この著作はロゴセラピーと実存分析が最も詳細に叙述されている作品の一つであり、主として診断と治療のガイドラインに基づいて、応用されたロゴセラピーの実践について記されている（フランクル、一九四八、四頁以降）。続く数多くの著作でフランクルはロゴセラピーと実存分析の理論と実践を深め、一般にまで知られるものにした。フランクルは生涯に計三二の著作を出版し、三一カ国語に翻訳されている。フランクルの三三番目の著作である『神の探求と意味への問い』（邦訳、芝田豊彦・広岡義之訳『人生の意味と神』、新教出版、二〇一四年）は未刊行の原稿で、二〇〇四年の夏になって初めて発見され、最近になって彼の生誕一〇〇周年を記念して公刊された（フランクル、二〇〇五a）。また最近、一九二三年から一九四二年までのフランクルの初期著作のアンソロジーに注釈をつけた三四番目の著作が（*Frühen Schriften* という適切なタイトルを付して）、フランクルの娘ガブリエレ・ヴェセリー・フランクル博士によって出版された（フランクル、二〇〇五b）。

『医師による魂の癒し』でロゴセラピーと実存分析は初めて紹介され、そのときにドイツ語圏で大変な関心を呼び起こし、五〇年代末から、国際的な学界でますます受け入れられるようになった。フランクルは世界中の講演、セミナー、講義に招かれるようになった。アメリカにおいても、フランクルはますます注目をあびるようになり、ボストンのハーバード大学、ダラスとピッツバーグの大学にそれぞれ客員教授として招聘された。アメリカ国際大学カルフォルニア校では、特別にフランクルのために、ロゴセラピーと実存分析の研究所が設立され、教授職が設けられた。五つの大陸の二〇〇以上の大学が、講演と特別講義のためにフランクルを招待した。

大学内でのフランクルの学術的な業績の急激な広まりに関していえば、今やロゴセラピーと実存分析は、より方法論的な研究の部門に発展した。すなわち、多数の学術的研究が、経験的にその基本原則、概念と臨床的な有効性を調査するためにおこなわれた。ここ三〇年以上にわたって、フランクルの心理学モデルとその心理療法的な応用を検討する六〇〇以上の実践論文が、心理学および精神医学の専門誌だけでも発表されている（バッチャニー&グットマン、二〇〇五）。これら（の論文）と並んで、ロゴセラピーの理論的基盤と多数の応用領域の研究が、ほぼ同数の著作として出版されている（ヴェゼリー&フィヴゾッティ、二〇〇五）。

狭義においては、ロゴセラピーと実存分析のために、あるいはロゴセラピーと実存分析に関する研究に続いて、フランクルはさらに神経学と精神薬理学の領域で研究発表をした。一九四五年以降の神経心理学的研究は、神経症患者の性格構造の身体的基盤という主題への回帰であった。このような回帰によってフランクルがあげた最大の功績は、不安と離人症障碍の特定の形式がホルモンを要因として相互に引き起こされることを明らかにしたことであり（フランクル、一九九三、八四頁以下）、こうした発見でもって、これらの病気の鑑別診断と治療にとって意義ある貢献をしたことである。

医師および研究者としての職歴の当初より、フランクルはいろいろな方法を使用するのではなく、むしろ方法を新たな高みへと推し進めた。フランクルの思考モデルによると、人間の身体と心および精神は、単一の統一体の諸相であり、単一の方法で全体を適切に描写し論じるためには、構成要素のそれぞれを質的に区別する必要があると考えられた。そしてフランクルはここで初めて、一〇年先の科学界がどのようになるかについて、変化する方法論の傾向がそれ自体として、経験的行動科学の多様な学問分野にわたる相互依存の拡大を示すこととなるだろう、そして、彼の死後の科学界がどのようになるかについて、研究対象の異なる学説が科学的心理学分野の多数の学派から、研究活動の体系的な統合を図るよう求められるだろう、との予想もしていた。［とはいえ］こうした要求が応じられ得るかどうか、これらの実現の具体的形式がどのように想定され得るかについては、いまだ未解決である。しかしながらいずれにしても、われわれはすでに次のことが受け入れられているのをみる。すなわち、人間存在に関するフランクルによる概念化の基本的信条は、人間科学の一部の領域においてではなく、多くの領域ですでに認められているのである。精神障碍に関する彼の特徴的な病因モデルは、ここ数十年の間に臨床的確証が得られた。一つには、現代の認知心理学の構想が、たとえば不安と強迫神経症等、数多くの心的不安に関する認知メカニズムの洞察を今日ますます提供しているからである。さらにはロゴセラピーの中心的技法のうちの二つ、すなわち、脱反省と逆説志向は、このような状況にあって、もはや臨床的場面以外にもあてはまることからである。現代の理論モデルは今や、経験を意識的に制御できなくなったとき（たとえば、パニックに襲われるなど）であっても、意志を意識的に制御できなくなったとき（たとえば、強迫神経症など）であっても、どんな場合でも認知レベルで何が起こっているかを説明することができる、という状態が見えてきている（ヴェンツラフ他、一九八八、ヴェグナー、一九八九、アンダーソン&グリーン、二〇〇一）。これらの思考モデルの多くは、共働原因論が認められるようになった心理学の「認知革命」よりずっと以前にすでにフランクルが考えていたものを、それをただほんの少し異なる言葉で表現したに過ぎない。経験と行動上に障碍を示す状態が生じた場合であっても、フランクルの治療法を発展させたこの共働原因論によって、治療可能になった。

具体的にフランクルの思考モデルが貢献したことは、精神障碍の一連の病因究明をしたことであった――フランクルの存命中にとりわけ論争の傾向が見られた主題は、人道主義的な心理療法の思想的展開と精神医学の思想的展開の対立であった――その思考モデルは、ここ十年のうちに臨床的な確証を見出した。そしてここにフランクルは、これまで考慮してきたロゴセラピーによって、先駆者であることが明らかになるのである。たとえば、精密な診断法とイメージングの技法の発展によって、ニューロン相関物に関連づけられることなく精神の変調は生じないということが今日ますます明瞭になっている。神経と精神の共変性の承認は、今日の臨床的行動科学の基準となっている。フランクルがこの思考モデルを心身並行論の形で論説した当時の最先端の心理療法は、幼児期や精神障碍の精神力学的原因を確証しようと努めており、たいていその病因論で身体的要素は軽んじられているか、まったく否定される傾向にあった。対照的に、フランクルは生涯を通して、さまざまな（精神的、心理的、身体的）現象の［個々の］本質を追究するのでなく、全体のなかで現象を追究し、人格の統一に与える相互的影響のなかで現象を把握しようと努めた。［個々の］現象ではなく、その全体を把握するというのは、［一部の］現象を下位カテゴリーに分類するのではなく、各々の現象に固有の特質を認めることである。他方で、現象を全体と統一（体）のなかで把握することは、各人によって体現される存在の全体性における相互作用のなかで現象を理解することを意味している。フランクルはこうした精密な存在論と方法論を［論文の題名でもある］『科学の多元論と人間の統一性』（一九六五）という言明でもって要約している。

フランクルは、科学としての心理療法がまだ伝統的医学の分野に入っていたとき、この［思考］モデルを発展させたが、しかしそれは、そのときには大部分が理論的であった（ロビンソン、一九八五、三頁以下／一九九五、一四九頁以下）。なるほど彼自身が、その存在論的独自性によって、精神的特質が本来、それ自体としてあらゆる種類の経験主義の限界を超えて存在する、人間存在の一つの側面である、と論じたことは確かである。しかし、ここにおいて、次のことがさらに注目に値する。すなわち、初期の師であるフロイトやアドラーに比べて、ロゴセラピーと実存分析が臨床的に実証されることに、より強い関心を持っていたのがフランクルであったということである。

実際ロゴセラピーは、その根本原理が最初に定式化されて以来、主として近接する諸学問分野との対話を通して、さらなる発展を経ている。

これからの展望——未来への挑戦

一九九七年までのロゴセラピーの発展過程は、主にフランクルその人と、ロゴセラピーを熟知したフランクル門下の第一世代によるものだった。そしてフランクルは、ロゴセラピーと科学との間につながりと対話を築いただけでなく、なおそのうえに未来のロゴセラピストに対して次のように求めている。

科学に対する志向性であったり、より具体的にいえば実験や統計への傾向性といった、現在の西洋的な思考様式にもとづいた選り好みを満たすことなしに、あなたは考えを一八〇度改め得ることはないだろうし、それどころか耳を傾けようとすらしないだろう。…（中略）…そういうわけで、私はすべての冷静で堅実な臨床的研究をロゴセラピーに迎え入れるのである。……

ロゴセラピーが「納得されるまでに」いかに「時間がかかるか」をわれわれが知っているからといって、学問のあらゆる領域との共通性を認めることを先験的に不可能であるとあきらめて、不必要かつ不当に、学問上の共通性を失わなければならないというのはなぜだろうか？　われわれの思考モデルが実験や統計を超越していると見なして、始めから正しさが認められることを諦めたり、現代の研究者に耳を傾けてもらうことを諦めなければならないはずがあるだろうか。われわれの発見を立証してもらう必要がないと断る理由はどこにもないのである。（ファブリー、一九七八〜一九七九、五頁）

以上の回顧は、最も若くして故人となった経験的［実証可能な］ロゴセラピーの創始者の一人に対してもまた名誉の機会を提供するものである。彼の名はジェームズ・クランボーである。ロゴセラピーと実存分析は、初めての大規模な経験的［実証可能な］著作の一つに感謝を捧げるという意味において、彼と彼の共著者であるマホーリックとに恩恵を帰しうる。クランボーとマホーリックはＰＩ

Lテスト（人生の目的テスト）［その他、実存心理検査、生きがいテスト等と訳される］を用いて、ロゴセラピーに基づいた意味充足の構成概念を、心理測定法の手法により捉えようと初めて試みたのである。彼らの論文は一九六四年に、雑誌『臨床心理学』のなかで、「実存主義における実験的調査」という啓発的なタイトルで発表された（クランボー＆マホーリック、一九六四）。このようなタイトルは今日ですらそうであるが、当時異例のものであった。というのは、臨床的な研究との直接的な関連で実存主義が持ち込まれることはないからである。しかし、それは一方で、まさに基礎哲学研究の間のこうした緊張関係を表し、他方では、哲学の保護された領域の外にある、臨床的精査を受け容れる用意があることは、精神医学と心理療法のうちにあってさらに人間学の研究分野としても受け容れられようとする、ロゴセラピーの独特な立場を例証している。クランボーとマホーリックによる研究は、ロゴセラピーにおける科学的臨床的な伝統の始まりと位置づけられる。PILは、ロゴセラピーの枠組みで開発された一五のテスト技法の最初のものであった（グットマン、一九九六）。一九七五年から二〇〇五年の間だけでも、精神医学や心理学の専門誌に、ロゴセラピーと実存分析の心理的な動機づけと認識の原理の有効性を示すと共に、ロゴセラピーと実存分析の臨床効果を実証する六〇〇本以上の経験的・臨床的研究が発表されている（これらの研究の概略を解説した文献としては次を参照（バッチャニー＆グットマン、二〇〇六））。

ロゴセラピーが心理療法の独立した学派として、アメリカにおいてアメリカ心理学会によって認められたのと同様、オーストリアとスイスにおいて国をあげて認められているのはこうした背景によるる。ロゴセラピーの臨床的な基盤が深められることで、このような状況に変えられるようになると期待するだけの根拠があるにもかかわらず、ドイツでロゴセラピーはいまだに十分に認知されていない。［だが］世界中で、およそ八〇の研究所と養成プログラムがある。[3] さらに、ロゴセラピーは最も重要な、現実という試験にすでによく耐えているようである。ロゴセラピーは臨床的、理論的、経験的行動主義的な社会科学、人文科学の非還元主義的な伝統の不可欠な部分へと発展しており、もはや不用意に捨て去られることのない、独自の心理療法と研究をおこなう学派となっているのである。

第1部　無意味の感覚——時代への挑戦

第1章　無意味の感覚――心理療法への挑戦

本章は、*The American Journal of Psychoanalysis*、第三二第一号、八五～八九頁（一九七二年）の再掲である。

今日、これまでになく多くの患者が、無益感や空虚感、無意味感といった感覚――本書では「実存的空虚（existential vacuum）」と呼ぶ――を訴えて精神科医を訪れている。実存的空虚が増加し広がっていることは疑いようのない事実である。五〇〇人の若者を対象としてウィーンでおこなわれた最近の調査では、実存的空虚に苦しんでいる若者の割合は、ここ二年の間に、三〇％から八〇％に増加している。アフリカにおいてさえ、実存的空虚は、とくに高学歴の若者の間で広がっている（キルケ、一九六九）。マルクス主義者もフロイト派も、こうした現象が起こっていることには十分に気付いている。最近の精神分析学会で、臨床的な症状よりも人生の中身の欠如に悩んでいる患者がますます増えていること、また、こうした事態は、患者にとって分析治療が唯一手に入れることのできる人生の中身であるため、いわゆる「終りのない分析」に陥ってしまうのをうまく説明できることが報告された。マルクス主義者に関しては、ライプツィッヒにあるカール・マルクス大学の心理療法学部長が、つい最近になって、実存的空虚がいかに多いかを示した調査の報告をしている。チェコ大学の精神医学部の学部長が言ったように、実存的空虚は、資本主義の国々と共産主義の国々の国境を「ビザなしで」越えているのである。

実存的空虚はどのように説明されうるのだろうか。動物とは異なり、人間においては、もはや何を為すべきかについて本能が教えてくれることはない。そして、昔とはちがい、何を為すべきかについて、伝統や価値が教えてくれることもない。現代では、何を為さねばならないのか、あるいは何を為すべきなのかを全く知らず、自分が基本的に何をしたいのかについてさえわかっていないこともある。その代わりに、他の人がしていることをしたいと思い（順応主義）、他の人が自分にしてほしいと思っていることをする（全体主義）のである。

実存的空虚のもう一つの影響は、神経症的傾向である。実存的空虚自体は、厳密な医学的意味においては神経症ではない。神経症であったとしても、社会的要因によって引き起こされた神経症として診断されなければならないであろう。しかしながら、実存的空虚が、最終的に臨床的な症状を伴うケースも見られる。このような患者は、筆者が「精神因性神経症（noogenic neuroses）と呼んでいるものに苦しんでいるのである。クランボーは、精神因性神経症を他の神経症から鑑別する特殊な検査法を開発した（クランボー&マホーリック、一九六四、クランボー、一九六八）。ルーカスは、別の検査法を開発しこれを用いて、精神因性神経症の割合がクランボーと同様二〇%であるとの結論に至っている（ルーカス、一九七二）。

しかしながら、実存的空虚については、最近の統計学的調査で、著者の担当するヨーロッパ出身の学生の二五%がこの「底なしの経験」をしたことがあることが示されている。アメリカ出身の学生では六〇%であった。実存的空虚が、ヨーロッパよりもアメリカでのほうがより顕著であるのは、平均的なアメリカ人の学生が還元主義に則った教育を受けていることによる。

たとえば、ある本では、人間は「コード化された情報保持のための巨大な保管庫であるコンピュータを駆動するための燃焼システムによって動力を供給される複雑な生化学的メカニズム」以上の何者でもないと定義している。あるいは、別の例を挙げれば、人間は「裸のサル」と定義されている。人間についての還元主義的な概念を提示されることによって、彼らが埋めようとしている実存的空虚が強化されるのである。

精神分析医は、自分自身を分析し観察し内省しなければならないという強迫性障害に苦しみ、身動きが取れなくなっている患者に、どれほど多く出会うことであろう。米国で蔓延している支配的な文化的風土は、このマヒ状態が集合的(collective)強迫性神経症になる危険性を助長している。

ブーメランが目標を逃した場合にだけそれを投げた狩りをする人のところに戻ってくるように、人は、自分の目標を達成できなかったときにだけ自分自身に立ち戻って反省し、過剰に自己解釈に気をとられるようになり、意味の探求に欲求不満を感じるようになるのである。前述の、精神分析的治療が人生の中身の代替となってしまった患者についてのフロイト派の経験が想起される。

同じ研究で自己解釈に次いで高い価値を持つとされたのが自己実現である。しかし、人間は、最終的には、自分の内側でなく外の世界で意味を満たすことによってしか自己実現を果たすことができず、自己実現は自己超越(self- transcendence)の結果として起こるのである(フランクル、一九六〇)。人間であるということは、自分以外の何かあるいは誰かと関連付けられ方向付けられていることを意味する。マズロー（一九六五）が言ったように、「自己実現の仕事」は「重要な仕事への専心」を通じて最もよく遂行されるのである。

自己超越の一つの側面は、つまりは充足すべき意味を得ようとすることであり、著者が「意味への意志」と呼ぶものと同一である。この概念は、クランボーとマホーリックにより、実験的に裏付けられている。フォン・エッカーツバーグも、「基本的な『意味への意志』は、一つの重要な動機価値であるとみなされるべきであり」、実際、「個々人は価値の充足、すなわち意味のある人生をまっとうすることを熱望する」と考えている（フォン・エッカーツバーグ、一九六九）。マズローは、はっきりと次のように述べている。「人間の第一の関心事は意味への意志であるという点についてフランクルに全く賛成である」（一九六九）。クラトクヴィルとプラノーヴァによる研究は、「意味への意志は、実際に他の欲求に還元されない固有の欲求であり、すべての人間において多かれ少なかれ存在する」という証拠を、心理テストに基づいて示している。著者らは、この欲求が充足されないことがどのような意味を持つのかを、神経症および鬱《うつ》病の患者の事例研究から立証した。なかには、実存的空虚が、神経症の発症あるいは自殺未遂において病因的因子として意味のある役割を果たしている事例もあった（フランクル、一九六八）。

クランボーらの研究では、意味への意志を量的に計測できるようにデザインされた心理テストを用いたところ、よく動機づけられた専門職や成功した企業家のスコアが最も高かった。この結果は、コッチェンの、意味への意志は精神的健康の信頼できる尺度であるという仮説（一九六〇）を裏付けるものである。逆に、二〇人のアルコール中毒患者毒患者のうち一八人が自分の実存を無意味であるとみなしているという研究で示されたように、意味と目的の欠如は情緒的不適応の徴候である。意味への意志の欲求不満は、「快楽への意志」すなわち快楽原則と同様に「力への意志」をもたらす。快楽原則は、フロイト心理学の動機づけ理論の中心をなすものである。アドラー心理学では、神経症の病因として、力への意志の一形態である優位性の追求が重要な役割を果たすとする。フロイトもアドラーも、神経症患者つまり意味への意志の欲求不満を抱えた人々を扱わなければならなかったため、人間は基本的に意味よりも快楽や力に関心を持っていると考えたのは無理もないことである。

快楽への意志は意味への意志の欲求不満の代償であるということが、研究によって示されている。ウィーンのプラーター公園はニューヨークのコニーアイランドと同じような遊園地であるが、ここを訪れる人は、ウィーンの平均的な人々よりも実存的に欲求不満であることが証明されている（ルーカス、一九七二）。もっと言うならば、様々な大都市に住む人々は、これと同じくらいに実存的に欲求不満であることが証明されている（フランクル、一九七〇）。快楽への意志は、人間の実存の自己超越的性質と矛盾するだけでなく、快楽への意志そのものの実現を不可能にするのである。幸福を追い求めることはできない。幸福は結果として起こるのである。すなわち、幸福は、実存の自己超越を実現することの副産物としてまた副作用としてのみ得られるのである。人が意味を充足したときあるいは誰か他の人を愛するとき、幸福はひとりでに起こるのである。一方、幸福を目指せば目指すほど、幸福は実現されない。このことは、不感症やインポテンスといった性的神経症の事例で明らかである。性的行為や性的経験は、これらの行為がどの程度注意の対象とされたか（過剰反省）、あるいは意図の対象とされたか（過剰志向）によって様々な程度の抑圧を受ける。過剰反省、過剰志向のどちらの現象も非常に多くの人が経験することである。過剰解釈の傾向は、米国において非常に広範に見られ、集合的過剰反省として考えることが可能であろう。集合的過剰志向については性的能力に置かれた強調を考えてみるとよい。こうした強調は、意識過剰と不安を引き起こす。人々は性的な成功に過度に関心を向け過ぎており、性的失敗への恐れに支配されている。しかし、このような恐れは、まさにその恐れていることを実現してしまう傾向がある。こうして悪循環がもたらされる。これが、今日、精神科医が直面する性的神経症の多くの事例の原因なのである。

集団レベルでは、実存的空虚は性的リビドーの肥大化を招いている。その結果、性的行為のインフレが起こっており、経済的領域におけるインフレと同様に、これは価値の低下と関連している。もっと厳密に言えば、性的行為の価値低下は性的行為の非人間化に伴って起こっている。人間における性的行為は、つねにたんなる性的行為以上のものである。人間において性的行為は、関係性の身体的な表現であり、個人的な関係性を媒介するものとして機能する。言葉を変えれば、人間の性的行為は愛の表出なのである。マズローは次にように述べている。「愛することができない人は、愛することができる人が性的行為から得ることのできるスリルと同じ種類のスリルを性的行為から得ることができない。」（マズロー、一九六四）

意味の探求において、人は何に導かれ方向付けられるのであろうか？　答は、「良心によって」である。良心とは、意味を見つける、すなわち言うなれば意味を「嗅ぎつける」ための手段である。良心によって、人はどのような状況においてもそれぞれの状況に潜む固有の意味に到達することができる。人生とはそうした異なる状況の積み重ねなのである。しかし、良心も誤ることがある。そのため、人は自分の良心が正しいのか、別のことを言う他の人の良心が誤っているのか、あるいはまたその逆が正しいのかを確信を持って知ることはできない。正しい答がないというのではない。正しい答はあるのだが、誰も自分が正しい答にたどり着いたのかどうかに絶対的な確信を持つことができないのである。

私たちが生きている現代のような意味喪失の時代においては、教育は、伝統や知識の伝達ではなく、人の良心を洗練させることをその主たる役割としなければならない。良心は、伝統や価値の影響が減少していたとしてもそれでもなお意味を見つけることができる唯一の能力なのである。モーゼの十戒の無条件の有効性が失われつつある今日、多くの場合、人は、人生で直面する幾千もの場面に隠されている幾千もの要求や戒律に耳を傾け、それらに従う能力を持ち続けなければならない。これらの要求は、警告的良心によってその人に受け渡されたものである。警告的良心のおかげによってのみ、人は実存的空虚、すなわち順応主義あるいは全体主義の影響に抵抗することができるのである。

意味は見つけられなければならない。意味は与えられないのである。そして、意味は自分自身で、自分自身の良心によって見つけられなければならない。意味を与えることは結局のところ道徳的な説法をするということである。しかし、道徳が生き残るためには、道徳は存在論的に語られなければならない。存在論的な道徳は、もはや、してはならないことに対するすべきことというようなやりかたでは、何が善で何が悪であるかを規定しない。そのかわりに、善は存在の意味の充足を促進するものとして定義され、悪は意味の充足を妨げるものとして定義される。

道徳は、存在論的であるだけでなく、実存的でもなければならない。医者が患者に意味を与えることはできないし、教師が学生に意味を与えることもできない。彼らが与えることができるのは、一つの例である。真実の探求への個人的な専心の実存的例である。人生の意味とは何かという問に対する答は、人の全存在からのみ推測することができる、すなわちその人の人生こそが問の答なのである。

精神科医は患者に意味が何であるのかを示すことはできない。ましてや「患者にゴールを提供する」ことは不可能である（メイ、一九六九）。しかし、医者は患者に人生には意味があるということは示すことができる。さらに重要なのは、人生に意味があるだけでなく、その意味は一人ひとり異なっており、人生から意味がなくなってしまうことはないということを示すことができるということである。人間存在の否定的・悲劇的な面――著者が悲劇的三要素と呼んでいる「苦痛」「罪悪感」「死」――でさえ、何かしら肯定的なもの創造的なものに変わりうる。絶望的状況にそのかわいそうな犠牲者として囚われ、変えることできない運命に直面していても、人はその困難な状況でさえも人間としての成果や業績に変えることができる。彼は人間の潜在的能力の生きた証であり、悲劇を勝利へと変えることができるのである。

第2章　精神医学と人間の意味の探求

今日では、精神科医は新しいタイプの患者、新しい種類の神経症、新しい種類の苦悩、厳密には疾患とは言えないような注目すべき特徴のある事実に、頻繁に向かい合うようになってきた。この現象によって、現在の精神医学の機能——あるいは使命というべきだろうか——は変化している。このような各々の事例に対して、今までの心理療法家たちが伝統的に利用してきた技法では、もう適用できなくなってきている。

精神科医が、現在、頻繁に取り扱わなければならないこの現象を、私はもっと正確に言えば「実存的空虚」と呼んでいる。それに関して私が考えるのは、人生を意味あるものにする人間存在の究極的な意味の欠如あるいは喪失の経験である。ロゴセラピーは実存の意味を模索し、その意味を充たす努力をすることによって、またできるかぎり多くの価値の可能性を実現させることによって、人間の第一義的な動機づけがおこなわれると考えるのである。要するに、人は意味への意志により、動機づけられるのである。

以前であれば、意味への意志の欲求不満を持つ人々は、牧師や司祭、ラビのところへ通ったことだろう。現在では、人々は病院や診療所に群がる。そこで精神科医は少なからず、頻繁に自分自身の方が当惑していることに気づくのである。というのは、精神科医は、今や特殊な臨床的な症状というよりもむしろ、人間的な問題に直面させられているからだ。人間の意味探求は決して病的なものではなく、むしろ真に人間的なものの最も避けがたい徴候なのである。たとえこの探求によって欲求不満があったとしても、これを疾病の兆候と考えるべきではない。それは心の病ではなく、人間の精神的な苦悩なのである。

臨床医は、こうした挑戦に対してどのような態度をとるべきだろうか。彼は伝統的に、たんなる医学的用語でこの状況に備える準備をする以外にはない。このようにして、臨床医は何か病理的なものとして問題を思いこまされることを強制されている。さらにまた彼は患者の苦境を、直面すべき挑戦としてよりもむしろ、治療されるべき病気として理解させようと誘導する。そのようにすることで、医師は患者の精神的闘いから生ずる潜在的な成果を、患者から奪い去ってしまうことになる。

医師は今もなお広く認められている還元主義によって、意味や価値への人間の関心を、防衛機制や反動形成、あるいは合理化に「すぎない」ものへと自分自身を誘惑するべきではない。人間的現象のこうした「……に過ぎないこと」は、実際には、人間の還元主義者の持つイメージの主要な特徴である。しかしながら治療法を、たとえば哲学は抑圧された性欲の昇華「以外の何ものでもない」というフロイトの仮説に基礎を置いたり、またその仮説から出発することは賢いやり方なのだろうか。精神科医が極度の絶望状態の患者を治療するとき、健全な生の哲学を持つべきであり、そのような哲学は精神科医にとって、最も価値ある財産となるだろう。いわゆる心理力動的な根拠に、意味や価値を低下させようとしたり、あるいは心因的なものからそれらを推論しようとする代わりに、心理療法家はこれらの現象を額面通りに受け取り、それを作用や発生に関して、既成概念的な杓子定規な方法「プロクラスティズのベッド」にむりやり押し込めるべきではない。

もちろん人間存在の意味と、意味への意志の二つは、たんなる心理力動的な事実や心因性の事実という水準を超えた方法でのみ接近できるのである。私たちは、存在の精神的次元（spiritual dimension）という、とりわけ人間的な現象の次元へと人を受け入れるか、より適切に表現するならば、人間そのものを追求しなければならないのである。英語で「精神的」（spiritual）といえば、一般的に宗教的意味合いを含むために、その事実から生じ得る混乱を避けるために、私は心理的現象に対しては心理的（noetic）という言葉を使用し、精神的次元に対して精神的（noölogical）という言葉を使用したい。そしてこの精神的次元（noölogical dimension）は、とりわけ人間的な現象が示される次元であると、定義したい。

たんなる心理学的な分析を通してでは、人間的な現象は精神の領域から離れて、心理学的な平面へと水準が下がってしまう。こうした過程は心理学主義と呼ばれている。それはまさしくすべての次元の喪失を伴うもので、人間を生物学的、心理学的基礎の水準から脱出させ、立ち上がらせる次元がさらに失われてしまう。ここからの脱出は重要なものである。なぜなら、生物学的、そして心理学的基礎を越えて、自分自身を超えることは、まさに実存の行為そのものを意味するからである。自己超越は実存の本質であり、同様に、実存とは他とは異なった人間存在の様式を示すものだと私は言いたい。こうした存在様式が心理学的な関連の枠組みを超えていくという点で、存在への適切で妥当なアプローチは心理学的なものではなく、実存的なものなのである。

このようなことは、治療法にとっても真実なのである。ロゴセラピーは人生の意味と同時に人間の意味の探求を中核とする心理療法であり、事実、ロゴスとは「意味」を表わすと同時に「精神」をも指し示す言葉である。そのためロゴセラピーは精神的あるいは精神論的な次元を十分に配慮するものである。こうしてロゴセラピーはまた人間の精神の側面と心理の側面の本質的なちがいを認識し、そのちがいを実際に適用することができる。存在論的には精神と心理のちがいを認めているにもかかわらず、人間学的な全体性と統一性は、人間の多元的な概念によって維持されているのみならず、支持されてもいる。精神的、心理的、肉体的な水準や層で人間を論じてしまうと、三つの側面が相互に分離することができると仮定するきっかけを与えることになってしまう。しかしながら人間が多様性の次元のなかにあるという見解が人のなかに備わっている全体性と統一性を破壊するということは、誰も主張できないだろう。

私たちの「次元的存在論」には、実践的な意味合いが含まれている。私は、人間とは自らで自身を引き離す特殊な能力があることについて言及しているのである。自分を精神的次元に移すことにより、自分の心的状態から自らを引き離すことができるのである。とくに神経症や統合失調症の症状を示す心理的次元のなかの疾病的事象に対して、この自己分離［自己客観化］離脱という人間に固有の能力がロゴセラピーによって、動員されるのである。人間であることの本質的な特性として責任性を置くことを強調しているにもかかわらず、ロゴセラピーは統合失調症もしくは神経症の症状に対してさえ、人が責任を持つべきだと主張しているのではない。しかしながらロゴセラピーは先のような症状に対して、その本人に考慮させるのである。精神分析が多かれ少なかれ、たとえば神経症や統合失調症等の異常な現象に関連している限り、人間の精神的な向上心は、単に心理学的のみならず病理学的専門用語のなかでもおそらく取り扱われるだろう。

しかも多元的な見解は、心理主義のみならず、精神主義も排除することとなる。精神主義は一側面からだけで世界を見るという点で、物質主義と同じである。一元論は、それが精神的なものであれ物質的なものであれ、それ自身の見解の一面性をいわば暴露するように、世界の断定された統一性を閉ざしてしまう。

目に余る精神主義の実例として、内因性抑うつ状態で悩んでいる患者は罪を感じているのみならず、実際に罪の状態にあり、――「実存的な罪の状態にあり」――そしてそれゆえにその患者が抑うつ状態にあるということが、精神科医によって議論されることになってしまうだろう。内因性抑うつ状態は、精神因性というよりもむしろ身体因性のもの――もしくは心因性のもの――であると、私は考えている。こうした身体因性の神経症は、「人間の状態」に正常なものとして関連する罪を、異常なものとして交替で自覚するようになる。こうした状態は、引き潮のときに現れる暗礁にたとえることができるだろう。だれも暗礁が引き潮の原因であるとは主張しないだろう。同様に、罪の意識が統合失調症的抑うつを引き起こしたのではない。むしろ逆に、抑うつ――これはいわば情緒的な引き潮に当たる――が罪の状態にあるということを強く感じさせる原因なのである。しかしながら統合失調症患者を、「実存的罪悪」という言葉によって精神的にまた道徳的にその病める患者の状態の解釈と突き合わせた場合の潜在的な結果について想像してみよう。これが自己を非難する方向に向かうと、患者の病的傾向に追加の内容を提供することになるだろう。そして患者の反応として、自殺することもある。

実存的空虚は、それ自体、まったく病的なものではない。しかしながら、これはロゴセラピーが創り出した言葉である「精神因性神経症」という、一種の神経症という結果になりうる。この神経症は、本能的なものの葛藤や、エゴ、イド、超自我の間の衝突の結果というよりも、むしろ精神的問題、および実存的欲求不満の結果なのである。この場合に必要とされるのは、精神と意味の両方に焦点が合わされた心理療法、すなわち、ロゴセラピーである。しかしながら、ロゴセラピーは心理療法的アプローチおよび手順として、心因性あるいは身体因性の神経症にも適用できる。後者の例として、甲状腺機能亢進［甲状腺ホルモンが過剰となる病気で、バセドー病はその代表］の患者は、たびたび期待不安と呼ばれるものによって引き起こされる不安状態の傾向になりがちである。つまり、患者は不安が再発するのではないかと恐れ、そしてこうした不安に攻撃されるのではないかというまさにその予期そのものが、幾度も幾度も不安を突然引き起こすことになる。

このようにますます患者は、最初に起こった身体的状態とその後に起こった心理的反応の間で深まったフィードバックのしくみに攻撃される。この取り扱いにくい危険な悪循環は身体的な面と同じく心理面にも攻撃を加えられるにちがいない。後者［心理面］を癒すために、ロゴセラピーが活用されるべきである。つまり特殊なやり方で逆説志向が使用される。これは期待不安という「帆に風を受けないようにする」方法である。他方で精神安定剤は他のこと、つまり身体的な全般的不調の根拠を除去することに役立つ。著者の観察に従えば、軽い甲状腺機能亢進がしばしば広場恐怖症を招くように、仮面性強直けいれんは、閉所恐怖症を導く。そして初めてヨーロッパ大陸で使用されるようになったこの精神安定剤は、身体因性恐怖症の場合には、最も効果のある薬であることが証明された（この精神安定剤は、「ミルタウン」［精神安定剤・商標名］の進展が始まる前の一九五二年の初めに著者［フランクルのこと］によって開発されたものである）。

しかしながら期待不安と呼ばれるフィードバック・メカニズムは、実存的空虚のなかで繁茂することがくりかえし判明していく。この空虚を充たすことによって、患者は病気の再発を防ぐことができるのである。意味と目的を患者に再び焦点づけさせ、そして患者を、自分が強迫観念に囚われていることから逸らすことによって、これらの症状を減退させる。この場合、病理学的な源は心理学的あるいは生物学的なものであるが、治療の源泉、すなわち治療的動因は精神的なものである。エディス・ジョルソンは「ロゴセラピーは、特異的でない治療法としても活用され得る。つまり幼児のときの心理的な性的抑圧によって引き起こされる神経症は、成人してからの精神的な療法によって治癒され得る。」（一九五八）と述べている。

わたしたちはどのような場合においても、ロゴセラピーを特殊な療法とはみなさない。なぜなら心因性神経症において、ロゴセラピーは最も一般的な意味での心理療法を補うものであり、あるいはむしろその代理をするものだからである。ここで起こる問題は、特殊な療法というものが実際に存在するのか否かということである。フロイト派の心理分析に関して、ジョセフ・ウォルプは、近年、「その神経症が、フロイト派の心理分析よりも、他の様々な心理療法を施した後で、わずかに四人だけが再発したものの、目だって治癒したり回復した二四九人の患者を含む追跡調査研究」について以下のように述べている。

「この結果は、フロイト派の心理分析をおこなわなければ回復しないという期待とは逆に、神経症の苦しみに対して、フロイト派の心理分析がぜひ必要な処置であるという見解を捨て去るものである。」ウォルプはさらに続けて言う。「心理分析理論が回復のために必要だと考えているものは、実際には必要のないものである。このことは、その理論が神経症の根拠としているものが、実際には神経症の根拠とならないことを意味するのだろうか。」（ウォルプ、一九六二）少なくとも私は、フロイト派の心理分析は、その分析家が考えているほど特殊なものではないことを示している、と主張したいのである。ときとして、一つの同じ病状に対して、多様な理論的解釈が許されるという事実は、この分野での多くの研究者によって指摘されてきた。そしてこうした解釈に基づく様々に異なった治療技術が、同様の治療成果を収めている。重要なのは、明らかに医者と患者の間の信頼関係なのである。個人的な出会い、あるいはヤスパースの用語の「実存的交わり」が問題なのである。「二人の人間の温かい主体的な出会いは、学習理論もしくはオペラント条件づけから成長してきた一連の最も精密な技法よりも事態を促進するのに、より効果的である。」とカール・R・ロジャーズは述べている。別の箇所で、ロジャーズは次のようにも述べている。「パーソナリティの変化は根本的に、知識や理論や技法による以上に、療法家の実存的態度によって起こる。（中略）このことは、新しい経験への道筋を経ることだとも言える。つまり、洞察力を得るとか、転移の関係あるいは自己概念の変化というよりもむしろ、治療法の本質的変化によって生ずるさらに直接的で変わりやすい方法で、経験を経るということである。」と。（ロジャーズ、一九六一b）

技法らしきものがなくとも、医師と患者がこの出会いに達することができるかということは、以下のような経験でも例示することができる。あるとき、音楽を学んでいた一人の米国の少女が、心理分析を受けるために、ウィーンの私のところに会いに来た。彼女はひどい俗語をしゃべったので、私は彼女が何を言っているのかまったく理解できなかった。私は彼女に米国人の医師に診察してもらって、いかに私の助言が必要であったかを米国人医師に判断してもらうように、彼女を説得した。しかし彼女は米国人の医師に診察を受けに行かなかった。しかしながら、たまたま私が通りで彼女と会ったとき、以下のような説明を受けた。「先生、あなたに悩みをお話したとたんに、安心してしまい、もはやどのような医師にも診察してもらう必要がないと感じました。」私は今でさえどうして彼女が私のところへ診察を受けにきたのかわからないのである。

これはどのような技法も必要ない極端な実例かもしれない。しかし以下の話は極端に技術的な手順を必要とする実例によって補足されるべきだろう。一九四一年のある日の朝、私はゲシュタポに呼び出され、その司令部に出向くように命令された。私は即座に強制収容所に送られるものと予想していた。一人のゲシュタポが、事務所で私を待っていた。彼はすぐに私を尋問し始めた。しかしすぐに話題を変え、そして私に次のような質問を始めた。心理療法とは何か？　神経症とは何か？　恐怖症はどのように治療するのか？　そこで彼はある特殊な患者――「自分の友人」の事例と言っていたが――のことを詳しく説明し始めた。しばらくして、私はその患者とは、私と議論することを望んだその男自身であることが推測できた。そして私は完全に人間的な方法をもたない短期療法を開始した。すなわち、私は「彼の友人」はこうすべきであり、そのようにすれば不安が生ずると、彼に助言してあげるようにと告げたのである。この療法での立会で基礎となったのは、私と汝の関係ではなく、むしろ私と彼の関係だった。ともかくもそのゲシュタポは私を数時間留まらせ、上記のような間接的なやり方で彼に治療を継続した。この短期療法の効果について私は評価することはできないが、結果として私と家族はしばらくの間であったが、命を長らえることができた。なぜなら私たちは強制収容所へ送られる時期が一年延びて、ウィーンに留まることが許されたからである。

このような例外的状況は別として、出会いと技法の両極は理論的に重要であるように思われるにすぎない。しかしながらこの両極の間に、生きた実践が留まっている。どちらも軽蔑したり見くびったりして傍観するべきではない。

何よりもまず、一方の極を他の極の敵、たとえば出会いを技法の敵とするべきではない。技法は、その根本的な性格から考えて、それに言及するものはなんでも物象化する傾向にある。患者と医師の関係に関するかぎり、人間は他のものとの間のうちの一つのもの、物件とみなされる。たしかに延長する属性と思惟するものとの間の矛盾を主張したデカルトを非難することが時代の最先端の傾向となっている。しかしながら私は、デカルト自身がなしえたよりもさらに先まで行くべきであったと考えている。デカルトは、人間を延長する属性としてのみならず、一つのものとしても捉えることも否定するべきだった。出会いを犠牲にして技法を重視することは、人をたんなるものとするという考えを含むだけでなく、人を目的へのたんなる手段とするという考えをも含む。

カントの定言命法の第二式［汝の人格およびあらゆる他の人格における人間性を、つねに同時に目的として取り扱い、決して単に手段としてのみ取り扱わないように行為せよ。］によれば、いかなる人も目的へのたんなる手段として取り扱われるべきではない。人をたんなる目的への手段とするべきか、そうすることを差し控えるべきかという相違点が、政治における場合以上に決定的な領域があるとは思えない。政治における最も重要な相違点とは、目的が手段を正当にすると信ずる種類の政治家が存在する一方で、最も神聖視される目的さえも汚すであろう手段があることを理解している政治家もいるということであると、私はあえて言いたいのである。

人間のなかに、目的に対するたんなる手段をみることとは、人間をごまかすことになる。手近な論点に関して、つまり技法のために出会いを犠牲にすることについて、ルドルフ・ドライカースの警告の声を聞くべきだろう。彼は次のように言う。「治療法の基本的手段として、転移という仮説を使用することは、治療者を優位な立場に置き、治療者が自分の受けた訓練と、治療計画に従って、患者を操作することになる。」

モントリオールで開かれた、抑うつとその類似現象に関するマックギル検討委員会で、「多くの発言者が、ショック療法と投薬療法にこだわった医学的方法は機械化に陥り、患者を人間として見ることをやめるという大きな危険を孕むことを指摘した」のだが、これは本当のことである。私は、危険はショック療法や投薬療法へのこだわりそれ自体にあるというよりも、むしろ多くの治療家を支配している極端な技法第一主義的態度にあると見る。より大きな危険は、ショック療法あるいは投薬療法の領域にあるというよりも、心理療法の領域にあると思う。

第二に、たとえ出会いの個人的特質が保護されていようとも、我と汝の関係は、閉ざされたものとしてみなされるべきではない。カール・ビューラーは、彼の言語理論のなかで、三種類の分類をしている。つまり話し手の観点から言語は表現となり、話し手が話しかけていく相手に対して言語はアピールとなり、そして人が話している主題の観点から言語はプレゼンテーションになる。たんに二者間の出会いという概念に徹底的に特徴づけられるのではなく、一者が二者に立ち向かうその対象によって決定されるのが治療関係であることを忘れてしまうときには、いつでも見逃されるものだというのが、第三の局面であると私は言いたい。この対象は、通常は患者が意識するに至る一つの事実のことなのである。とくに患者は、自分自身が満たすべき意味があるという事実に覚醒させられるべきである。このとき治療関係は、いわば世界に開かれる。それにもかかわらず、この世界とは、割り当てられた任務と挑戦として考えられるべきなのである。

ロゴセラピーの考えでは、自己超越は実存の本質である。実存とは、それがそれ自体ではない何かを指し示す程度において、真正の実存となる。人間であるということは、それ自体の意味になることではないし、人は決して目的への手段とみなされるべきではない。とするならば、このことは人間は自らが目的であり、人は自分自身を認識し実現するように方向づけられ運命づけられていることを示唆するのだろうか？　人は価値を理解し実現するものであると私は言いたいのである。人は何ものかのため、あるいは誰かのため、つまりある理想のため、あるいは友のため、あるいは「神のため」に、まず自分を失うところまで達して初めて自分を発見するのである。

もし自由に意味を選択することに専心することがないならば、人間は姿を消してしまうだろう。この自由の選択こそが強調されるべきなのである。ある著名な米国のフロイト学派の心理分析家が、モスクワへ旅行した後、鉄のカーテンの向こう側の人々に神経症が少ないのは、彼らが満たすべき課題を米国の人々よりも多く持っているからだと報告している。私がクラコウでの精神医学者たちに講演に招かれたとき、私は先の米国の分析家の報告について言及して以下のように述べた。西側の人々は、東側にくらべて取り組むべき課題は少ないかもしれないけれども、様々な課題から選択する自由が残されている、と。もしこの自由が否定されてしまうと、人はただぐるぐる回る機能しか持たない歯車となってしまい、自由な選択の機会を失ってしまうのである。

人を意味と目的に直面させるような心理療法は、患者にあまりにも多くの事柄を要求しすぎることになるのではないかと批判されそうである。しかし実際問題として現代人は、あまりにも多すぎる要求よりも、あまりにも少なすぎる要求によって危険にさらされ威嚇されているのである。人が本当に必要とするものは、人が満たさなければならない意味に挑戦することによって起こる健全な緊張なのである。この緊張は人間にとって固有のものであり、それゆえ精神的な豊かさにとっては絶対に必要なものとなる。

私が精神力学と呼ぶものはその両極になる人間と、人間を誘う意味によって引き起こされる緊張の分野の力学である。そうした精神力学によって人間の生は、磁場における鉄くずのように秩序づけられ構築される。心理力動とは対照的に、精神力動は人間を待ち構えている意味を実現するのか、拒絶するかという選択の自由を人間に委ねる。

テオドール・A・コッチェンは、アンケート用紙を作成し、それに関する精神疾患の患者と正常対照群に回答してもらうことによって、精神の健康と意味の概念との関係を探求した。その結果、実存分析という「ロゴセラピーもしくはその他」によって提示された精神の健康概念が、経験的に正当であることが示された。つまり精神は、「意味」の十分な蓄積が達成されたときに健康になるのである。

ジェイムズ・ジャクソン・パットナムは、一八九九年に、マサチューセッツ医師会において、「疾病のみならず人間もまた」という内容で講義した。私の考えでは、この題名の意味するところは、医師は疾病に加えてそれに対する患者の態度も扱うべきであるということなのである。不可避の苦悩は、［病に対して］正しい態度を取ることを通して、英雄的な勝利の達成に変えることができる。このことが、人生は最後の一息の瞬間まで、つまり一人の人間の死に至るまで意味がなくなることはない。死というものによってさえも、人生は意味を失わない。なぜなら意味とは未来の何かのために保存されるものではなく、むしろ過去にそれを蓄えることによって成り立つからであり、この点において意味は永遠に貯えられることになる。

エディス・ジョエルソンは以下のように述べている。肯定的な価値の状態に不可避の苦悩を与えることによって、ロゴセラピーは「米国の現在の文化に潜むある不健康な傾向に逆らう一助となるだろう。米国では、救い難い苦悩を誇りとし、苦悩を恥ずべきものというよりも高貴なものと考える傾向がほとんどない。」「そこで」と彼女は続ける。「人は不幸のみならず、不幸であることを恥じていると、むしろ不幸の重荷は増大するのである。」と。

「ロゴセラピー哲学のもう一つの側面は、時間の概念に関係している」とエディス・ジョエルソンは結論づけている。「個人の過去は、いわば彼が現実にしたすべてのものの貯蔵庫、つまり安全に変わることなく現実化された可能性の貯蔵庫とみなされるのだ。他方で、未来はまだ実現されていない機会として存在する。こうして個人の過去は、はかなさを克服し、永遠を達成したその人の生の一部なのだ。こうした過去の積極的な価値づけは、老齢化と死の恐怖に対してある程度まで不安を和らげることになるかもしれないし、また若者の価値を強調する米国のような文化のなかで、中年の人々や高齢者の感じる不安を埋め合わせるものとなるだろう。とくに更年期障害の治療に際して、こうした哲学的思考はおおいに助けとなる。」

しかしながら、人間の生の究極的な意味とは、知的認識の問題ではなく、むしろ実存的実践の問題なのである。それは、人間という有限の存在の知的能力に優り超越するものなのである。人は自分の宗教を通して、自分の立ち位置を決定し、選択をおこなう。もし患者が宗教的信仰の固い地盤のうえに立っているならば、彼の宗教的確信が強くなるのは筋の通ったことである。つまりこれらの精神的資源の治療効果を利用することに依存はないはずである。

この実例として、私はかつて、あるラビが私の助言を求めてやってきて、彼が物語を話してくれたときに、この意味を理解した。そのラビは、最初の妻と六人の子どもをアウシュヴィッツのガス室で亡くし、そして二番目の妻が不妊症であることが判った。私は、出産が人生の唯一の意味になるものではないことを彼に述べた。なぜならもし出産が人生の唯一の意味になるのであれば、人生そのものが無意味なものとなるからだった。それ自体意味のないものが子孫を永続させることによって意味あるものとなるはずがないのである。しかしそのラビは、自分の苦悩を伝統的なユダヤ人として評価していた。というのは、彼は自分の死後、カディッシュの祈り［ユダヤ教徒が礼拝式で祈りの最後に使者のために唱える賛歌］を唱えてくれる自分の息子がいないことで、絶望していた。しかし私はあきらめなかった。私は、そのラビに次のように質問することによって、最後の救いの手を差し伸べようと試みた。私は彼に自分の子どもたちと天国で再会することを望まないのかと聞いた。すると彼の目から、涙がとめどもなく流れだし、彼の絶望の真の理由が明らかになってきた。彼は、自分の子どもたちが無垢な殉教者として死んだので、天国の最も高い場所に入る価値があるけれども、罪深い年老いた自分は、天国の子どもたちと同じ場所に入ることが期待されていないと説明した。私はあきらめずにもう一度、言い返した。「先生、このことがあなたの子どもさんに生きていてもらいたかった意味であるとは考えられないですね。つまりあなたはこの間、苦しみ続けることによって浄化されたのです。それゆえあなたは最後には、子どもさんのようには無垢ではないけれども、天国へ行って彼らと一緒になれる価値が得られるようになるのではないですか。詩編には、汝の神はすべての涙を保存すると書かれてあるではないですか[1]。ですからあなたの苦しみはむだではなかったのです。」

長い年月を経て彼は、自分の苦悩を私がその苦悩のうえに投げかけた新しい光のなかに見出すことによって、初めて救われた。そして彼は苦悩を自分の言葉で再評価したのである。適切で妥当な人間論とは、存在の精神論的次元という他とは異なった人間現象の次元へと、人間を導かなければならない。しかしながら、もし人間存在が次のさらに高い次元へと本質的に開かれていることを認識しないのであれば、それはまだ不完全なものである。人間は有限な存在であることはまちがいない。しかし人間が自分の有限性を理解する限り、人はまた存在の有限性を克服することも可能なのである。

第3章　ロゴセラピーとは何か

本章の内容は、一九六一年五月七日にシカゴで開催された米国存在論分析学会の年次総会の前に発表された論文である。

意味への意志

ロゴスはギリシア語で「意味」を表わす。ロゴセラピー——何人かの研究者はこれを心理療法のウィーン第三学派と呼んでいる——は、こうした意味を求める人間に焦点を当てるのみならず、人間存在そのものの意味にも焦点を当てる。そうしたロゴセラピーにしたがえば、自分の人生に意味を見出そうとする努力は、人間のなかにある根源的な力とみなされ、これがどうして私が、意味への意志と呼ぶかという理由なのである。この意味への意志は、フロイトの精神分析が中核としている快楽原則（もしくは快楽への意志と呼ぶこともできるだろう）や、アドラーの心理学によって強調された力への意志とはきわめて対照的である。

意味への意志は事実であって決して信仰ではない。そしてもし依然として、私の所説のための証拠を必要とするならば、こうした証明はフランスで数年前におこなわれた世論調査で提供された。この調査の結果、八九％の人が、人間は生きる目的のために何かを必要としているということを認めたのである。そして六一％の人が、彼ら自身の生活のなかで、その事柄もしくはその人のためであれば死んでもよいと思えるような何ものかがあることを是認した。私もウィーンにある私のクリニックで患者と同時に職員にもこの調査をおこなってみた。その結果は、フランスで何千人もの人々に調査した内容とほとんど同じであり、ちがいはわずかに二％にすぎなかった。

実存的欲求不満

人間の意味への意志は、欲求不満を起こさせることもある。このような場合、ロゴセラピーはそれを「実存的欲求不満」と呼んでいる。この「実存的」という用語は以下の三通りの仕方で使用されると言ってよいだろう。（一）実存そのもの、すなわち、人間独自の存在様式に関して。（二）実存の意味に関して。そして（三）個人の実存のなかに具体的な意味を見出そうとする努力、すなわち、意味への意志に関して、である。

実存的欲求不満が神経症を生じさせることもある。ロゴセラピーにおいては、普通の神経症である心因性神経症と区別してこのタイプの神経症を、「精神因性神経症」と名付けている。精神因性神経症はその起源を心理的次元よりもむしろ、人間的実存の「精神的」（noölogical）（心を意味するギリシア語の noos に由来する）次元に持っている。この「精神的」という言葉は、人間の人格の精神的中核に関係する何かを示すためのロゴセラピーのもう一つの術語である。しかしながら、気をつけなければならないのは、この「精神的」というロゴセラピーの術語は、その枠内では基本的に宗教的な意味合いを含まず、人間固有の次元だけに関連しているという事実である。

精神因性神経症

精神因性神経症は、衝動や本能の葛藤から生ずるのではなく、様々な価値の葛藤から生じる。別言すれば、それは道徳的葛藤、もしくはより一般的な表現をすれば精神的な問題から生じてくる。こうした問題のなかでも、とくに実存的欲求不満はたびたび大きな役割を担っている。

私はブラッドリー・センターに対して多大の恩恵を受けている。そこでの調査の観点は今まさに様々なテストを開発するための一つのプログラムとして機能しているところである。その調査によって、精神因性神経症と心因性神経症との間の特徴を一人の医師によって区別することが可能となる。精神因性神経症の場合に適切かつ妥当な治療方法は、一般的な心理療法ではなくロゴセラピーであることは明白なことである。なぜならロゴセラピーは人間の実存の精神的次元にまで入り込む治療法だからである。実際に［ギリシア語の］ロゴスは、たんに「意味」のみならず「精神」をも意味する。精神的な問題、たとえば意味ある人生を求める人間の願望と同様にその願望の欲求不満という精神的な問題は、ロゴセラピーにおいては共に精神的観点から取り扱われる。それらの問題は、無意識の根源や源泉をたどることによって本能的観点から取り扱われる代わりに、誠実にしかも真面目に受け取られる。

ロゴセラピーは、患者が自らの人生のなかに意味を見出すのを援助することを課題と考えている。そのようなロゴセラピーが患者の実存の隠れたロゴスを彼に気付かせるものである限り、それは分析的な手順と経過をとることになる。この点でロゴセラピーは精神分析と似ている。しかしながら、何かを再度、意識化させようと試みるロゴセラピーにおいては、それは個人の無意識内にある本能的事実に限定されるだけでなく、彼の意味への意志や実存の充実されるべき潜在的意味のような精神的現実にも注意が向けられる。治療の試みのなかで、精神論的次元を含めることを抑制することもあるが、そのような分析のときでさえ、患者が自身の存在の深みにおいて、切望しているものを彼に気づかせようと試みる。ロゴセラピーは人間を以下のような存在として捉えるところから精神分析と区別される。つまり人間の主たる関心が、たんに衝動や本能を喜ばせたり満足させたり、もしくはたんにイドと自我と超自我の要求の葛藤を折り合わせたり、さらにたんに社会や環境に適応させたり順応させたりすることにあるのではなく、むしろ意味を充足し価値を実現することにある。

精神力動学

人間が意味や価値を探求することによって、たしかに内的平衡よりもむしろ内的緊張が引き起こされるだろう。しかしながら、まさにこの緊張こそ、精神的健康にとって必須の条件なのである。私はあえて言うが、人生には意味があるのだと知っていることほど、最悪の条件でさえ人間を耐えさせるものは事実上、他にない。以下のニーチェの言葉には優れた知恵が含まれている。「生きる理由（Why）をもっている人は、ほとんどどのような事態（How）にも耐えることができる」。いかなる心理療法にとっても真実である標語をこの言葉のなかに見ることができる。強制収容所で目撃され、後に日本と朝鮮でもアメリカ合衆国の精神科医たちによって確認されたことであるが、満たすべき使命が自分たちを待っていることを知っている人々ほど、最も生き延びることができたのである。

このように精神的健康はある程度の緊張に基づいているとみなすことが可能である。こうした緊張というものは、人がすでに成就したものと、これから成就するべきものとの間の隔たりであり、もしくは人が現にいまある状態と、これからそうなるべき状態との間の隔たりを意味する。こうした健康は、人間に本来的に備わっており、それゆえにまた精神的な健康にとって必要不可欠なものなのである。それゆえ私たちは、潜在的意味を実現するように人に挑戦させることをためらうべきではない。それはただその人の意味への意志を潜在状態から呼び起こすことにすぎない。人間にとって第一に必要なものは平衡もしくは生物学で「ホメオスタシス」と呼ばれているもの、つまり緊張のない状態であるという仮定は、精神衛生学上の誤った危険な概念であると思う。人間が本当に必要としているのは緊張のない状態ではなく、むしろ彼にとって価値があると思われる目標のために努力奮闘することである。その人にとって必要とされるのは、どのような犠牲を払っても緊張を取り除くということではなく、彼によって充足されることを待っている可能的な意味の呼びかけなのである。人間が必要としているのは「ホメオスタシス」ではなく、私が「精神力動学」と呼んでいるものである。この「精神力動学」とは、一つの緊張の磁場、つまり一方の極は満たされるべき意味、他方の極はその意味を充たすべき人間という両極から構成される緊張の磁場によって代表される精神的ダイナミクスなのである。私たちは、この精神力動学は、正常な状態だけに当てはまると考えるべきでない。むしろ神経症的な個人にこそ、それはいっそう妥当する。建築家が老朽化した橋を補強したいとき、彼はその上に乗せる積荷を増やす。そのことによって各々の部分は互いにさらにいっそう堅固に結合するからである。それゆえもし心理療法家が、彼らの患者の精神的健康を育成することを望むならば、彼らの人生に向かって新たな方向づけをするという積荷を増加することを忘れてはならない。

　ここまでは意味への方向づけという有益な影響力について述べてきたが、私は次に、今日きわめて多くの患者が不満を持っている感情、すなわち、自分の人生が全体的にまた究極的に無意味であるという感情の有害な影響について示してみたい。彼らは生きるに値する意味を自覚できずにいる。彼らは自分たちの内的空虚、自分たち自身の内なる空虚の経験によって苦しめられており、彼らは、私が「実存的空虚」と名付けた状態に襲われている。

実存的空虚

　実存的空虚は、現代において広範囲に及んだ現象で、これは以下のように理解することが可能である。つまり実存的空虚は、人間がまさに人間になって以来、耐えなければならなかった二重の喪失によるものと言ってよい。人類の歴史の始まりにおいて、人間は動物本能、つまりそのなかに動物の行動が埋め込まれ、それによってその行動が安全に確保されていた基本的動物本能がはく奪され、こうした楽園のような安全性は、永久に人間に対して閉ざされてしまったのである。つまり人間は選択を余儀なくされるようになったのである。しかしながらこれに加えて、人間はさらに近年の発達のなかで、もう一つの喪失の被害を受けた。それは、人間の行動を支えてきた伝統が今や急速に衰退しつつあるということである。何をしなければならないかを人間に告げる本能が退化し、また何をするべきかを人間に告げる伝統も衰退してしまったのである。やがて人間は、自分が何をしたいのかを知らないようになるだろう。人間はますます他人が彼にしてほしいことを心配し、その結果、ますます画一主義の手に落ちていくだろう。

ウィーン市立病院神経科の私のスタッフが、患者と看護士を対象として、横断的統計調査をおこなったことがある。その結果、質問を受けた人々の五五％が多かれ少なかれ、実存的空虚の特徴を示していることがわかった。言い換えれば、半数以上の人々が、人生に意味があるという感情を喪失した経験があるということである。

最近、私は同様の調査を英語とドイツ語、すなわちアメリカとヨーロッパの両方のロゴセラピーの講義に出席している大学生にくりかえして実施した。ヨーロッパの学生の四〇％が少なくともときおり、人生のやりがいを完全に喪失する経験をしていた。他方、アメリカ人学生の八〇％が実存的空虚を副次的に起こしており、その数はヨーロッパ学生の二倍になっていたのである。

私たちはくりかえし、一種のフィードバック機制や悪循環形成というものが実存的空虚に侵入し、そのなかで繁茂し続けるという現象を観察することができる。こうした患者の場合、私たちが取り扱わなければならないことは精神性神経症ではない。しかしながら、もし私たちがその心理療法的な治療をロゴセラピーによって補完するのでなければ、決して患者にその状態を克服させることに成功しないだろう。というのも、実存的空虚を取り除くことによって、患者はさらなる再発を防ぐことができるからである。それゆえ、ロゴセラピーは上述したような精神因性の事例において必要となるだけでなく、心因性の事例でも必要であり、さらにとくに身体因性偽神経症にも必要なものとなる。

こうした観点から見ていくと、マグダ・B・アーノルドがかつて以下のように述べたのは正しかった。「すべての治療は、たとえどれほど制約されたものであったとしても、なんらかの方法でロゴセラピーでもなければならない」。さらに王立医学的心理療法協会に掲載された論文のなかで、E・K・ラダーマンは、少なくとも「このような目的のために……患者を意味ある人生に到達させることを可能にする実存的心理療法は、精神的にロゴセラピーに源泉をおくものでなければならない。」ことを明らかにしている。

集団的神経症

どのような時代でもその時代固有の集合的神経症が存在し、それゆえにどのような時代にもそれに対処する固有の心理療法を必要とする。現代の集合的神経症である実存的空虚は、ニヒリズムの私的で個人的な形態として描くことができる。なぜならニヒリズムとは、存在は無意味であるという論点で定義することができるからだ。ところでもし心理療法がこうした現代のニヒリスティックな哲学の衝撃や影響から自由であることができないならば、心理療法はこの集団的規模の事態に対抗することは決してできないだろう。もしそうでなければ、心理療法は、集団的神経症を治療するというよりもむしろ、それ自身が集団的神経症の症状を表わすものになってしまうだろう。しかしこれまでの心理療法はニヒリスティックな哲学を反映しているのみならず、たとえいやいやながらでも無意識的に人間の真実の姿を患者に伝達するよりも、実際にはその風刺画を伝えようとしてきたのである。

第一に指摘されるべきは、人間とは「〜にすぎない存在である」という捉え方の固有の危険性である。この理論にしたがえば、人間とは生物学的、心理学的および社会学的条件の結果にすぎない、もしくは人間とは遺伝と環境の産物にすぎないものになりさがってしまう。このような人間の捉え方では、人間をロボットに作り変えてしまう。しかしながらこうした神経症的運命論は、人間が自由であることを否定する心理療法家によって育成され強化されてしまうのである。

汎決定論への批判

精神分析はしばしばいわゆる汎性欲論として非難されてきた。しかしながら、私個人としては、この批判がはたして正当なものであるのかどうか、疑問視している。そのことよりもむしろ、精神分析はさらに大きな誤りと危険を伴った仮説を孕んでいると私には思われる。それは私が「汎決定論」と呼んでいる考え方であり、以下のような人間観である。つまり「汎決定論」とは、人間がたとえいかなる条件下にあったとしても、その条件に対して何らかの態度を取ることができる能力を持っているということを無視する人間観なのである。しかしながら、人間は完全に条件づけられたり、決定されたりすることはなく、むしろ服従するかあるいはそれに立ち向かうかを自分で決定する存在なのである。換言すれば、人間とは究極的には自己決定する存在なのだ。人間はたんに存在しているのではなく、自分の存在が何であるのか、次の瞬間に自分が何になるのかを、いつも決断している存在なのである。

その証拠にすべての人間はいつでも変化する自由を持っている。それゆえ私たちは集団全体の統計調査というおおまかな枠内でのみ、人間の未来を予測することができるだけなのである。個々の人格は本質的には予測不可能なままである。ある予測の根拠は、生物学的、心理学的、社会学的な条件によって説明されるだろう。しかしながら人間存在の主要な特徴の一つは、こうした条件を克服し、それらを超越する能力にある。同じ理由から、人間は自己を超越する存在となる。人間は自己超越存在なのである。

ここでJ医師について紹介しよう。彼は、かつての私の人生で出会ったなかで、私があえてメフィストフェレス的人間、つまり悪魔的存在と呼んだただ一人の人物でした。当時の彼はウィーンの大きな精神科病院の名前を借りて、一般的に「シュタインホーフの大量殺人者」と呼ばれていた。ナチスが安楽死計画を開始したとき、彼はすべての手続きを自らの手中に握っていた。彼は自分に割り当てられた仕事において、ただの一人の統合失調症の個人をもガス室行きを逃れさせなかったほどに狂信的だった。終戦後、私自身はアウシュヴィッツ強制収容所のガス室を免れてウィーンに帰還したとき、J医師はどのようになったかと人々に尋ねると、彼らは次のように教えてくれた。

「彼はロシア軍によってシュタインホーフ病院の独房の一室に投獄されました。ところが、翌日には独房の扉は開いたままの状態になっており、J医師の姿はその後決して再び見ることはありませんでした」。後年、私はJ医師が他の人々と同じように、仲間の援助で南アメリカに移ったことを確信した。しかしながら最近になって、私のところへかつてオーストリアの外交官をしていた人が診察を受けにきた。その外交官は長年の間、鉄のカーテンの向こう側で、当初はシベリアで、次いでモスクワの有名なリュブリャンカ刑務所に投獄されていた。私が彼の神経学的検査をしているときに、彼は突然私にJ医師を知っているかどうかと尋ねてきた。私が知っていると返答すると彼は次のように述べた。「私は彼とリュブリャンカ刑務所で知り合いになりました。そこでJ医師は膀胱がんにかかり四〇歳で亡くなりました。しかしながら彼は亡くなる前、あなたが想像することのできる最良の同僚であることを彼自身が示したのです。J医師はすべての人々に慰めを与え、想像しうる限り最高の道徳的水準で生きたのです。彼は私がこれまでの長年の刑務所生活を通して出会った最高の友人です！」

これが「シュタインホーフ病院の大量殺人者」と呼ばれたJ医師の物語である。どうやって人間の行動を予測することができるものだろうか。機械やロボットの動きを予測することはできるかもしれない。いや、それどころか、人間の心理のメカニズムを予測することさえできるだろう。しかしながら、人間は心理以上のものなのである。明らかに汎決定論は、教師たちにも植え付けられてきた一つの伝染病である。そしてこのことはまさに宗教に追随する人々にもあてはまる。かれらはそのことによって、彼ら自身の信念の基礎を蝕んでいる、ということに気づいていないように思われる。なぜなら人間に味方するのか反抗するのか、あるいは神を信じるのか信じないのかは、いずれも人間の自由な決断によるものだということが認識されなければならないからである。そうでなければ宗教は妄想であり、教育は幻想になってしまう。自由は両者の前提となるものである。そうでなければそれは誤解されたものになってしまうだろう。

しかしながら汎決定論の宗教的評価によれば、人間の宗教生活は幼児教育の体験によるものである限りにおいて条件づけられたものであり、その神概念はまた人間の父親像に依存している、と主張する。これと対照的な見解として、自分が大酒飲みの息子だからといって、自分も大酒飲みにならねばならないというわけではない、という見解のあることも良く知られた事実である。そしてこれと同じように、私たちは恐ろしい父親像の有害な影響に抵抗して、神との健全な関係を構築することもできるのである。最悪な父親像ですら、神との健全な関係を構築する妨げになるとは限らない。むしろ深い宗教は、彼の父親を憎悪する在り方を克服するために必要な方法を彼に提供するだろう。逆に、貧しい宗教生活だからといって、それぞれの場合に発達的要因のせいにする必要もない。

ウィーン市立病院神経科の私のスタッフが、患者を対象として横断的統計調査をおこなったことがある。その結果、質問を受けた人々のおおよそ三分の一が肯定的な父親像を経験していたが、彼らのその後の人生においては宗教から離れていった。他方で、否定的な父親像を経験していたほとんどの人々は、それにもかかわらず、宗教的な問題に対して肯定的な態度を強めることに成功したのである。

精神医学的信条

本当に少ない自由しか人間に残されていない状態、ということを考えることはできない。したがって、神経症や統合失調症の患者でさえ、たとえ制限内であったとしても自由の余地は残されているのである。実際に、患者のパーソナリティーの最内奥の核心部分は統合失調症によってさえも傷つけられることがない。

私は何十年もの間、幻聴に苦しんで私のもとへ治療を受けにきた六〇歳ぐらいのある男性のことを思い出す。私はパーソナリティーの崩壊した人と向かいあっていた。後にわかったことであるが、彼の周囲の人々は彼を精神遅滞患者だと理解していた。ところが、この男性からは不思議な魅力が放たれていた。子どもの頃、彼は聖職者になることを望んでいたが、彼は自分に経験できる唯一の喜びで満足しなければならなかった。それは日曜日の朝ごとに、聖歌隊で讃美することだった。さて、彼に付き添ってきた姉の報告によると、その男性はときとして興奮状態になることがあったものの、最後の瞬間にはいつも自制心を取り戻すことができたという。私はこの事例に内在する精神力動に興味を持った。なぜならその男性患者には姉に対する強い固着があると考えたからである。そこで私は、患者がいかにして自制心を取り戻すのかと次のように質問した。「あなたは誰のために讃美するのですか？」その結果として、数秒の間を置いて、男性患者はこう答えた。「神のためです。」と。この瞬間、彼のパーソナリティーの深層それ自身が現れたのである。この瞬間、彼の知的資質が劣っているにもかかわらず、人格の深層の根底において、本物の宗教的生命が露わにされたのである。

治療不能の統合失調症に罹った患者は、有用性を喪失するかもしれないが、しかし人間存在としての尊厳性については依然として保ち続けたままなのである。これが私の精神医学の信条なのである。

こうした信条がなければ、私は精神科医としての価値はないに等しいと考える。それは誰のためだろうか。実際、損傷して修理できなくなった脳機能のためだろうか。もし患者が、明確にそれ以上の存在でないのならば、安楽死も正当化されてしまうだろう。

精神医学的な人間性の回復

実際のところ精神医学は半世紀もの永きにわたって、人間の心をたんなるメカニズムとして解釈しようと試みてきた。そしてその結果、精神疾患の治療もたんなる技法という観点からのみ解釈されてきた。しかしこの夢のときはすでに過ぎ去ろうとしているように私には思える。今や、夜明けの空に現れ始めたものは、心理学化された医学ではなく、人間化された精神医学なのである。

しかしながら、今でも自分の主たる役割は技法家であると解釈したり、患者のなかに病気の背後にある人間を見るかわりに、機械以上のものを見ようとしないことをさらけ出す医師もいる。

一人の人間は様々なものの一つにすぎないのではない。事物は相互関係で決定されるが、人間は究極的には自己決定をする存在である。人間は彼がなるところのものになってきたのである。たとえば、私たちが強制収容所という生きた実験室、この実験場で目撃したものは、私たちの仲間のある者はブタのように行動し、また他方で聖人のように行動したという事実である。人間は自らのうちに両方の可能性を持っている。そのいずれが現実化されるかということは、自らが持っている条件ではなく、自らの決断によるのである。

私たちの世代は、人間が現実にいかなる存在であるかを知るようになった点で、きわめて現実主義的である。要するに人間とはアウシュヴィッツのガス室を発明した存在であると同時に、人間はまた主の祈りやシェマ・イスラエルを唱えながら、そのガス室に姿勢を正して入っていった存在でもある。

第4章　ロゴセラピーにおける人間の捉え方

本章は、ワシントンD．C．にあるジョージタウン大学の哲学および心理学主催の一七五周年記念連続講義の一つとして、一九六四年二月二七日に行われた講義の内容である。

ゴードン・W・オールポートの見解によると、ロゴセラピーは実存主義精神医学の学派の一つである。しかしながら、この点に関しては、カリフォルニア州バークレーの pacific school of religion のロバート・C・レスリー教授が指摘したように、ロゴセラピーは「特筆すべき例外」である。というのも、「心理療法の世界において、実存主義は、フロイト学派の精神分析やワトソンの行動主義に対抗する新しい動向として注目を集めているにもかかわらず、実存主義心理療法の具体的な技法は開発されていない」からである。ロゴセラピーは、実存主義精神医学のなかでも治療技法の開発に成功した唯一の例なのである。

しかし、どんな治療技法も、人間とその人生の根本に内在する哲学についての理論を欠くことはできない。唯一の問題は、その理論と哲学が正しいのかどうか、具体的には、治療技法の根底にある人間観が患者の人間性を十分に考慮したものかどうか、すなわち治療技法に人間的側面が含まれているかどうか、ということである。

ロゴセラピーに関する限り、人間についての理解は以下の三つの柱に基づいている、（一）意志の自由、（二）意味への意志、（三）人生の意味。

これらは、現在の人間に対するアプローチの大部分を特徴づける三つの原理、すなわち（一）汎決定論（私がかつてそう呼んだように）、（二）ホメオスタシス理論、（三）還元主義（これは人間に起こる現象を額面通りに受け取るのではなく、下位の現象に分解してたどろうとするアプローチである）に反対するものである。

汎決定論に対する批判

汎決定論は、精神科医の大多数が「機械モデル」もしくは「ラットモデル」を好む理由となっている（オールポート、一九六〇）。人が自分を創造物の一つと考えるとき、自分の存在を創造主である神のイメージのなかで捉えているというのは注目すべき事実である。しかし、自分自身が創造主であると考え始めたとたん、ラ・メトリーの著書のタイトル『人間機械論（*L'homme Machine*）』と同じように、人の存在は自分自身の創造したもの、すなわち機械、というイメージのなかで捉えるようになる。スタンレー・J・ローランドが、二つの立場の主要な違いは「宗教か精神医学か」ではなく、「方法論的あるいは機械論的アプローチ」をとるのか、人生の意味の問題を特別に強調した「実存主義的アプローチ」をとるのかということであると主張したのも正当なことであると理解できる（The Christian Century, 1962）。

汎決定論は、宗教と矛盾するだけでなく、教育の障害となる。これまでくりかえし、退屈とアパシーにとらわれた若い学生を見てきた。退屈は興味を持つ能力の欠如を、アパシーは自主的に行動する能力の欠如を意味すると言えるだろう。私が思うに、エドワード・D・エディが二人の共同研究者と共に全米を代表する二〇の大学で、何百人もの事務職員、教員、学生にインタビュー調査をおこなった結果、カリフォルニアからニューイングランドに至るまで、ほぼすべてのキャンパスで、「学生のアパシーは最も頻繁に述べられている問題であった」ことは驚くにあたらない（エディ、パーカースト、ヤコヴァキス、一九五九、一六頁）。たとえ人間がその本質と起源において生物学的・心理学的・社会学的な存在であったとしても、若者に、人間とは、イドや自我、超自我などのパーソナリティの様々な面が相反する主張を戦わせる戦場なのだと教え続けたならば、あるいは人間とは環境と遺伝的決定因子の犠牲者なのだと説き続けたならば、学生が自由でかつ責任を負う存在として振る舞うのを期待することは無理である。彼らはむしろ教えられた通りのもの、すなわち「一組の機械」になるだろう。したがって、汎決定論を教え込むことによって、若者をどんどん操作されやすいものにしてしまうだろう。

このことは、私たち人間が環境や遺伝的決定因子に支配されるということを否定するのだろうか？どのようにしてそれが可能となるのだろうか？　私は神経科医であり精神科医でもあるので、もちろん人間が環境や遺伝的決定因子から逃れることができないということは承知している。しかし、私が二つの分野で仕事をしているということを別にしても、私は四つの強制収容所の生き残りである。人間は環境や遺伝的決定因子から決して逃れることはできないが、自分がどんな状況に直面したとしても、それに立ち向かう自由をつねに無限に持っているということの証人なのである。人間は環境や遺伝的決定因子の影響を受けるかもしれないが、それによってすべてが決まるわけではない。人間は汎決定論的ではないのである。

人間には本来自分が直面している状況に立ち向かう力が備わっているが、そのなかには自分自身に対する態度、ここでは自分自身の身体的・心理的条件や遺伝的決定因子に立ち向かうことを選択する能力も含んでいる。そうすることによって、身体的・心理的現象のレベルを超越して、精神的現象と呼ばれる現象の次元、私がかつて精神論的と呼んだ新しい次元を開くことができる。この次元は、少なくとも身体的・心理的現象に対して経験的には反対の性質をもっている。人は自分自身について反省しているとき、自分自身を拒否しているとき、自分自身を客体化しあるいは自分自身に異議を申し立てているとき、自意識を表に出しているとき、あるいは自分が良心的であることを表に出しているときはいつでも、この次元を通過する。自分の行為を道徳的な意味において審判し評価するために、良心は人間の能力がその人自身を越えることを前提としている。これは動物には不可能である。カーペットの上に粗相をしてしまったイヌは、後ろ足の間にしっぽを挟んでソファーの下にこそこそ隠れるかもしれないが、このことはイヌが良心を持っていることを表しているのではなく、むしろお仕置きを恐れていることを表しているのである。つまりこれは条件づけの結果起こったことと言える。

精神論的な次元を開くことにより、人は自分自身と自分の生物学的・心理学的特質との間に距離をおくことができるようになる。ロゴセラピーでは、とくに自己距離化の能力を言う。この能力は、英雄的な方法で自己を超越することに勝利することを可能にするだけでなく、自分自身を皮肉る力を与えるものである。実際、ユーモアも間違いなく人間的な現象や特質に分類される。結局のところ、動物は笑うことができないのである。

ロゴセラピーでは、自己距離化の能力と健全なユーモアのセンスの両者が、逆説志向と呼ばれるロゴセラピー特有の手法に活用されている。患者は、恐れているそのことをおこなうように、あるいは望むように奨励される。ここでは、コネチカット・バレー病院の医長であるハンス・O・ゲルツの論文（一九六二）に触れるにとどめる。ロゴセラピーの手法を用いて得られた治療結果は実に驚くべきものであった。彼は純粋なフロイト学派の精神科医であったが、逆説志向を使った治療に成功した後で、逆説志向は非常に有用な短期的治療法であることを認めている。しかしながら、このことに対する心理力動学的な説明はいまだ取り組んでいる最中である。また、共産主義の国々においても、「神経生理学的志向のアプローチ」と説明されてはいるが、ロゴセラピー一般、なかでも逆説志向が導入され高い評価を受けている。ライプツィッヒにあるカール・マルクス大学の神経学的心理療法クリニックの所長であるD・ミュラー＝ヘーゲマンはこの方向に沿ったさらなる研究を正当化する好都合な結果を得た（Am Journ. Psychoth., 1963）。同様なことがチェコスロバキアのスタニスラフ・クラトクヴィルについても当てはまる（Ceskoslovenska psychiatrie, 1961）。

ロゴセラピーにおいて、「ロゴス」は「意味」と同時に「精神的なもの」を表す言葉である。しかし、精神的なものとは宗教的な含意を持って使われているのではなく、むしろ精神的現象という意味であるいは精神論的次元という意味で用いられている。人間の自己距離化の能力のような精神的現象を治療に利用することにより、逆説志向がロゴセラピーの最も有効な手技となる。

再び精神論的な次元が出てきた。では、私が「層」ではなく「次元」について語るのはなぜなのだろうか。たとえばニコライ・ハルトマンとマックス・シェラーによって提唱された概念に沿って言えば、人間を「層」で捉えることとは、一方では人間学的全体性と統一性の、もう一方では存在論的相違の人間的共存とでも呼びうるものを、あるいはまた、トマス・アクィナスの言葉で言えば「多様なものの統一（the unitas multiplex）」という人間存在の特質を、無視しなおざりにしてしまうからである。人間学的全体性と統一性というのは、人間は身体的・心理的・精神的要素から構成されているのではないということを意味している。私がここで言う存在論的な違いというのは、一人ひとりの身体的・心理的・精神的な側面の数量的なちがいではなく質的なちがいなのである。ロゴセラピーにおいて私が構築した人間学的理論では、このように一人の人間のなかに統一性と多様性の両方が同時に存在するということを考慮しており、これを次元的存在論と呼んでいる。

次元論的存在論

次元論的存在論においては二つの法則が存在する。第一の法則は、「同一のものが、それ自身の元の次元より低次の異なる次元に投影されると、互いに矛盾する像を描出する」ということである。円筒状のもの、たとえばカップを例に考えよう。三次元の物体を、水平面および垂直面の二次元平面上に投影すると、水平面に投影した像は円になるが、垂直面に投影した像は長方形になる。これらの二つの像は互いに矛盾している。さらに重要なのは、このカップの投影像は閉図形である円を示すが、実際のカップはこれに反して空洞の容れ物である。もう一つの矛盾である。

次元的存在論の第二の法則は、「異なる物体をそれ自身の元の次元より低次の同一の次元に投影す

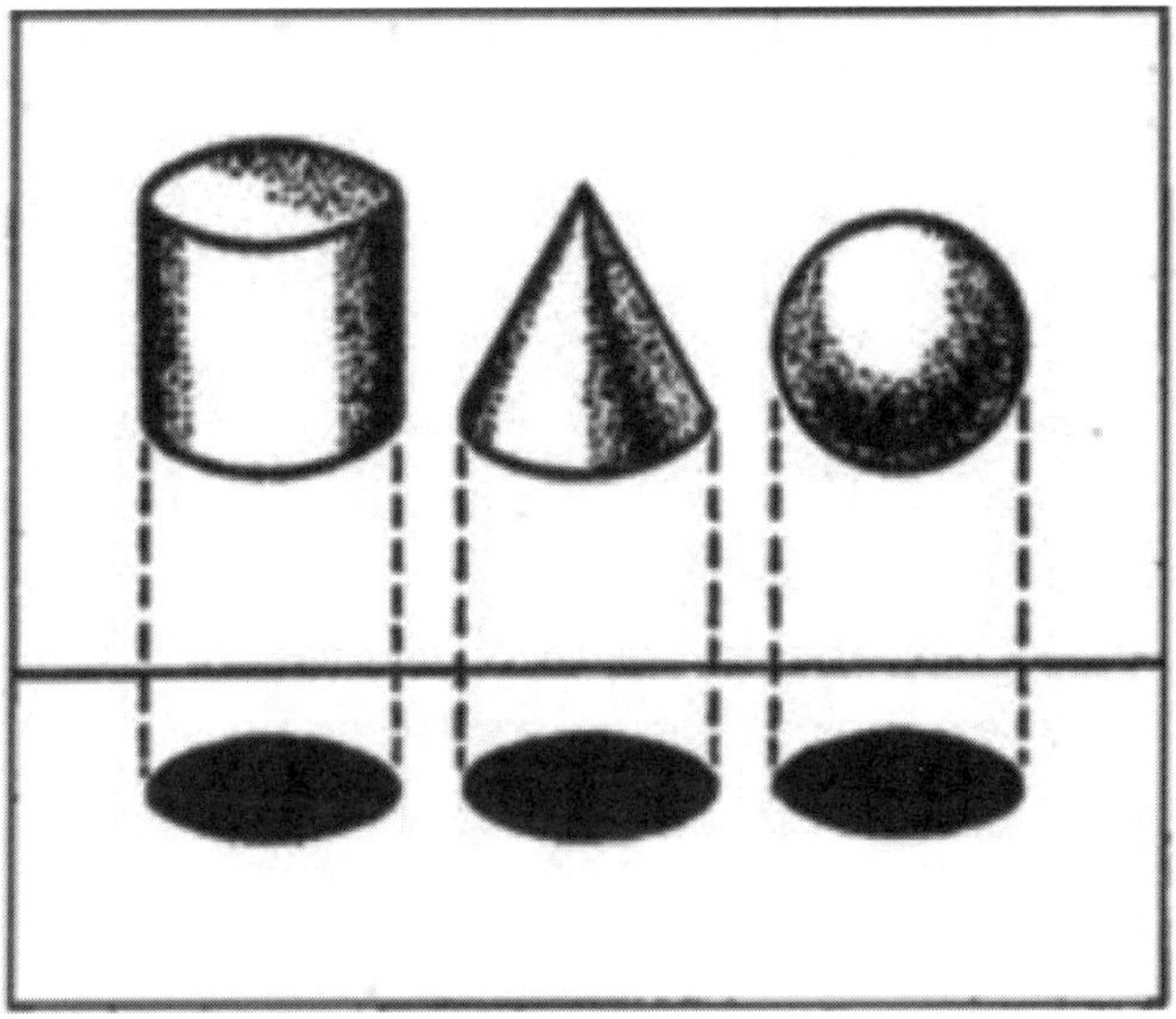

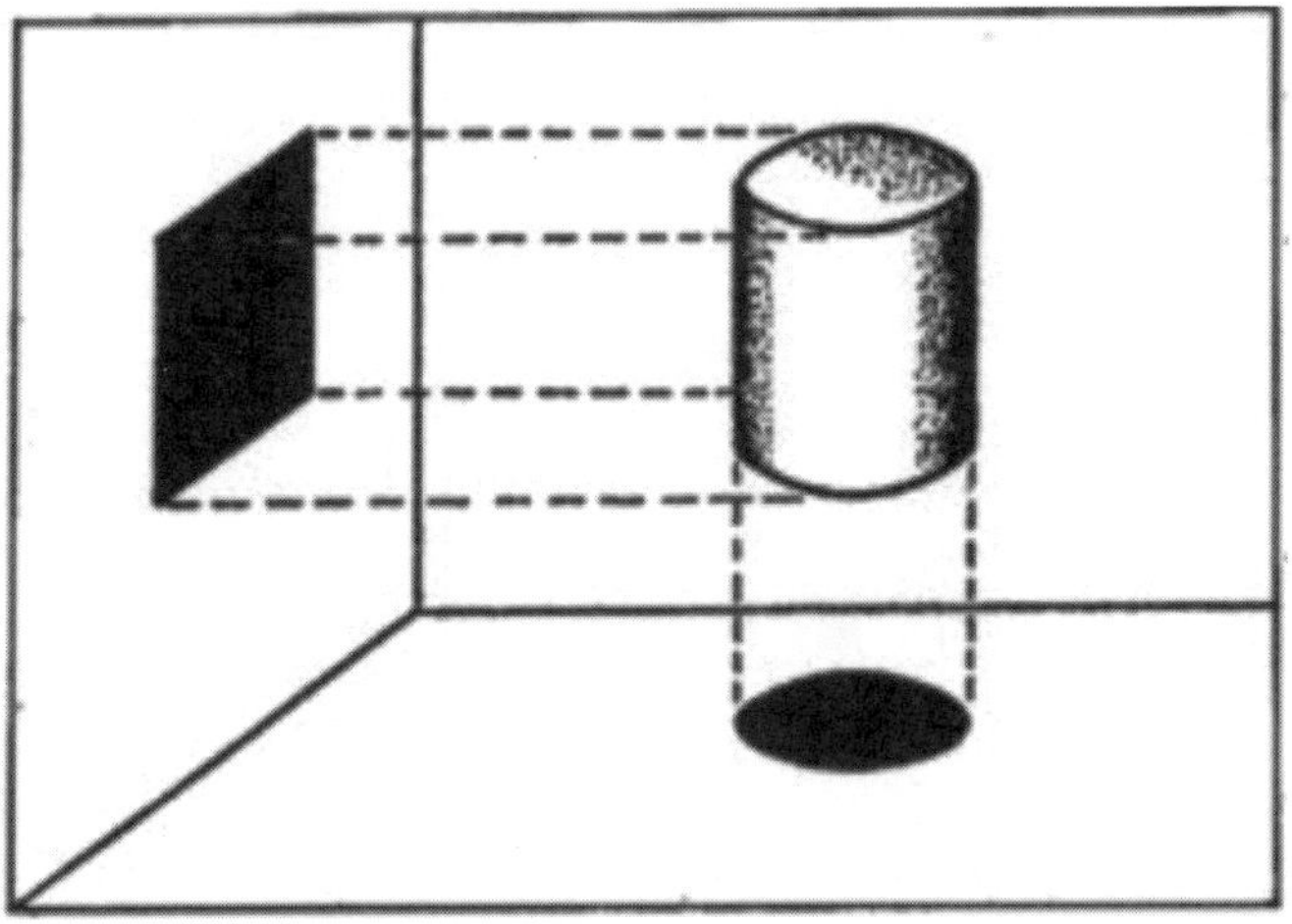

ると、多義的な像を描出する」ということである。

円柱、円すいおよび球を考えてみよう。これらの物体を水平面に投影すると三つとも円を示す。三つの円は、区別不可能で交換可能かつ多義的であり、どの円がどの物体に由来するものなのかを推測することはできない。

これらの法則が人間にどのように当てはまるかを考えてみよう。スピノザによって作られた「幾何学的秩序」という言葉が、人間学においていかに豊かなものとなっているかを見てみよう。たとえば、生物学的・心理学的な次元に人間を投影すると、一方では生物学的有機体という像が得られるが、これに対し他方では心理的機制という像が得られる、という矛盾した結果となる。しかしながら、人間存在の身体的・心理学的側面が互いに矛盾していたとしても、この矛盾はもはや人間の統一性に反してはいないのである。次元的存在論によって、心身問題に対する解答を得ることはできないが、なぜこの問題を解くことができないのかを説明することはできる。

「心」対「身体」の問題の他に、「決定論」対「非決定論」すなわち選択の自由の問題もある。この問題に対しても、次元的存在論に沿ったアプローチが可能である。人間がその人自身よりも低次の次元に投影されると、閉鎖系であるように見え、生理学的反射もしくは心理学的反応、刺激への応答をするものと映るであろう。ここで見えなくなっているのは、人間存在の本質である開放性であり、人間であることはその人自身とは別の何かあるいは誰かに向けられておりそれを目指しているという事実である。しかし、次元的存在論で考えると、少なくともなぜ私が言うところの人間の自己超越能力が必然的に消失してしまうのかは理解できる。人間の生物学的・心理学的次元における見かけ上の閉鎖性は、精神論的次元における人間性と両立可能なのである。

同様に、心理分析的・心理力動学的研究による発見のように、低次の次元における科学的発見は、その有効性が否定されるのではなく、ロゴセラピーによって統合されるのである。あるいはまた、一九六三年七月一八日に開催されたオーストリア心理療法医学会においてノルウェーの精神科医であるクビルハウグが発表した学習理論と行動療法についての論文で述べられたように、それらはロゴセラピーによって〝人間化〟されるのである。

次元的存在論の第二の法則の適用可能性については、ドストエフスキーとベルナデッタの例を考えてみよう。心理療法の次元に投影すると、ドストエフスキーはてんかん患者以外の何者でもないし、ベルナデッタの場合の聖母の出現はヒステリー性幻覚である。ドストエフスキーと他のてんかん患者とのちがい、あるいはまたベルナデッタ・スビルーと他のヒステリー患者とのちがいを見極めることは不可能である。ドストエフスキーをてんかん患者から区別し、ベルナデッタをヒステリー症状とは関係がないものとしているのは、心理療法を受けることができたかどうかではない。芸術的な成功や業績、あるいは神との邂逅や宗教的な体験が、精神病的分類の概念体系に当てはまらないからである。彼らは精神医学を越えたところに存在し、病的状態に隠れているものが何であるのかを、精神科医はまだ解明できていないのである。

ホメオスタシス理論に対する批判

人生における意味を見出そうとする奮闘は、人間の主要な動機づけの力である。ロゴセラピーにおいては、この意味への意志を快楽原則および力への意志のどちらともまったく反対のものとして扱う。実際には、快楽は人間の努力の目的ではなく、こうした努力の達成の副産物として得られるのである。また、力は到達点ではなく、目的地に達するための手段なのである。このように、快楽原則論者は副産物を目的物と取り違えており、また力への意志論者は手段を目的と取り違えている。

精神分析は、患者に自分が心の奥底で何を本当に望んでいるのかを自覚させようとする。何かを自覚させようとするときに、ロゴセラピーでは、本能的無意識の領域だけでなく、強い精神的な願望にも関心を向ける。ロゴセラピーは、人生に意味を見出そうとする努力を引き出し、その人の存在の意味を解明しようとするのである。

別の言葉で言えば、私たちは、意識下のレベルだけでなく意識上のレベルにおいても患者の自己理解を深めなければならないということである。

ロゴセラピーでは、患者は人生の意味と目的に対峙し、それらを充足させることに挑む。ここで、患者がこのような対峙によって過度な重荷を背負ってしまわないかという疑問が出てくるであろう。しかし、危険はむしろ十分な重荷を背負っていないということのなかにこそある。病状はストレスによってのみ引き起こされるのではなく、ストレスからの解放がもたらす空虚さによっても引き起こされる。緊張の欠如は、それが意味の喪失によって生み出されるが故に、精神的健康という点では極度の緊張と同じくらいに危険なのである。緊張は何がなんでも避けるべきものではない。人間はどんな犠牲を払ってでも恒常性を保つ必要はなく、むしろ人間存在への意味に内在する過酷な性質によって生じる適度の緊張を必要とする。磁場におかれた鉄粉が磁力によって一定の模様を描くように、人間の人生は意味への志向の作用により整えられるのである。したがって、緊張の場は、その人がすでに成し遂げたものとこれから成すべきこととの間に形成される。この緊張の場においては、私が言うところの実存的力動学が働いている。この力動学によって、人間は押し動かされるのではなく引き寄せられるのである。意味によって決定されるのではなく、自分の人生を存在への意味の過酷な性質によって構造化するかどうかをその人自身が決めるのである。

人間は、この意味を実現するために、要求と挑戦を必要とする。コッチェンは、意味への志向と精神的健康の間にかなり強い正の相関関係を見出し、ロゴセラピーの概念である「意味への志向」において見られるように、実存的力動学のインパクトを指摘している。

意味への強い意志は、延命作用、あるいは命を救う効果をもつ可能性もある。延命作用については、ゲーテが『ファウスト』の第二部の完成に七年間を費やした事実を思い起こそう。一八三二年一月についに原稿に完成してからわずか二カ月後に彼は亡くなった。ゲーテは最後の七年間を意味を越えて生物学的に生きたと言ってよいだろう。彼の余命はとっくに尽きていたにもかかわらず、彼の仕事が完成しその人生の意味を充足する瞬間まで生き続けたのである。命を救う効果については、私自身が強制収容所という生きた実験室において収集した臨床的なあるいは理論上の経験がある。

今日、多くの患者が無益感や無意味感、空虚感、喪失感などを訴える。ロゴセラピーでは、このような状態のことを実存的空虚と呼んでいる。そしてこれが、現代の集団的神経症の要因である。しかしながら、人間を還元主義で捉えることを止めなければ、心理療法でこうした神経症を治療することは不可能である。

第5章　実存分析とロゴセラピー

本章は、一九五八年九月五日に開催された第四回国際心理療法学会で発表された論文である。英訳は、ウィリアム・A・サドラーJr.（論理学修士）による。

初めから誤解を防いでおくことは大事である。実存分析とロゴセラピーは同じものである。少なくとも、両者はそれぞれ同一の理論の一つの側面を表しているという点においては同じだと言える。一方で、実存分析と存在分析は互いにまったく異なるものである。スペイン語、英語、フランス語ではどちらの学派に対しても同じ名称を使用する。どちらも実存開明（the illumination of existence：カール・ヤスパースのExistenzerhellung）のようなものを強く求めているが、存在分析は存在開明を強調しており、存在の開明の意味において理解される。他方、実存分析は、存在の開明を越えてあえて意味の開明に向かって前進する。したがって、強調されるのは、実存的―存在論的現実の開明よりも意味の可能性の開明である。このことが恐らく、実存分析がたんなる分析を越えて治療である、つまりロゴセラピーであるゆえんであろう。一方、存在分析は、少なくとも代表的な存在分析家の定義にしたがえば、本来の言葉の意味において本質的に心理療法ではない。「ロゴス」は実際まず第一に「意味」を表しており、ロゴセラピーは、意味を志向し、患者を意味に向けて新たに方向付ける心理療法を表している。

実存分析は、具体的な人間の分析すなわち存在論的緊張における分析をおこなおうとするだけではなく、存在論的意味における分析をおこなおうとする。言い換えれば、ロゴセラピーは、分析であり、解釈であり、人生で起こったことが経歴に書き記されて個々の存在が自然と明らかになっていくことではなく、人間存在の本質を解き明かそうとするものである。

人間の実存の一つの特質は、超越である。いわば、人間は、世界に向かって（そしてより高次元の世界に向かって）周囲の環境を超越するということであり、さらには、為すべきことに向かって超越するということである。人間がこのようにして自己を超越するときは、つねに、心身の特質を乗り越えている。身体的・心理的レベルを超えて純粋に人間的な領域にその足を踏み入れているのである。この人間的な領域は、「精神的」という新しい次元で構成されている。これは精神の次元である。純粋に人間的な領域は、身体的レベルだけあるいは心理的レベルだけによって構成されるのではない。むしろこれらのレベルは人間存在のたった二つの側面を表しているに過ぎない。また、これら二つの側面における発見は互いに矛盾していることがしばしばである。したがって、二元論の並列性の話でも、一元論の同一性の話でもない。人間存在は身体的・心理的・精神的に多様であるが、人間存在の人間学的統一性や全体性が保護され、確保されなければならない。

さて、還元主義をとることすなわち一つの次元を他の次元に投影すること、原理的には方法論的に現実の全次元性を無視して一次元の世界のフィクションとして取り扱うことは科学の本質である。これは宿命であり、まさに科学に課せられた任務なのである。その意味で、人間に関しても同様にせざるを得ない。科学は、人を、精神論的領域から離れて生物学的あるいは心理学的レベルに投影せざるを得ないのである。たとえば、私の担当に割り振られた脳腫瘍の患者を神経学的に診察しなければならないならば、もちろん私は、患者の具体的な人間の全次元的事実に当てる光を少なくして、彼がたんなる条件反射から成る閉鎖系であるかのように振る舞わなければならない。しかし、反射ハンマーを横に置くやいなや、私は光の明るさをもとに戻して、一時的に焦点の外に置いていた患者の人間性を再び意識することができる。

同様に、人を、精神論的次元から離れて、神経学的検査の場合のように生理学的レベルではなく、心理学的レベルに投影することも正当なことである。こうしたことは、たとえば、心理力動学的な検査をおこなう場合に起こる。しかし、もしこの投影が、方法をよく理解したうえでおこなわれないのであれば、完全に方向を見誤ってしまうだろう。何よりも、フィルターをかけて除去してしまったもののすべてを心に留めておかねばならない。なぜなら、一面的な心理力動学的アプローチの組織化されたシステムにおいては、最初から患者を、明らかに本能あるいは本能を充足することによってのみ突き動かされる存在としてしか認識しないからである。反対に、このような準拠枠においては、純粋に人間的なものは必ず歪んだ捉えられ方をする。一定の人間的な現象がまったく認識できなくなるからである。このことは、意味や価値について考えるだけで理解できる。本能や力動学だけを有効なものとすると意味や価値は私の視界から消えてしまうにちがいない。価値は人を前に押し動かすのではなく、引き寄せるのだという単純な理由のために、そうなってしまうのである。「押し動かす」ことと「引き寄せる」ことの間には大きな違いがある。現象学的分析という意味において全体的で完全な人間存在の現実を得たいのであれば、私たちはこの違いを認識しておかなければならない。

性的本能あるいは「宗教的本能」、「攻撃本能」と同じ意味で「道徳的本能」という言葉を使うときに、別の例を引き合いに出すためには、その例は疑問の余地のあるものでなければならない。これにより、道徳的動因の充足や超自我、あるいは良心の充足のなかに道徳性の本質を見なければならないことになるだろう。善なる人は、良心をもっているから善人なのではなく、その動機が善であるから善人なのである。あるいは、誰かのために、もしくは神のために善なる振る舞いをおこなうから善人なのである。もしも、人が良心をもっているだけで本当に善人であるとすれば、それは真の意味での偽善となってしまうだろう。良心をもつことは決して道徳的に善なる実存の基盤とはなりえない。良心はむしろ結果なのである。同様に聖人は、聖人であることを願うから聖人なのではないと考えられる。もしそうであるならば、彼らは完全主義者となるが、完全主義は完全への道の典型的な障害の一つなのである。たしかに良心は、「心やましからざれば眠り安かなり」ということわざにもあるように、最良の枕ではあるが、道徳性を睡眠薬にしたり、倫理性を精神安定剤にしたりすることには用心しなければならない。心の平安は目的ではなく、倫理的行動の結果なのである。

この根底にある要因は認識である。もっとわかりやすく言うならば、人間の心をエントロピー原理や平衡原理によって支配されるものと考える誤解、すなわち、ホメオスタシスの原理による調整を当然のことと考える、人の心に対する誤解なのである。しかし、ホメオスタシスの原理は、最近になってシャルロット・ビューラー（一九五六）がルートヴィヒ・フォン・ベルタランフィ（一九五二）に言及して明らかにしたように、心理学的領域においてはもちろんのこと、生物学的領域においても完全に有効というわけではない。心理学的領域については、とくにW・オールポートが言及している（一九五五）。しかしながら、ホメオスタシスのような人間学的概念は、人の心があたかも閉鎖系であるかのように、またあたかもイドや超自我の要求を調整し充足させることによって一定の心理状態を維持することが再優先の関心事であるかのように広まっていく。このようにして、人間学はモナド論に陥っていく。真の人間は、自分の魂の何かしらの状態ではなく世界の目的に関心を持っている。彼は、世界の目的に向かって配向され向かわされている。神経症の患者は、もはや正常な人と同じようにには目的を志向しておらず、かわりに、自分自身の客観的状態に最も関心を持つ。さらに、ホメオスタシスの原理のみを認め、モナド理論的人間像によって誘導される心理療法は、そのためになおさら、人間を「心のなかの閉じた部屋」（内部空間 Binnenraum、フィリップ・レルシュ（一九四三））へと追いやり、隠者のような現実逃避を促進してしまう。

これと関連して、私たちは自己充足あるいは自己実現という流行のスローガンに対する批判をせざるを得ない。自己充足や自己実現は人生の最終目的でも人間の最終目標でもありえない。逆に、そうしたものを目指せば目指すほど、それらは実現しなくなる。その意味で、すべての客観的状態、たとえば楽しいという状態に起こるのと同じことが彼に起こる。楽しみを求めれば求めるほど楽しみは逃げていく。性的神経症の多くがまさにこの法則に病因的基盤を有する。また、幸福を追い求めることは、幸福を遠ざけてしまう。幸福の追求は自己矛盾と同じようなものなのである。このように、人は、快楽主義的な目的だけでなく禁欲主義的な目的を目指して様々な努力をしなければならないということがわかる。人生の楽しみや精神の安定（魂の平安）は、目的ではなく効果だからである。

人が本当に関心を持っているのは、自己充足でも自己実現でもなく、意味を満たすことであり、価値を実現することである。自分自身の存在の具体的で個人的な意味をどの程度満たすかによって、自己充足の程度も決まる。自己充足は、そうしたいという意志を通じてではなく効果として自然に起こるのである。

では、人はどんなときに自己充足に関心を持つのであろうか？　また、同じように、人はいつ自己を内省するのであろうか？　内省は、それぞれの瞬間に充足されず欲求不満になっている意味への意志の表れではないのだろうか？　強制された自己実現の追求は、意味の充足の追求が欲求不満に陥っていることの表れではないのだろうか？　これに関しては、ブーメランのたとえが思い出される。ブーメランの目的は、一般にそのブーメランを投げた狩りをする人に帰ってくることであると考えられている。しかし、そうではない。というのも、ブーメランは、標的つまり獲物を逃したときにだけ狩りをする人のところに戻ってくるからである。同じように、人は、偽善や完全主義的な意味で良心をもっていたいと願うか、快楽主義的あるいは禁欲主義な意味で欲求の充足と内面的な平安を願うときにだけ、自分自身に立ち戻り自分の状態に意識を向けているのではないのだろうか？　人は、外の世界で具体的で個人的な意味が自分を待っていること、彼が一人で成就すべき任務が待っていることを忘れたときにだけ、自分自身や自分の状態に意識を向けるのではないだろうか？　私はこのことが正しいと信じている。なぜならば、人は世界にある物事に対してどれだけ近くにいるか、あるいは世界のなかで世界のためにどれだけのことをしているかに応じて、自分自身に近づくことができるからである。

私たちは以下の立場を維持する。「神経症患者において顕著に見られるように、主要な客観的方向づけが欠如し、やみくもな努力を続けているときにだけ自分自身の状態についての関心が生まれる。」したがって、自己充足に向けた苦闘は決して最重要なものではなく、むしろそこに人間存在の不充分な状態やレベルの低下を見る。人間の第一の関心は自己充足ではなく意味の充足だからである。ロゴセラピーにおいては、意味への意志と言う。意味への意志は、人がその実存においてできる限り多くの意味を充足しようとする格闘を表している。私たちは、意味への意志を、快楽への意志すなわち精神分析の快楽原理や、個人心理学の地位動因すなわち力への意志とは対照的なものとして用いている。

意味への意志は、基本的なもの、純粋で真正のものであり、したがって、心理療法はこれを深刻に受け止めるべきである。にもかかわらず、真の姿を暴露することを目的とする心理学は、以下のことを暴露しようとする。「意味への欲求は、無意識の本能のカモフラージュとしてできるだけ存在を意味あるものにしたいという人間の要求を表している。」あえて言うならば、われわれに必要なのは、真の姿を暴くものの正体を明らかにすることである。真の姿の暴露は人間の純粋な部分の前では中止することができなければならない。もしそうでないならば、真の姿の暴露の裏側には、他人の価値を低く見積もる心理学者自身の意志の暴露が潜んでいるのである。いくつかの症例では、暴露は正しいことかもしれないが、こうした症例は例外である。

心理療法では、意味への意志を無視するのではなく、それに呼びかける。意味への意志に呼びかけることによって、心理療法の最も重要な原則が発動される。何らかの状況下では、意味への意志に訴えることは、心理的・身体的健康の保持によい影響を与えるだけでなく、明らかに命を救う効果さえもつことがある。このことを示す臨床的な例と同じように経験的で実践的な他のタイプの例をあげてみよう。戦争時の捕虜収容所や強制収容所での苦痛に満ちた「実験（experimentum crusis)」においては、自分の人生における責務を自覚すること以外に、こうした「限界状況（boundary situations)」（カール・ヤスパース）を生き延びることを可能にすることができるものはこの世に存在しないことが示されている。この「実験」はフリードリヒ・ヴィルヘルム・ニーチェの次のような言葉を裏づけるものである。「『なぜ生きるか』を知っている者は、ほぼすべての『いかに生きるか』に耐え抜くことができる。」

意味への意志が欲求不満に陥ることがある。これをロゴセラピーでは実存的欲求不満と言う。なぜならば、意味への意志を含む実存の「意味」に当てはまるものを実存的なものとして指定することは正当性をもつと思えるからである。自分の存在に意味がないという感覚は明らかに、自分は他の人よりも価値のない人間であるという感覚、すなわちいわゆる劣等感と同じくらいに、今日の平均的人間の日常生活に染み渡っている。劣等感の場合と同様に、この無意味さの感覚は、何かの病状なのではなく、人間的なもの、人間の内にあるもののなかで最も人間的なものとさえ言える。しかし、この感覚は人間的なものであって、決して病的なものではない。本質的に異なる二つのもの——すなわち精神的苦悩と精神的病——を混同してしまわないためには、人間的なものと病的なものをしっかりと区別しなければならない。実存的欲求不満それ自体は決して病的なものではない。私たちの知り合いでもある患者の一人は、ウィーンの大学教授であったが、自分の人生の意味についての疑問で苦悩していたために、私たちが担当医となった。彼はくりかえし起こる内因性の鬱病に苦しんでいた。しかし、彼が思い悩み人生の意味について懐疑的になるのは、精神的病状がみられるときではなく、むしろそれらの間の時期つまり健康なときだったのである。

今日、実存的欲求不満は、以前にもまして重要な役割を担うようになっている。どれだけ多くの人が本能がますます失われていくことだけでなく伝統の喪失に苦しんでいるかを考えてみるとよい。ここにこそ、実存的欲求不満の原因があるのである。私たちがロゴセラピーで「実存的（existential）空虚と呼んでいる現象、すなわち内面的空虚さや中身の欠如において、また生きていくことの意味や人生の中身を喪失した感覚において、これらの影響を見ることができる。そうして、この感覚は、生活全体に広がり浸透するのである。

実存的空虚は、隠れたままになっていることもあるが、顕在化することもある。実存的空虚は、退屈な状態(1)において顕在化する。アルトゥール・ショーペンハウアーはかつて、人類は明らかに欲求と退屈の二つの極を行ったり来たり揺れ動くように運命づけられていると言ったが、彼の言ったことはまったく当を射ているだけでなく、私たちの時代には性的欲求を含む欲求よりも退屈を原因とする精神科医の仕事のほうが増えることを予見したとも言える。私たちは仕事がますます自動化される時代に生きており、これにより人間は以前よりも多くの自由時間を得られるようになった。しかし、その自由時間をどう活用すればよいのかをわかっている人はほとんどいない。同様に、昔の時代においても人間は空いた時間をいかにして満たすかという問題に直面していた。また、現代の高齢者層では、とくに仕事から引退した人々が実存的空虚に悩まされている。そして今や、高齢者だけでなく、青年期の若者においても、意味への意志の欲求不満は様々に現れている。若年層の非行は、その一部は身体的成長の加速が原因であるが、精神的欲求不満への認識が広がるに連れて、これが大きな要因となっていることがわかってきた。

私たちは、実存的欲求不満の潜在的形態を「重役病」の臨床型で見ることができるが、重役病に苦しむのは重役だけでなくもっと広い範囲の人々である。広い世代範囲にわたって持続的に広がっているアルコール中毒でも同じことが見られる。「重役病」の場合には、充足されない意味への意志は代替である力への意志によって補償され、アルコール中毒の場合には、快楽への意志に屈する。力への意志の非常に原初的な表出である金銭への意志は前者である。そして、後者は「後ろ向きの(negative)」快楽（ショーペンハウアーがそう呼んだように）への意志であり、これはいわゆる「前向きの（positive)」快楽に対したんに苦痛からの自由でしかない。

実存的欲求不満はたしかに神経症につながる可能性もある。ロゴセラピーでは精神因性神経症について論ずるが、この言葉を使うことによって、もともと純粋に精神的な問題や道徳的葛藤あるいは実存の危機が原因となって起こる神経症を理解することできる。そして、精神因性神経症を、心因性の病気である厳密な意味での神経症に対比させることが有効であることが経験的にわかっている。

いうまでもなく、精神因性神経症を治療する方法は、患者と病気を精神的次元に導くような心理療法でなければならない。あえて精神的次元に踏み込む治療を、神経症の病因に関係する治療法であるため、ロゴセラピーと呼んでいる。ここで、ロゴスという言葉は、たんに意味を表しているのではなく、精神的[2]であることを意味している。もちろん、ロゴセラピーと狭義の心理療法を対置させるのは、それが経験上有効な方法だからである。

しかしながら、精神的治療は、精神因性神経症にのみ適用可能なのではない。多くの場合、心因性神経症は精神的空虚に広がった精神的な変化を表しており、そのため、このような症例の心理療法は、実存的空虚が満たされ、実存的欲求不満が解消したときに終了する。さらに、身体因性（偽）神経症が存在し、これをバセドウ型（basedowide）、アディソン型（Addisonoide）、タン型（tanoide）の三つのグループに分類することができる。こうした（偽）神経症は、適切な薬剤を用いた治療、場合によっては薬剤そのものに非常に良好な反応を示す。しかし、ここでもやはり、思い切って精神的次元に踏み込まなければ治療は成功しない。

これらすべての症例において、身体因性神経症であれ心因性神経症であれ、ロゴセラピーは、特異的治療法としてではなく、非特異的治療法として有効である。そして、症状そのものよりも患者の症状に対する態度を重視する。なぜならば、あまりにも多くの事例において、症状に対する誤った態度こそが本当の病因となっているからである。したがって、ロゴセラピーでは、異なる態度の形成を識別し、患者の内側に態度の変容をもたらすように試みる。言い換えると、ロゴセラピーは実際のところ、転向（転換）療法[3]なのである。その意味で、ロゴセラピーは、独特の方法論と治療技法を提供するものである。この治療技法については、紙幅の制限上、ここでは詳細に論じることができないが、「脱反省（de-reflection）」あるいは「逆説志向（paradoxical intention）」と呼んでいることだけ申し添えておく。

特異的治療法という意味においても、非特異的治療法という意味においても、ロゴセラピーは、患者を具体的かつ個人的な意味へと方向づけ向かわせようとする。しかし、これは患者の実存に意味を与えることが目的なのではない。誰も、性的な関心で頭がいっぱいの精神分析家に、結婚の交渉をしてほしいと期待も要求もしないだろう。あるいは、社会に非常に強い関心を持つ個人心理学者に、患者の就職を斡旋するように期待も要求もしないだろう。同じように、ロゴセラピーが価値を媒介することはない。ロゴセラピーでは、私たち治療者が患者の実存に意味を与えることではなく、患者自身がその意味を見つけること、またあえて言うならば、患者が個人的で具体的な意味や価値の可能性の広がりに気がつくように患者の視野を拡げることに関心を向ける。もし患者が一つの意味の可能性に気づくとすれば、医者はすべての意味の可能性を認識しておかなければならない。これはつまり、医者は、苦悩の意味について、不治の病のように避けることの難しい運命を変えることができないことの苦悩の意味について知っておかなければならないということである。なぜなら、こうした苦悩は意味の充足と価値の実現の最後の可能性を見えなくしてしまうからである。さらに、苦悩は最も深い意味を充足し最も高い価値を実現する可能性を見えなくしてしまう。人生は最後の瞬間まで意味を持ち続ける。ロゴセラピーは、患者が仕事をし、人生を楽しみ、経験する能力を回復することだけでなく、苦悩する能力すなわち潜在的な苦悩の意味を充足する能力を開発することを目的としているのである。

人間の人生から意味を奪ってしまうように見えるもののなかには、苦悩だけでなく、死や、死への願望がある。可能性はほんの一時的なものであるということは何度くりかえし言ってもよい。可能性を認識したらすぐに、それを過去へと送らなければならない。そこでは可能性は移ろうことを免れている。なぜなら、過去においては、すべてのものが、安全に保管されているのではなく、回復の可能性なく失われているからである。人間の存在がはかないからといっても、それは人間の存在に意味がないということではない。はかなさは私たちの責務の一部であり、すべての物事は私たちが一時的な可能性を自覚するかどうかにかかっている。以上から、ロゴセラピーの次のような定言命法を理解することができる。「あたかも二度目の人生を生きているかのごとく生きよ。また今まさにおこなおうとしているのと同じ過ちをすでに一度目の人生でおこなったことがあるかのごとく生きよ。」他のどんなものもこの行動原則ほど私たちに責任を自覚させてくれないように思われる。

したがって、意味について問うのは究極的には人間の仕事ではないことがわかる。むしろ、人間は、問われているのが誰なのかを理解しなければならないのである。すなわち、人生そのものが彼に意味を問いかけるのであり、彼はそれに答えなければならない。彼の実存がその問に応答しなければならないのである。実際に、実存分析では応答的であることを人間の実存の本質であるとみなしている。応答的であることはたんに自由であること以上を意味している。人間は何かに対して責任をもち、何かに対して応答的であるときに、そのことから自由になる。ロゴセラピーでは、患者に彼の実存の応答的な性質を自覚させ、彼の実存の応答性をどのように理解するのか、何に対し応答的なのか、物事（良心や社会など）に対してなのか、誰か（あるいは神）に対してなのか患者自身に決定を委ねる。

そのため、ロゴセラピストは、決して、患者から決定に対する責任を奪ったり、患者が責任を放り出して治療者に丸投げすることを許したりしない。

全体として、私たちはロゴセラピーを、狭義の心理療法に取って代わるものではなく補完するものと考えている。さらに、ロゴセラピーは、心理療法の人間像の完成に向けて、「全（whole）」人像、あるいはすべての次元における人間像に向けて、純粋に人間的なものすなわち精神的次元を含む人間像に向けて、貢献ができるだろう。

以前に、実存的欲求不満について述べた。それを「実行された（lived）」ニヒリズムと呼ぶことができる。このニヒリズムは、正規のニヒリズムと並行して同時に存在するように思われる。そして、心理療法のみが、この「実行された」ニヒリズムに立ち向かい克服することができると言ってよい。心理療法は、正規のニヒリズムからの自由を保持し、あるいは正規のニヒリズムからそれ自身を自由にすることができるからである。正規のニヒリズムとは、人間を、動因の合成の結果としてしか見ない暗黙の人間学を意味している。動因は、場合によって、生物学的・心理学的・社会学的条件によって表される要素である。このような人間像の枠組みのなかでは、人間はたんに動因が生み出すもの、遺伝と環境が作り出すものでしかない。しかし、人間は決して作り出されるものではない。作り出されるのは人造人間（ホムンクルス）であり、人間ではない。私が人造人間と呼んでいるのは、時代を物語るものである。心理療法が治療であり続け、時代の病理（時代の思潮 Zeitgeist）を表す徴候の一つとならないためには、少なくとも正確な方法論と治療技法と同じくらいに、正しい人間像を必要とする。しかしながら、方法論と治療技法を過大評価し崇拝する医者は、あるいは自分の役割をたんに医療技術者としてのみ捉える医者は、自分をメカニズムあるいは機械（『人間機械論』、ジュリアン・O・ド・ラ・メトリー）であると考えているということであり、患者を人間として見ていないのである。

みなさん、半世紀にわたって続いてきた夢は終わったのである。この夢は、心をメカニズムとみなして、精神的治療のための技術が存在すると信じてきた。言い換えれば、この夢は、精神生活はメカニズムとして説明することが可能であり、同様に精神的苦悩の治療ももっぱら精神的技術によっておこなうことができると考えてきた。しかし、今、心理学化された医療ではなく、人間化された精神医学の構想が生まれつつあるのだ。

第6章　自己実現を超えて(1)

マクレガー（一九四八）によると、「すべての人間行動は必要の充足に向けられている」。ミュレリアス（一九五八）は必要の充足とは緊迫状態の解消であるとしている。ゆえに、ニッカボッカ（一九四八）の「実存は、必要を充足させ、緊迫状態を緩和し、均衡を保つための持続的な闘いとして見ることができる」との見解に立てば、必要の充足と緊張の解消は共に均衡の保持に達するとの結論をくだすことができる。このような結論はシャルロッテ・ビューラー（一九六〇）の言によっても支えられる。「フロイトが初期に快楽原則を形成した時期から、緊迫状態の解消と恒常性の原則という現在の最新解釈に至るまで、人生全体を通して全ての行動の変わらぬ最終目的は個人の均衡の再構築として受けとることができる。」

オールポート（一九五五）は、しかしながら、人間に対するそのような見方に異議を唱える。「動機づけは、均衡、休息、適応、満足、恒常性の捜索へと人を導く緊張状態であると考えられている。この観点からすると、人格は緊張を緩和させる習慣の様式以上の何物でもない。こうした公式化では、意図的な努力の性質を表現することができない。このような努力に特徴的な性質とは、均衡への抵抗である。緊張は緩和されるよりむしろ保持される。」マズローの批判（マズロー、一九五四、三六三頁）は、私には、次のような言において、同様の方向性を示しているように思われる。「恒常性や、均衡、順応、自己保全、防御、適応といったことは否定的な反応にすぎず、それらは肯定的な概念によって補われなければならない。」

しかしながら、私の考えでは、こうした批判も十分ではない。それらは本質的な地点には到達していない。あるいはより正確に言うならば、人間に対する見方において本質的な欠落がある。すなわち、人間を、たんに「必要を満たし、緊張を緩和し、そして／または均衡を保持する」という目的に仕える手段でしかないという現実をもった存在として解釈している。そのような観点からは、私がモナド的な手法（フランクル、一九五九）と呼ぶところのものにおいて人間が捉えられている。こうした手法においては、人間と人間が存在する世界とを結ぶ紐帯は、無視される。（この用語はライプニッツの主著の一つ『単子論』を参照している。同書では彼が現実の主たる構成要素と考えた「モナド」について論じられている。「モナド」は外界へとつながる「窓」をもたず、ゆえに他のモナドとつながるそれももたない、精神的原子であると私は考えている。）

モナド的な人間観にあっては、一方において人間同士の真の邂逅の場はなく、他方では世界や事物との邂逅の場もない。世界の事物は、その事物が有する客観的特質において注意を払われるということはなくなり、そのかわりに、多かれ少なかれ恒常性の維持に有用な道具としてのみ気にかけられるようになる。それ自体意義をもった大義への献身であるだとか、仲間のために仲間に関わるだとかいったことをする余地は残されていない。それにかわって、大義や仲間といったものの価値は、目的、すなわち自我の精神組織において一定の状態を回復するという目的、のためのたんなる手段のレベルにまで切り下げられる。手段であるのだから、大義や仲間は、自我にとってそれ自体なんの価値ももたず、ただその者にとっての有用性でもってのみ立ち現れる。

このことは、性に関する神経症の症例でみられる、よく知られた現象を思い起こさせる。私たちは、「女性で自慰行為をおこなう」ことについて患者が語るのをよく耳にする。患者がそのことで意味しているのは、その者らはたんに性的な緊張を緩和するという目的のために、自らの相手を「使って」いるのだ、ということである。これまで論じてきたとおり、これは「モナド的」なるものとして先ほど言及した人間観と明確に合致している。しかし忘れてはならないのは、これらの症例は神経症であり、そしてゆえに、異常なものであるということである。正常な人間の世界に対する向き合い方とは、これから論じるとおり、本来決して目的のための手段という関係ではない。

むしろそのような、手段―目的関係を中心とする考え方は、一定の人工的状況にさらされた動物を観察することでみられる事柄と合致するだろう。ここで私は、オールズとミルナー（一九五四）やブラッドリー（一九五八）、ウェルナー（一九五八）によって述べられている、自己刺激実験に言及したい。ラットの脳に電極を据えつけ、視床下部と嗅脳の神経中枢に電極を位置づけた状態では、神経回路を締めつけると、欲求充足としてのみ説明され得る行動を生じさせる。さらに、そのラットは、回路を締めつけているレバーを押す機会を与えられると、すぐにそれをくりかえす。私にとって、この実験の最も印象的な側面は、しかし、ラットはそのとき、実際の食物と性的パートナーをまったく無視していた、という実験者の観察にある。この実験によって実証されているのは、すなわち、自らが住まう世界の事物を、欲求充足という目的の手段としてのみ考えられるやいなや、事物は無視されるか、あるいは完全に除外すらされてしまう、ということである。欲求はもはや事物に対応してすらいない。神経回路の締めつけでこと足りる。

ユング（一九五八）が的確に指摘したとおり、上述のようなことは、かような人工的状況にある実験用の動物にとってのみ当てはまるのであり、通常の状況には当てはまらない。このことが証明しているのは、しかし、動物ですら通常は、あるいはすくなくとも元来は、満足と呼ばれる心理状態の回復に関心をもっているわけではない、ということである。そうであるならばなおさら、人間においてはその関心はより少ないと考えられるだろう。ロゴセラピーが考えるところでは、人間は自らの心理状態に元来関心をもっているわけではなく、むしろ世界に関心を向けている。あたかもその人によって満たされ、実現されるのを待っているかのような潜在的な意味や価値をもった世界に。ロゴセラピーにおいて、こうした関連のもと、「意味への意志」が論じられている（フランクル、一九五八b）。そして「意味への意志」は、（「快楽への意志」とも呼び得る）快楽原則と対比される。「意味への意志」は、また他方では、いわゆる「権力への意志」と対比される。

一般的な受けとめのとおり、快楽原則には不快の回避が含まれる。このようにして、快楽原則は、緊張緩和の原則とほぼ一致する。しかしながら、私たちは自らに問わねばなるまい。人間のうちに見出し得る根源的な傾向という意味において、快楽への意志といったようなものが本当に存在するのかどうか、と。ここで、私たちの意見においても、カントとマックス・シェーラーによって出版された発言との一致においても、快楽は元来そして通常、目的ではなく結果である。課題達成の副産物、と言えよう。言い換えるなら、快楽は、意味を充足するや否や、あるいは価値を実現するや否や、自動的に成立する。さらに、もし快楽を目的にして、実際にそれを得ようとすると、必ず失敗に終わる。

なぜなら、その者はもともと目指していたものを見失ってしまっているからである。このことは、性的神経症の患者が、性的快楽を直接的に獲得しようとするがゆえに、それを損ねているケースにおいて明らかである。男性が精力を誇示しようとすればするほど、あるいは女性がオルガスムに達しようとすればするほど、それから遠ざかる。あえて言うならば、そのような出発点に遡求することのできる性的神経症は少なくない。

人間にみられる、他のいくつかの現象においても似たようなことが見受けられる。たとえば、ベストセラーになった有名な本のタイトルにもなった「心の平安」といった現象である。別の本のタイトルをもちだして、「幸福の追求」は自己矛盾に陥る、と主張することで、さらに一歩話をすすめることができる。幸福のために努力すればするほど、幸福は手に入らなくなる。

心の平安もまた、自動的な結果であることに甘んじなければならない。故意の心の平安は、心の平安を乱すからである。安らかな心に関係した特殊な「心の平安」でもって、このことを説明することができる。「私は安らかな心を有しています」と正当に表明できる条件のため努力している人は、すでに独善的になってしまっている。真に安らかな心は、それをつかもうとして手にできるものでは決してなく、大義のため、あるいは人のため、神のため、に行為することにおいてのみ到達することができる。安らかな心は意図せぬ副産物としてのみもたらされるものの一つであり、それを直接的に求めた瞬間に台なしになってしまうのである（健康を直接求めている種の人間に留意されたい。健康を直接求めているかぎりにおいて、その人はすでに病んでいるといえる。すなわち、心気症と呼ばれる神経過敏の病が示されている）。このことは単純な公式によって表すことができる。エピクロス派の快楽主義哲学と、ストア派の静寂主義哲学とが、共に目的とするもの、すなわち幸福と心の平安（あるいは、後者については、古代ギリシア語でアタラクシアと呼ばれるところのもの）は、人間の行動の真の目的にはなり得ない。なぜならこれらの目的は、演繹的に、人間がそれを求めるのと同じ度合いで、その者を回避するからである。

こうした「ベストセラー」や、近年みられる精神安定剤への依存の増加傾向は、今日人間が、幸福、あるいは心の平安に向かって努力することができるという幻想を信じるようにそそのかされていることが増えている兆候であるように思われる。人間は「魂の平安」に向けてすら努力することはできない。なぜならこの種の平安は、明らかに安らかな心の（再）構築であり、結果の問題にとどまることをやめ目的の問題になるや否やその人を避けてゆくのである。

このことは、良心がいわゆる超自我という意味において扱われている精神力動学の解釈から乖離しているとしても、真である。この解釈の枠組みにおいて人間の道徳性をとらえると、やましい心のもとになっているものを取り除くという目的のみが、あるいは精神力動学の用語を使うなら、超自我の居心地を悪くさせているものを取り除くという目的のみが、人間を道徳的行動に駆り立てていることになる。人間の道徳的行動をそのように考えることは、明らかに真の道徳性の要点を捉え損ねている。真の道徳性は、自らのためにではなく、すなわち、安らかな心を手にしたいがためでもなければ、やましい心を忘れんがためでもなく、何かのため、あるいは誰かのために行動することのみから始まる。

私たちが向き合っている問いに立ち戻ろう。恒常性の原理は人間が実際に導かれているところのものであるのか否か。このことを考えるため、よく知られた素朴な事実に目を向けたい。その事実は、私の考えでは、恒常性は人生の究極的な目的にはなり得ないことを示している。もし人が自らのすべての欲求や欲望を完全に満足させることができるチャンスを与えられたとしたらどうだろう。確実に、そのような実験の結末は、最も深い充足の経験などではまったくなく、むしろ逆で、失望にまみれた内的虚無、絶望的な空虚の感覚、あるいはロゴセラピーの用語を使うなら、実存的空虚という意識であろう。これは先ほど触れた、意味への意志の要求が阻止された結果である。私たちは（人間の実存のみならず）人間の実存の意味に関連していることは何であろうと実存的であると定義づけるのであり、ゆえにロゴセラピーにおける重要概念である、実存的要求阻止について語ることも可能である。今日、人間の実存的空虚は、最も、そして着実に、重要性が増しているところのものである。

ロゴセラピーが示すのは、この実存的空虚は、神経症を引き起こす諸原因のひとつであるということである。ロゴセラピーの学派が考える枠組みにおいては、このような神経症は、心因性(psychogenic)神経症（すなわち狭い意味での神経症）とは対照的に、精神因性(noogenic)神経症と呼ばれる。精神因性神経症は人格の異なる次元に起因しているのであり、ゆえに、心因性神経症とは異なる病因を有しているといえる。精神因性神経症は、心的(psychic)というよりも、思惟的な(noetic)次元に起因する。言い換えるなら、精神因的神経症の症例においては、私たちがあつかうのは、心理学的(psychological)病である。それは心因性神経症のように、異なる欲望の葛藤に根ざしているわけでもなければ、あるいはイド、自我、超自我、と呼ばれる心的構成要素の衝突に根ざしているわけでもない。精神因性神経症は、むしろ、異なる価値の衝突に根ざしている。言い換えるなら、最高の段階にある価値、すなわち自らの人生の究極の意味をめぐる、人間の報われない願望と探索に根ざしている。簡潔に言うと、私たちが扱っているのは、人間が自らの実存に対する意味を求め奮闘するなかで遭遇する要求阻止、すなわち意味への意志が直面する要求阻止である。実存的要求阻止が原因であると考えられる神経症の症状はすべての症例において、ロゴセラピーが適切な心理療法の治療方法として必要とされることは言うまでもない。［心理療法の方法論という観点においても、心理療法の技法としてのロゴセラピーという観点においても、実存分析についての議論は、本論の趣旨を超えてしまう。読者は文献目録（アーノルドおよびガッソン一九五四、フランクル一九五四、一九五九a、一九五九c、一九五九d、一九五八a）を参照されたい。］

　自らの実存と意味との関連について論じる際には、特に個々人の実存における具体的な意味を語っているのだということに留意すべきである。さらに、すべての人間は実行すべき人生の使命を持っているのだということを指摘しつつ、各人の人生の使命について語ることができる、ということもすべての人間は、特質（Sosein）ならびに現存在（Dasein）の両方の面において唯一のものであり、ゆえに使い捨てることも、交換することもできない。換言すると、人は独特の人格的特徴をもった特殊な個人であり、その人にのみ用意された特別なチャンスと義務とがある世界のなかで、独自の歴史的文脈を経験している。

　もちろん患者に人生の意味を「与える」ことは、決してセラピストの仕事ではない。自らの実存の具体的な意味を「見つける」ことは患者自身がやるべきことである。セラピストはただ患者のこうした試みを手伝うのみである。自らが意味を「見つけ」なければならない、ということが示すのは、意味は発見されるものであり、発明されるものではない、ということである。このことは、自らの人生の意味はある面、主観的なものである、ということが含意される。

残念ながら、この主観性は実存主義者と自らを称する書き手の幾人かにもしばしば見過ごされてしまっている。その人たちは、人間は「世界に住まう」ものであるとうんざりするほど飽くことなく繰り返し言うものの、意味もまた「世界のうちに」あり、そしてそうであるがゆえに意味は客観的な要素のみにあらずということを失念しているように思われる。意味はたんなる自己表現以上のもの、自己の世界への投影以上のものである。

こうして、私たちは自己のこうした側面にかかわる問題に触れている。それは今日心理学の文献において、自己実現と呼ばれ、しばしば言及されている問題である。たとえば、よく知られているように、K・ゴールドシュタインは「根本的な動機とは緊張の減少であり、そしてゆえに均衡の再構築であると想定する、広く認められていた動機づけの理論に対し論陣を張った。彼は動機づけの理論としての恒常性に異を唱えた。彼は衝動の目的とは、衝動によって出された、邪魔な緊張を除去することである、という考えに異を唱えた。ゆえに彼はフロイトの快楽原則と緊張緩和理論に異を唱えた。」(Piotrowski, 1959)「ゴールドシュタインにとっては、個人の主要な目的が自らの適応のレベルを保持することになるとは、病の症状の現れである。」Kukuruz sinn schwaer zu verstehen (1.C 3)「自己表現あるいは自己実現は健康状態における究極の動機づけである。」(1.e.) シャルロット・ビューラー（一九五九）は次のように主張する。「自己実現の概念は、ニーチェはじめ、ユングやカレン・ホーナイ、エーリッヒ・フロム、カート・ゴールドシュタイン、フリーダ・フロム＝ライヒマン、アブラハム・マズロー、カール・ロジャース、そして彼・彼女ら以外の、人生の究極の目的についてすべてを包括する理論を探し求めているようにみえる人々に至るまで、多くの変異をたどってきた。」

エルキン（一九五八〜五九）は、とくにホーナイやフロムに関して、次のように批判する。「彼・彼女らの考えは、神秘主義的な意味合いを帯びている。これはユングにおける自己の概念を思い起こさせる。彼のもつ神秘主義的な意味合いには東洋の宗教との類似点が認められる。」私たちの批判は、しかし、違った方向からのものである。なぜなら主たる間違いは、自己実現を「究極の目的」と決めつけているという事実にあり、こうした間違いは、ここでもまた、世界と、世界の事物の価値を、目的へのたんなる手段にまで貶めていることによる。実際のところ、A・Hマズローは、「環境はその人の自己実現という目的への手段以上のものではない。」とはっきりと述べている。

ゆえにここで私たちは決定的な問いを提出しなければならない。はたして人間の主要な意図は、もしくはその人の究極の目的地は、「自己実現」の語でもって、正確に制限することができるものか否か。この問いに対し、私はあえて、きわめて否定的な返答をする。自己実現は結果であって、意図して目的とするものではないことは、非常に明らかなことに私には思える。この事実が映し出すのは、自己超越は人間の実存がもつ、不可欠の特性である、という根本的な人間学的真実である。自己中心的な関心や注意の放棄という意味において自分から退いた者としてのみ、人は真の実存の様式を手に入れることができる。この法則は、反省除法と逆説志向というロゴセラピーの技法において、臨床への応用（そして臨床への有効性）を見出すことができる（フランクル一九五六、Kocourek, Niebauer & Polak 一九五九、Weisskopf-Joelson 一九五八）。

シャルロット・ビューラー（一九六〇）の次の主張は非常に適切であると私には思える。「それら［自己実現の法則の典型］が実のところ意味していることは、潜在性の追求である。」自己実現とは、主体において活用できる可能性ないしは潜在性を満たすことを表しているわけであるから、人はこれを潜在性主義と呼ぶことができるだろう。この点では、個人の人生の課題は、自らの人格を最大限実現する潜在性を実現することとみなされる。ゆえに、自己実現の程度とは、実現された可能性の数量に基づいている。しかし、もし人が自らの内にある潜在性をただ実現すべきであるのだとすれば、その結果はどうなるだろうか。思い浮かぶ答えは、ソクラテスのケースである。彼は罪人になるという自らの内にある可能性に忠誠を誓ったというのであれば、その結果考えられるのは、もし彼が自らの潜在性を十分に発展させることができていたとするなら、法と正義の最大の擁護者は平凡な罪人でもあったということになる！

人生の潜在性は、冷淡な可能性ではなく、意味と価値の光のなかに見出されるものでなければならない。いかなるときにあっても、個人が可能な選択肢のうち、ただ一つのみが人生の課題の必然性を満たす。この点では、各人の人生の境遇への挑戦とは、責任への挑戦を含む。人間は今ある多数の潜在性に関して選択しなければならない。どの潜在性に存在しなくなるよう宣告し、どの潜在性を実現するのか、すなわち未来永劫救済するのか？　潜在性とは人生の実にはかない一局面であるのだから、決断したら変更はきかない。ある潜在性が実現されると、それは永遠に実現されたのであり、決してなくならない。人間は、ゆえに、これら不滅の「時間の砂に残す足跡」への責任を直視しなければならない。人は、幸せなときも不幸なときも、何が自らの実存の遺物になるかを決断しなければならない。

潜在性主義は、責任の重荷の回避を内包している。時間の重圧のもとで、そして人生のはかなさを前に、責任ある選択をするという要求から逃避できると信じることで気を晴らそうとする。その者の頑張りは、しかしながら、失敗に終わる。なぜならその者がどこへ向かおうとも、人生の必要性と避けがたい要求――自分自身を超えた原因に根ざした要求――に直面することになるからである。意味に満ちた、価値のある、それがゆえに実存的な、献身への要求に。

同時に、関連して、避けて通ることのできない、価値の問題がある。問題になっている選択肢は、多くの潜在性のうち、実現する価値のある、唯一の潜在性の選択であるのである。ゆえに潜在性主義の行きつくところで、実のところ問題はまさに始まるのである。潜在主義者はこの価値論的問題を避けようとするが、しかし、先延ばしはできるかもしれないが、その問題を取り除くことは決してできない。

こうした現実逃避を詳細に検討するなら、潜在主義者は、いまあることと、あるべきこと（Sein と Seinsollen）との緊張を耐えがたいものと考えている、ということが明らかになる。しかしながらこの緊張は、人間の実存に本来備わっているものであるから、潜在主義者によってすら、消し去ることのできないものである。自分がしたことと、他方、しなければならないが未だにしていない、あるいはやり終えていなければならないが未だにしていないこととの緊張から解放されているという人間の状態は想像できない。限りある存在として、人間は自らの人生の課題を完全にやり遂げることは決してない。この不完全性の重荷を担おうとするとき、あるいは担うことができたとき、その人は自らの有限性を受諾している。この不完全性の受容は精神の健康と人間の進歩の前提条件である。一方、不完全性を受容できないことは、神経症的人格の特徴である。それゆえ、先に論じた恒常性の原理は、決して正常な現象ではなく、むしろ神経症的な現象である。人生で出合う通常の緊張に耐えることができないのは神経症をわずらう個人である。肉体的な緊張であろうと、精神的、標準的なものであろうと。

人間の実存における、いまあることとあるべきこととの間のこの調整できない隔たりに加え、しかしもう一つ考えるべき対立がある。それは、認識における主体と客体との対立である。多くの書き手がこれの「乗り越え」を論じてはいるが、この対立もまた解消不可能なものである。乗り越えを論じるような意見は実に疑わしいものである。なぜなら乗り越えを達成することは、「人間の条件」、すなわち人間であることの、克服不可能な有限性を乗り越えることと同じ意味だからである。［アドリアン・ヴァン・カアムが――著者への私信において――述べているように、実存主義哲学の先駆者であるハイデッガーですら、主体と客体の二元性を超えて真の認識が達成できるなどとは、考えたことも、教えたこともなかった。］本論の著者は、神学者ではないし、それゆえ、ここに関連して、「傲慢」について述べるつもりはない。しかし、人間は、人間の実存の二重の緊張を乗り越えようとするのではなく、耐えるべきである、とは述べたい。適切な比喩は、おそらく粗く些細なものかもしれないが、この事柄を簡潔に明らかにする。近代哲学は、産湯（デカルト的二元論）と一緒に赤ん坊（認識の客体）を捨ててはならない。

たしかに、主体は認識の行為により客体に近づくことができ、ゆえに客体と「共にある」(Beisein)（フランクル、一九四九、二七頁）ことと私が呼んでいるところの、認識における世界の事物への近接をつくりだすことはできる。それゆえ、主体と客体とを引き離している隔たりを超え、前者が後者にたどり着くことは、認識における注目に値する達成である。しかしながら、主体が到着した先の客体は、まだなお客体であり、認識の過程を通して主体自体の一部になるわけではない。［読者はエルウィン・シュトラウスの著作（一九五八、一四七頁）にある、これと類似した言明に興味をもたれるだろう。］世界とはたんに自己表現にすぎず、主体の投影以外の何物でもないという想定のもと、客体に固有の他者性を軽視し、客体の客観性を覆い隠す傾向のある理論はいずれも、核心をつかんでいない理論である。

主体―客体の差異化を完全に除去することは、もしそれが可能であったとしても、推奨できない。人間の認識の行為はそれぞれ、必ず主体と客体という緊張関係にある両極に基づいている。人間の認識を構成する不可欠な原動力の源は、人間と、自らが「住まう」「世界」との、こうした緊張状態である。ロゴセラピーでは、この原動力は、精神力動学とは対照的に、精神―力動学（noo-dynamic）を表す（フランクル、一九五九e）。

主体と客体との間の、精神―力動学の緊張を無視することは、世界の客観性を無視することになる。精神の現象を、その十全な豊かさと共に丁寧に探究する哲学や心理学は、いかなるものであれ「現象学的方法」と呼ぶに値する。そのような哲学や心理学は、真の認識の行為が示すのは客体の客観性であるという根本的な事実を認めなければならない。だから、客体と呼ばれるものは、あるいはもっと一般的に論じるなら、世界は、本来、たんなる主体の自己表現以上のものである。認識の主体によるたんなる「設計」として世界を論じることは、客観的現実としての世界へ向けた実存の自己超越である、認識の行為という現象全体に対し、不当に扱っていることになる。たしかに人間は、認識においては世界から区切られている主体という区分を超えて物事を把握することはできない。あるいは別の言葉で言えば、その人は、世界のすべての領域のなかで、主体的な選択しかできない。しかしながら、その人はつねに、客観的な世界について主体的な選択をおこなっているのである。

実存主義の書き手たちが取り入れている視点は、しかし、客体の客観性を見えにくくさせている。その視点は万華鏡的認識論と呼べよう。ある人が万華鏡を覗き込むとき、その人は万華鏡を通して何かを見ているのではなく、万華鏡の一部をなしている、様々な色とりどりのガラスの破片の集まりを眺めているのである。上述の書き手たちの認識論は、これと同じではないだろうか。件の書き手たちにとっては、人間とは、自らの認識の行動と努力のすべてにおいて、決して現実の世界に到達することのできない存在である。その人の世界は設計したものでしかない。それは自らの存在を映し出す、自分の手による投影である。小さなガラスの破片の動きが万華鏡で見えるものを作りだしているのとちょうど同じように、この万華鏡的認識論は、人間の「被投性」(Geworfenheit) に全面的に依存している「世界の設計」(Weltentwurf) を示している。それは、主体の条件と構造の単純な反映である。

そのような主観主義が、人間の認識の真実がもつ核心からいかにずれているかは、人は自分自身を無視したり忘れたりすることができるかぎりにおいてのみ、世界の何かを、あるいは世界のなかで何かを、認識することが可能となる、という根本的な真実を思い起こしさえすればすぐに明らかになる。自らの注意の外縁に至ることで、その人は自らを超え、適切に事物に気づくことができるようになる。このことは眼を症例においてに説明できる。眼が眼自体、あるいは眼のなかにあるものを見るということが起こるのは（たとえば「飛蚊症」）、視覚に障害が生じたときのみである。眼が眼自体を見るようになればなるほど、世界と世界の事物は眼に見えづらくなる。眼が見えるということは、眼自体が見えないということである。なるほど有限な人間の認識は、認識機能にもともと備わっている、主観的になる瞬間から完全にはまぬがれないだろう。しかしこのことは、認識が実際にたんなる自己表現や、知覚行為をなしている主体自身の構造の投影になればなるほど、より多くの錯誤を引き起こすことになる、という事実を変えはしない。言い換えるなら、認識は、たんなる自己表現とは逆のものであるかぎりにおいてのみ、そして自己超越であるかぎりにおいてのみ、真の認識となる。

まとめとして述べるなら、自分自身という個人に逼塞している人間の理論は、考えてみると、それが恒常性理論でいうところの自らの緊張の減少に基づいたものであれ、あるいは——自己実現といわれるところの——内在的可能性の最大限の成就であれ、欠陥のある理論であると私には思える。人間についての妥当な見方は、恒常性を超え、自己実現を超え、人間の実存における超越的な領域へ向けその人自身すらを超えてのみ、適切に表現されることができる、と私は考えている。そのような領域において人間は、意味と価値をもった客観的な世界のさなかで、自ら何を為しいかなる人間になるか、といったことについて選択することになるだろう。

第7章　ロゴセラピーの哲学的基盤(1)

ゴードン・W・オールポートの言によれば、ロゴセラピーとは米国において「実存的精神医学」に分類される学派の一つである。アーロン・J・アンガースマは、ロゴセラピーに関する著作において、ロゴセラピーは実際のところ、実存的精神医学という広範な分野のなかで、心理療法の技法と呼ぶにふさわしいものを開発することに成功している唯一の学派であると指摘している。著書『ロゴセラピーとキリスト教信仰』においてドナルド・F・トゥィーディーは、この事実は、伝統的にプラグマティックな人生観をもつ、典型的アメリカ人の関心を明らかにすると考察している。

そうであるかもしれないが、ロゴセラピーは、本質的に実存あるいは存在、実在（ontos）の分析以上のものである点において、実存的分析ないしは現存在分析（ontoanalysis）を超え、その上を行くものである。ロゴセラピーは、存在のみならず意味に関わりをもつ。実在（ontos）のみならずロゴス（logos）に関わりをもつ。こうした特色は、ロゴセラピーが有する能動的で治癒的な方向性をうまく説明している。換言するならば、ロゴセラピーは実在（ontos）であるばかりでなくロゴス（logos）であり、分析であるばかりでなく治療である。

いかなる種の治療同様、実践を裏で支える理論がある——テオリア（theoria）、すなわちヴィジョン、世界観（Weltanschauung）である。しかし他の多くのセラピーとは対照的に、ロゴセラピーは明白な人生哲学に基づいている。より正確に言えば、互いに関連し合いながら一つの連関をなす、以下の三つの基本的前提に基づいている。

1. 意志の自由
2. 意味への意志
3. 人生の意味

人間のもつ意志の自由

人間のもつ意志の自由（*freedom of will*）は、その人の経験の直接的与件に属する。それら与件は、フッサールの時代以降、現象学と呼ばれる実証的アプローチに身をまかせてきた。現象学とは、私の理解するところでは、すでに原型を与えられたうえで生じている現象の解釈をすることよりもむしろ、人間の反省に先立つ自己理解の言語について論じるものである。

実際のところ、二種類の人間だけが自らの意志は自由でないと主張する。他人によって自らの意志は操作され、思想は統制されているとの妄想に苦しむ統合失調症患者。そして、そういった人たちと並んで、決定論の立場にたつ哲学者たちである。いかにも、後者の人々は自らの意志をあたかも次のようなものとして受け止めている。すなわち、私たちが経験している自らの意志とは、自由ではありながらも、しかしそれは、決定論者が言うには、自己欺瞞である。決定論者の信念と私自身のそれとがくい違っている唯一の点は、私たちの経験は真実を伝え導くことのできるものであるのかどうかという問題に関連している。誰が裁定者になるべきか。この問いに答えるため、次の事実を出発点としてみよう。すなわち、統合失調症患者のような特異な人々のみならず、通常の人々もまた――ある特定の状況下においては――自らの意志を自由ではないものとして経験するという事実である。少量のLSDを服用させれば、通常の人々もそのような経験をするであろう。まもなく人々は人工的な精神異常に苦しみ始め、そこでは、公表された調査結果によれば、人々は自分が自動人形になったかのような経験をしている。換言すれば、そうした人々は決定論の「真実」に到達している。しかしながら、脳が毒物におかされた後にのみ人間は真実を手にすることができる、ということが妥当であるかどうかここで問うべきだろう。アレーテイア（aletheia）という概念のなんと奇妙なことか。幻想を通して真実を露にし、覆いを取る――パソロゴス（patho-logos）を通じてロゴス（logos）へと取り次ぐ！

言うまでもなく、人間のような限りある存在にとっての自由は、限界のある自由である。人間は性質上、生物学的あるいは心理的・社会的な状況から自由ではない。しかしながら人は、そうした状況に対しある立場をとる自由をもつし、またつねにもち続ける。人はいかなるときも状況に対し態度を選択する自由を保持する。人間は自らの経験の身体的かつ精神的決定要素の地平を超える自由をもつ。同様の理由から、新たな次元が開かれる。人間は、身体的かつ精神的現象と対照をなす、認識の次元に入り込む。それによって、人は、世界に対してのみならず自分自身に対して立場をとることが可能になる。人間は、自らを省みることも、拒否することも可能である。人は自分自身にとっての裁定者、自分自身の行為についての裁定者になることができる。要するに、とりわけ人間的な現象は、互いに結びついている。自己意識と意識は、私たちが、自分自身から距離をおき、生物学的かつ心理的な

いかぎりは、理解不可能である。私が精神的（noological）と名づけた、このとりわけ人間的な次元は、動物には到達不可能である。

自己と距離をとるという、とりわけて人間的な能力は、逆説志向（paradoxical intention）と呼ばれるロゴセラピーの特別な技法において、治癒的な目的のために用いられ、役立てられる。ごく最近、コネチカットヴァリー病院の院長であるハンス・O・ガーツ博士は、「神経精神病学研究」（*Journal of Neuropsychiatry*）誌上（一九六二年八月）において、大変深刻な強迫神経症・恐怖症に対し心理療法の手法を適用した症例の治療に関する論文を発表した。彼の論文が示すところの結果は実に驚くべきもので、この報告を読むことを私は勧める。逆説志向についての明瞭かつ簡潔な記載は拙著『夜と霧』[3]（Beacon Press, Boston, 1963）のなかでふれた症例に見出せるかもしれない。

患者は帳簿係だった人物で、いくつかの診療所において、何人もの医師が治療にあたってきたが、治療が成功することはなかった。私の診療所を訪れたとき、彼は、極度の絶望に陥っていて、自殺寸前であることを自ら認めていた。数年にもわたる書痙［字を書く人にみられる職業病］に苦しんでいたが、最近は症状がひどく、職を失いかねないということだった。そうしたことから、状況を改善するためにはどうしても短期療法が必要だった。治療を開始するにあたり、私の同僚医師が彼に勧めたのは、いつもやっていたことと逆のことをやってみるように、ということであった。すなわち、綺麗かつ明瞭に書こうとするかわりに、できる限りひどい殴り書きをするように、と。そして、自分自身にこう言って聞かせるようにアドバイスした。「今から、私がどれほどすごい殴り書きをする人間か、人に見せてやる！」そして意識して殴り書きをしようとする時、彼は殴り書きをすることができない。翌日彼は「殴り書きしようと思ったけれど、でもただそれはできなかった」と言った。患者はこのような方法で四八時間のうちに書痙から解放された。そして治療後の観察期間中も、その状態は変わらなかった。彼は幸せに、ふたたび職務を充分に果たすことができるようになった。

健全なユーモアのセンスがこの技法の特質である。それは容易に理解できるだろう。私たちは、ユーモアは自分が何かと距離を置こうとするときに一番よい方法である、ということを知っているのだから。ユーモアは自分を突き放して見ることで、人を自らの窮境の上にあがらせるのに役立つ、と言う人もいる。ゆえにユーモアを、認識の次元においても位置づけなければならないだろう。いずれにせよ、どんな動物も笑うことはできない。人間でないかぎりは。

逆説志向の別の例として、吃音に関するものがある。西ドイツのマインツ大学の精神医学科の学科長が私に報告してくれた。中学生だった頃、彼のクラスは、劇を上演することになった。吃音の人物の役柄を、実際に吃音の生徒に割り振った。すると間もなく、その生徒は、役柄を諦めざるを得なくなった。なぜなら、ステージで皆の前に立つと、どもることが全くできなくなってしまったからである。彼は、役柄をほかの少年に譲らざるを得なければならなかった。

逆説志向の技法の根底にある原理は、私が何年か前に聞いたジョークによって最もよく示すことができるかもしれない。「遅刻してきた少年が、先生に言い訳をする。道が凍っていて、一歩進もうとして動くと、すべって二歩さがってしまったのです、と。すると先生がやり返す。「嘘おっしゃい。もしそれが本当だったら、どうやって学校まで来られたのですか。」すぐに少年は静かに答える。「最後にはとうとう、家に帰ろうとしたので。」」

逆説志向は、神経症の表層でただ動く過程などでは全くなく、むしろより深い地平において、根本的な姿勢の変化を患者にもたらすものであると私は確信している。それも、癒しをもたらす変化を。しかしながら、明らかにロゴセラピーの技法によってもたらされた効果を、精神力動学でもって説明しようとする試みもある。たとえば、私が勤務するウィーン・ポリクリニックの医師で、私の部下の一人は、フロイト派の訓練をじっくり受けた人物だった。彼は逆説志向の成功例を、精神力動学の言葉のみでもって説明する論文を、世界一の伝統をもつ精神力動学学会であるウィーンの学会で、発表しようとした。彼が論文を準備していたところ、深刻な広場恐怖症に苦しむ患者の診療をすることになったので、逆説志向をもちいてその患者の治療をすることにした。しかし、残念ながら、一度診療しただけで、患者の不安はすっかりなくなり、この治療法の隠れた精神力動学を見つけるために再び来談してもらうことはとても難しくなってしまった！

意味への意志

意志の自由について考えたところで、私たちの二つ目の基本的前提、意味への意志に立ち戻ってみたい。意味への意志は、説明上の理由から、あえて単純化したかたちで、次のふたつと対比して論じられている。一つが、精神分析の動機づけ理論において大変曲解されて用いられている快楽原則。もう一つが、アドラー心理学において決定的役割を果たしている概念である権力への意志である。私は、人は実際のところ快楽のために本当に努力しようとすればするほど快楽を得られなくなるわけであるから、快楽への意志は自己破綻する原理である、と飽くことなく主張している。なぜなら、快楽は私たちの努力が実現に至る際の副産物あるいは副作用であり、ゴールや目的となったとたんに台なしになり、損なわれてしまう、という基本的な事実があるからである。直接的思考によって快楽を目的とすればするほど、人はその目的から遠ざかる。そしてこのことが、いあえて言うなら、性に関する神経症に病因学的に通底する心理過程である。それゆえに、こうした快楽志向のもつ自己妨害の性質について、ての理論に基づいたロゴセラピーの技法は、精神力動学的志向をもったスタッフの手によってすら、注目すべき成果を短期間でもたらすように思われる。私が性に関する神経症患者全員の治療の責任者を命じた人物もそうしたスタッフの一人だが、その人物は、ロゴセラピーのみを利用した。――患者のおかれた状況のなかで必要とされるのは、短期間の措置のみであったからである。

つまるところ、快楽への意志と権力への意志とは両者とも、意味への意志というそもそもの意志から派生したものであるということになる。快楽は、前述のとおり、意味実現がもたらす一つの作用である。権力は目的のための手段である。経済力や財力といった、ある権力をもつことは、通常、意味実現の前提条件である。ゆえに、快楽への意志は、作用を目的と取り違えているといえる。一方、権力への意志は、目的のための手段を目的そのものと取り違えている。

しかしながら、実際のところ、快楽への意志や権力への意志について私たちが語っていることが十分証明されたというわけではない。なぜなら精神力動学的志向をもつ学派は、人はいやいやながら、そして知らず知らず、実際の目的を追いかけるものであることを前提としているからである。これに関しては、適切な動機づけ理論のほとんどが、意識的な動機づけは、本当の動機づけではない、と主張していることを参照しておく。たとえばエーリッヒ・フロムは、つい最近、「人をある行動へと動機づける力は、その人をある方向へと駆り立てる欲動である」との文章について論じている（*Beyond The Chains of Illusion*［邦題『疑惑と行動　マルクスとフロイトとわたくし』］, Simon and Schuster, New York, 1962, p. 38）。私にしてみれば、しかしながら、本当のところ人が努力へと駆り立てられるとは考えられない。その人は努力しているか、あるいは駆り立てられているかのいずれかだ。それ以外はありえない。この違いを無視すること、あるいはそれよりはましだが、ある現象を別の現象のために犠牲にすることは、科学者にはふさわしくないやり方である。これではむしろ、自らの仮説に、たとえば人は自らの衝動「によって生きている」というような想定に、執着あるいは服従するがために、都合の悪い事実に目をつむっていることになる。この引用はジークムント・フロイトからなので、公平を期すため、さきほどのものほどにはよく知られていない文章を付記しておきたい。それは一八八九年に *Wiener Medizinische Wochenschrift* に掲載されたフロイトによる書評の一文である。書評のなかでフロイトは次のように述べる。「天才の偉大さを前にして抱く畏敬の念は、たしかに偉大なものである。しかし事実に対する私たちの畏敬の念はそれに勝るべきである。」

いずれにせよ、フロイトは——そして必然的にその模倣者たちもまた——つねに私たちに、意志作用の背後あるいは下にあるもの、すなわち無意識の動機づけに目を向けよと説く。通底する力動学に目を向けよ、と。フロイトが人間の現象を額面通りに受け取ることは決してなかった。ゴードン・

W・オールポートが使った表現を借りるなら、「フロイトはたしかに、額面通りには受け取れない価値をもった動機の専門家であった」(*Personality and Social Encounter*, Beacon Press, Boston, 1960, p. 103)。しかしこのことは、額面通りに受け取るべき動機が皆無であることを意味するのだろうか。皆無であるとすることは、私にしてみると、ある男がコウノトリを見たときに口にした次のような言葉と同様であるように思われる。「ああ、私はコウノトリは実在しないと思っていた！」生命の事実を子どもたちに隠すためにこの鳥が利用されていたということでもって、この鳥の実在は損なわれるものだろうか。

現実原則は、フロイト自身の言によれば、快楽原則のたんなる延長であり、快楽原則に奉仕するものである。しかし、快楽原則そのものが、恒常性の原則と呼ばれる広い概念に奉仕する働きの延長でしかない、と指摘する人もいるだろう。結局、精神力動学的な概念が彼に示したのは、基本的に自らの内的な均衡の維持あるいは復元を気にかけている存在としての人間であった。そして、均衡のために、自らの衝動を満足させ、自らの衝動を充足させる存在としての人間でもあった。ユング心理学が人間を描く観点においてすら、人間の動機づけはこの路線にそって解釈されている。

それらはまた、(フロイトが衝動と呼んでいるような)神話的な存在である。そして、ここでもまた、人間は緊張関係を取り除くことに関心をもつ存在とみなされている。満足や充足を要求するやる気や衝動によって、あるいは、具現化を強く迫る原型によって、駆り立てられているわけである。いずれにせよ、現実、すなわち存在と意味の世界は、苛立ちを起こさせる超自我や原型といった、様々な刺激を取り除くために使われる、多少は利用できる道具の集積場へと落とし込まれ、貶められてしまっている。しかしこうした人間観において犠牲になり、ゆえに完全に除外されてしまっているのは、現象学的な分析に適用可能な根本的事実である。すなわち、人間は他者と出会うなかで生きている存在であり、また、意味を実現させようとする存在である、という事実である。

そしてこのことは、まさに私が意味への要求ないしは意味への衝動ではなく、意味への意志について語る理由である。もし人間が本当に意味に駆り立てられているのであれば、自己内の恒常性を回復させるべく、この衝動を取り除くためだけに、意味実現に乗り出すだろう。しかし、そうなったときには、その人はもはや意味自体に真に関心を寄せていない。その人が気にかけているのは、自らの均衡であり、ゆえに畢竟自分自身ということになる。

さらに、自己実現といった概念は、動機づけ理論の十分な根拠ではないということが明らかになる。このことは、次のような事実に依拠する。すなわち、自己実現もまた、ある種の現象に属するものである。それは、副作用という観点でのみ手に入れることができるが、直接的に志向する事柄にしてしまうと妨げになる、という種類の現象である。自己実現は良いことである。しかし、私はこう思っている。人間は意味を実現する限りにおいてのみ、自らを実現することができる——そうするうちに、自己実現は、いわば、自ずから、ひとりでに発生する。自己実現は、快楽と同様、それを目指したり、それ自体が目的になったりすると、台なしになったり損なわれたりしてしまう。

数年前にメルボルン大学で講義をしたとき、オーストラリアのブーメランをお土産としていただいた。このめずらしい贈り物についてよく考えてみると、ブーメランはある意味、人間の実存の象徴であるということが明らかになった。一般的に、ブーメランとは狩りをする人のところに戻ってくるものである、と人は考える。しかし、実のところ、私がオーストラリアで聞いたのは、ブーメランは、ターゲット、すなわち獲物を捕らえなかったときのみ狩りをする人のもとへ戻ってくる、ということである。すると、人間もまた、自らのところへ戻ってくるのは、すなわち自分自身に関心をもつのは、自らの使命をやりそこねたとき、すなわち人生の意味を見つけそこねたときのみではなかろうか。

私がハーバードの夏期講座で教えた際の助手の一人であるエルネスト・ケーンは、博士論文の口頭試問に取り組んでいた。フロイトの精神分析がもつ短所はハインツ・ハルトマンの自我心理学によって補われ、そして自我心理学がもつ欠点は、今度はエリクソンのアイデンティティー概念によって補われる、ということを論証しようとしていた。しかし、もう一つ何かが欠けている、とケーンは考えていた。そして、調べるうちに、完成と解決とが、ロゴセラピーによってもたらされた。事実、アイデンティティーのための直接的な努力を人はすべきでないし、実際することもできない、と私は信じている。むしろ、自己を超えて、自分より大きな理想に向け、何かに専心するという限りにおいて、アイデンティティーを見出すものであると信じている。カール・ヤスパースは次の言葉で、このことを誰よりも見事に言い表している。「人間とは、自らが抱いた理想を通して、最終的にその人になるところのものである。」

また、ハーバードで教えた際のもう一人の助手、ロルフ・フォン・エッカートバーグは、オールポートのゼミで発表した論文のなかで、役割演技の概念が不十分なものであることを、まさに概念の背後にある問題でもって指摘している。その問題とは、選択と価値の問題が、見えにくくされ、追いやられてしまっていることである。ここでもまた、どの役割を採用するのか、どの理想を主張するのか、といったことが問題になるのだから。私たちは決定することから逃れることはできない。

人間の究極の目的と元来の衝動とは、両方とも、自らの潜在能力を開発するということだ、と説く人々にも同じことが言える。私が学術誌『実存的精神医学』に掲載された論文で、ソクラテスを引き合いに出し、次のようなことを述べた。彼は、自分のなかに犯罪者になる可能性を秘めているが、しかしこの可能性を具現化させることを拒否することに決めた、と告白している。私たちはこうつけ加えることができるだろう。結局のところ、この決定こそが大事なことなのだ、と。

しかしここでこう問いたい。人はただ自分のなかにある可能性をまっとうすべきである、あるいは――こうも表現される――自己を表現すべきである、といった類のすべての物語の背後には何があるのだろうか。私の考えでは、このような物語の隠れた動機は、人はどのようなものであるかと、その人がどのような人になるべきかとの不一致によって呼び起こされる緊張関係を減らしたいとの思いである。物事の現実的な状況と、その人が具現化しようとしている理想との緊張関係、実存と本質との緊張関係、あるいは、存在と意味との緊張関係、とも言うことができる。実際のところ、理想や価値は「自己表現」にすぎないのだから、それらについて心配する必要はなく、そしてそれゆえ、ただ自らの可能性を実現することに乗り出すべきである、との説教――こうしたことはすべて耳に心地よく、幸せな気分にさせるメッセージではある。なぜならそれによって、まるで、星を地上に降ろそうとして、手を伸ばす必要はないのだと告げられているのであるから。すべてのことは上手くいっている、すべてのことはここにある、すくなくとも実現すべき可能性のかたちでは、と。

自分であれ、とのピンダロスの命法は、すると、その命令法としての特質を取り除かれ、直説法の叙述に変質させられてしまう。つまり、人はずっと、なるべき自分であり続けてきたと！　ゆえに人は、星を地上にもってこようと手を伸ばす必要はない、なぜなら地球自体が星なのだから！

しかし、存在と意味との緊張関係は、人間にとって根深いものである。それは人間であることにおいて固有のものである。そしてそれが、この緊張関係が心的な幸福にとって欠かすことのできないものであることの理由でもある。それゆえ私たちは人間の意味への志向、すなわち意味への意志から話を始めたのである。そしてここで私たちはもう一つの問題にたどり着いたことになる。その人にとっての意味対決がそれである。前者の問題は、意味へ向かう存在ということ、言い換えると、人は基本的にどのような存在なのか、ということに関わる。後者の問題は、意味と対決している存在ということ、言い換えるなら、人はどのようにあるべきか、ということに関係する。

さて、人間と、たんなる自己表現と解釈される価値とを、つき合わせ照合させることは有効ではない。この分野で最も著名な、精神分析的志向をもった二人が定義するように、価値は「防衛機制や、反動形成、合理化、本能の欲動にすぎない」という見方を人にさせることも、なおさら適切なやり方ではない。こうした理論立てに対する私の応答はこうだ。私は、自分から快く、喜んで防御機制のために生きようなどとは思わない。また、反動形成のために死のうなどとはなおさら思わない。

一方で、ある状況においては、精神力動学的解釈の線で患者を教化することが、実存的合理化と私が呼ぶところの目的にとって益をなすことは十分ある。仮に、私が、自分の人生の究極の意味にこだわるのは、たとえば、幼少期のエディプス・コンプレックス的状況と折り合いをつけるための方法にすぎないのだ、と告げられたとする。するとこのこだわりは、そうした状況から呼び起こされた実存的緊張関係と一緒に、解明されることになる。

ロゴセラピーはこれとは異なる。ロゴセラピーは、その人が実行しなければならず、そして私たちがその人に気づかせようとしている、特定の意味と対決することなしにすませることはしない。ドナルド・F・トゥィーディーは著書『ロゴセラピーとキリスト教信仰』のなかで、かつて私の面接室で起こったことに言及している。米国からウィーンに来た訪問客は、ロゴセラピーと精神分析の違いを一文で言うと何ですか、と私に尋ねた。すぐに、私は、そもそも精神分析のエッセンスをどのように考えているか意見を求めた。そのときの彼の答え。「精神分析では、患者は長椅子に横になり、口にするのをはばかれることをときには語らなければならない。」すぐに私は言い返した。「すると、ロゴセラピーでは、患者は椅子にまっすぐに座り、耳にいれたくないことをときには聞かなければならない！」

アーウィン・ストラウスがとても適切に主張したとおり、実存的思考においては、他なる存在の他者性をぼやけさせてはならず、そのことは意味にも当てはまる。存在が実現しなければならない価値は、その人自身を超えたところにあり、たんにその人そのものではあり得ない。意味によってその人の他者性が保たれさえすれば、意味は、存在に働きかけ、私たちの実存の経験についての現象学的分析に身を委ねるような気質を要求することができる。存在そのものの表現ではない意味のみが、その存在にとっての真のやりがいを指し示すのである。聖書で述べられていることを想起されたい。イスラエルの民が砂漠をさまよっていたとき、神の栄光は雲のかたちで先導した。イスラエルが神に導かれることは、このような方法でのみ可能であった。逆に、もし神の現出であるあの雲が、イスラエルの民の真ん中に居座るようだったらどうなっていたか想像されたい。この雲は、正しい方向へ導くかわりに、すべてを曇らせ、イスラエルの民は路頭に迷ってしまっていただろう。

私が言いたいのは、意味は存在と同一であってはならない、ということである。意味は存在の先に立たねばならない。意味が存在を先導するのである。実存は、それ自身を超えた何かへの超越において生きるのでなければ、弱まってしまう。こうした角度から見るならば、私たちは指導者(pacemaker)と調停者(peacemaker)とを区別するだろう。前者は、私たちを、意味や価値に対決させ、それゆえ私たちの意味への志向を支えてくれる。こうした意味で、指導者はモーセである。彼は人間の良心をなだめようとはせず、むしろ奮起させた。モーセは人々に十戒を直視させ、惜しむことなく人々を理想や価値と対決させた。

そして、もう一方の種類の人間である、調停者がいる。調停者は人々をなだめる。そして、人々を自分自身と和解させようとする。事実をみてみよう、と調停者は言う。なぜ自分の短所に悩むのか? 理想に添って行動できるのは、ほんの少数だけだ。理想は忘れよう。そして、人間のうちに緊張関係しかもたらさない実存の意味よりも、心の、あるいは魂の平安を大事にしよう、と。

調停者が見落としているのは、ゲーテの警句に込められた知恵である。「もしある人をあるがままに扱ったら、その人は悪くなるばかりだ。もし人をそうあるべき人のように扱ったら、そのような人になることの手助けになるだろう。」

いったん意味志向が意味対決へと変わると、自由——実存主義哲学で非常に強調されている概念である——が、責任をもつということに変わる成熟と発達の段階に達する。人は、自分個人の人生がもつ特別な意味を実現するという責任をもっている。しかしその人はまた、何かの前で、あるいは何かに対して、責任をもっている。それは社会や、人間性や、人類や、自らの良心かもしれない。しかしながら、多くの人間は、自らの実存を、何かに対する責任の点ではなく、誰か、つまり、神への責任という点から解釈している。宗教ではない理論であり、また医療行為であるロゴセラピーは、自らの責任をどう理解するか、すなわち宗教的信仰に基づいて理解するか、不可知論的信念に基づいて理解するか、についての決断は患者に委ね、事実の言明に自己限定すべきである。ロゴセラピーは万人に開かれていなければならない。そう思えばこそ、ヒポクラテスの誓いにより、このことに対する忠誠を、私は自らに義務づけている。ロゴセラピーは、無神論者の患者にも効力をもつし、無神論者の医者にも利用可能である。いずれにせよロゴセラピーは、責任をもって、まさに人間の実存の特質に目を向けている。ロゴセラピストは、責任をもつということをこの範囲において利用し、患者が、何のために、何に向けて、あるいは誰に対して、責任を感じているのかについて決断することを避けさせはしない。

ロゴセラピストは、患者が自らの責任をどのように解釈するか、あるいは何を自分個人の意味として奉じるのか、といった決断に影響を与えないように意識している。どのような人の良心であっても、人間であるかぎり間違うことはあるが、しかしそのことでもって良心に従う義務が免除されるわけではない。実存はまちがうリスクを伴うのである。人は、自分が与する理想が、自らの献身に値しないものであるかもしれないリスクを背負わなければならない。もしかすると私のロゴセラピーへの献身は、誤ったものであるかもしれない。しかし私は、何の選択の余地も残されていない世界よりも、たとえ誤った選択であれ、選択する権利がある世界に生きる方を好む。言い換えるなら、一方では、アドルフ・ヒトラーのような現象が起こるかもしれず、そして他方では、これまでにこの世に現れた多くの聖人のような現象が起こるかもしれないような、そうした世界の方を私は好む。完全な、全体主義的な、順応主義的な、集産主義的な世界よりも。人間が、党派や政府のために動くたんなる歯車に落とし込まれ、貶められてしまうような世界よりも。

人生の意味

どうやら私たちは三番目の基本的前提を語る地点にたどり着いたようだ。意志の自由と意味への意志に続き、意味それ自体がここで問題となる。さて、いかなるロゴセラピストも、意味を「処方」することはない。しかしロゴセラピストが意味を「描写」することはある。私が言いたいのは次のことだ。純粋に描写的な方法において、言い換えると現象学的な方法において、人間が実のところどのように存在しているのかを描写することのみを通し、セラピストは患者の視野を拡大し、より開かれたものにすることができるだろう。まるで、意味と価値とが、患者の眼前にぼんやりと姿を表すような具合に。気づきが増すにつれ、人生は、最期の最期まで、意味を握りしめた手を離しはしないことが、いよいよ明らかになるだろう。このことは次のような事実に依拠している。現象学的分析が明らかにしているように、人間は、行為や、仕事や、創造性を通して自らの人生の意味を見出す。またそれのみならず、経験を通しても気づきに至る。また、この世界の、正しいもの、善いもの、美しいものとの出会いを通して。そして最後になったが決して軽んずべきでないのは、他者、すなわちそれぞれに個性をもった同朋たる人間との出会いを通しても。他者をその独自性においてとらえることは、その人を愛することである。しかし、創造性と受容性とを共に奪われた状況においてさえ、人はその人生において意味を実現するだろう。そのような運命に直面したときこそ、希望を奪われた状況のなかにあってこそ——そのときにこそ、意味を実現する、否、最高の価値とすら言えるもの、最も深い意味とすら言えるもの、それを実現する、最後のチャンスが残されているのだから。そのような価値、そのような意味、それは苦難の意味である。言うまでもなく、苦難は、状況を変えることができない場合にあってのみ、意味あるものになり得る——さもなければ、私たちは勇敢さではなく、マゾヒズムを扱うことになってしまうから。

まとめを述べたい。人生を意味あるものにすることは可能だ。それは、次の三つの方法による。一つには、私たちが人生に与えるものを通して（創造的な仕事という観点において）。二つ目に、この世界から私たちが受けとるものを通して（自然なり文化なりの、価値を経験するという観点において）。そして三つ目に、私たちが変えることのできない運命に対して私たちがとる立場を通して（手術不可能な癌のような、癒すことのできない病）。しかしこの方法とは離れたところにおいてさえ、人は、自らに課せられた人間の条件に向き合っている。人間の条件には、人間の実存がもつ悲劇的特徴と私が呼ぶところのものが含まれており、その特徴を構成する三つの要素として痛み、死、罪の三つがあげられる。痛みとは、苦難のことである。悲劇的特徴を構成する残り二つの要素は、人間は死と過ちから免れることはできないという二重の事実を表している。

人生におけるこうした悲劇的側面を強調することは、一見してそう感じるほどには無用なものでない。とくに、老いと死への恐れは、現在の文化においても広く行きわたっている。パデュー大学のエディス・ワイスコフ＝ジェールソンは、ロゴセラピーが、とくに米国に広く行きわたっているこれらの不安に対して効果を発揮するだろうと主張している。実際のところ、私の考えでは、そしてロゴセラピーの精神からしても、人生のはかなさは、人生の意味深さを幾分も損なうものではない。このことは人間の誤りやすさにもあてはまる。ゆえに、実存の悲劇的特徴を前にした患者の現実逃避を強化する必要はない。

そしてここで、すこし苦悩のことに立ち戻ってみたい。私が人前で好んで語ってきたある話を、すでに聞いたことがあるかもしれない。「苦悩の意味が眼前にぼんやりと姿を表す」ようにするうえで、とても役に立つ話である。ある年配の医者が、ウィーンの私のところまで受診に訪れた。妻との死別に起因する、深刻な鬱がどうにも治らないという。私は彼にこんなふうに聞いてみた。「もしあなたが先に死に、奥さんが残されたとしたら、どうなっていたと思いますか？」すると彼は答えた。「妻は大変だったことでしょう――どれほど苦しむことでしょう！」そこで私は言った。「そうか、奥さんはその苦しみにあわずにすんだのですね。そして、それはあなたのおかげですね。でも今、いわば、その代わりに、あなたが苦しみ、悲しまなければならないのですね。」

彼は不意に苦境のなかに光を見たようだった。妻のための犠牲、という意味に満ちた言葉において、自らの苦しみの価値を捉え直すことを通して。

この話はよく知られているかもしれないが、数カ月前に米国の精神分析家が述べていた感想は知られていないと思う。この話を聞いた後に、その人は立ち上がってこう言った。「フランクル博士、あなたのおっしゃることはよく分かります。しかし、彼がずっと無意識で奥さんのことを憎んでいて、だから奥さんの死によって非常に苦しんでいた、という事実は明白であり、そこから考え直してみるとどうでしょうか……」。

そのときの私の返答が気になるかもしれないので、記しておく。「おそらくこうなるでしょう。あなたは患者を五百時間、診療所の長椅子に寝そべらせ、彼が『そうです、先生、あなたの言うとおり、私は妻を憎んでいました。妻を愛していたことなど一時もありませんでした……』と告白するところまで洗脳し、教化することでしょう。鉄のカーテンの向こう側にいる共産主義者が自己批判と呼ぶところの過程をおこなうのと同じ要領で。」「しかしそうすると」と、私は相手に続けて言った。「老人がまだなお所有している唯一の宝物を奪ってしまうことになりますね。つまり、妻と築き上げた理想的な結婚生活、二人の真の愛情……。一方で私は、ほんのわずかな時間で、彼の気持ちの向きを大きく変えることができました。率直に言えば、安らぎをもたらしたのです。」

人がもつ意味への意志は、本来的に、たんなる自己表現以上のものとして意味そのものが明るみに出されるときにのみ顕在化することができる。このことが示唆するのは、ある度合の客観性である。そして最低限の客観性なくしては、実現するに足るような意味が見出されることはまずない。私たちはただ事柄に意味を貼り付けたり、事柄の原因を意味のせいにしたりしているのではなく、意味を見出そうとしているのである。意味の発明ではなく、意味の発見をしているのである。（このことは、意味の客観性について触れたときと同様のことを述べているにすぎない。）一方では、しかしながら、偏りのない探求であってもまた、意味に本来備わっている、一定の主観性が現れる。人生の意味は、与えられた状況における個人生活の具体的な意味という観点から考えられなければならない。人間は一人ひとり独特であり、結局のところ、各々人間の人生は違ったものである。人生は取り替えもきかないし、くりかえしもできない。この二重の独自性は、人間が責任をもっているということにもつながる。つまるところ、責任をもつということは、人生は問いの連鎖であるという実存の事実に由来する。それらの問いは、人間が人生を引き受けることによって答えなければならない問いであり、自らが責任をもつことによって応答しなければならない問いであり、それぞれの問いにどの答えを与えるべきか決意することによって解決しなければならない問いである。そしてあえて言うが、それぞれの問いには、たった一つの答え、すなわち正解がある！

このことは、人間はつねにそれぞれの問題の正解を見つけたり、問題を解決することができると示唆しているわけでもなければ、実存の真の意味を見出すことができると言っているわけでもない！むしろ、次のことを言いたい。有限な存在として、人は過ちを免れないし、それがゆえに、間違うかもしれないというリスクを取らざるをえない。再びゲーテを引用しよう。「私たちは的の真ん中を狙わなければならない――いつもそこに命中させることができるわけではないことは分かっていながらも。」私の凡庸な言葉で述べるならこうだ。「絶対的に最高のものを目指さなければならない。そうでないと相対的に良いものにすら手が届かないだろう。」

意志の自由を論じた際、私は意味志向について述べた。意味への意志を論じたときには、意味対決について述べた。人生の意味について論じるなかでは、意味挫折あるいは実存の挫折について触れる必要があった。このことが象徴しているのは、私が別のところで述べているところの、この時代の集団的神経症である。米国で最も優れた大学の一つで働く学生部長が私に教えてくれたことだが、彼が毎日カウンセリングを行うなかで直面するのは、人生における全体的かつ究極的な意味喪失、すなわち私が実存的空虚と呼ぶところの、内的な虚無の経験であるという。さらに、学生の自殺のうち、少なからぬ数が明らかにこうした事態に起因しているという。いま必要とされているのは、「個人を自分自身から引き上げ、自分よりも崇高かつより善き目標のために生死をかけるようなことができるような強い確信と信念の基盤」を根づかせることであろう。引用部分は、全米学校管理者協会年次大会の講演にあった文言である。この講演では、「理想は生き延びるためのものである」ことを学生に教えるよう、集った人々に促していた（『デトロイト・ニュース』一九六三年二月二〇日）。講師はロゴセラピストでもなければ精神分析家でも、精神科医でも、心理学者でもなく、米国で最も有名な宇宙飛行士、ジョン・グレン大佐であった。かような人物は、象徴的な観点からして、かような課題を公言するにふさわしい。なぜなら私は、「高さ」の心理学が、多くの古い旧式な「深さ」の心理学にとって代わることになると心から信じているのであるから。

第2部　意味の探求（その1）

第1章　意味探求と実存主義

心理療法の現在の状況は、アメリカ合衆国で実存的精神医学と呼ばれるものの隆盛に特徴づけられる。実際に、実存主義は現在の心理療法の大きな特徴の一つとなっている（フランクル、一九六七）。しかし、実存主義は実存主義者の数だけあるということも私たちは知っておかなければならない。それぞれの実存主義者が自分独自の型を作っているというだけでなく、それぞれが他とは異なる用語体系（nomenclature）までも持っている。たとえば、実存や現存在（Dasein）といった用語が、ヤスパースとハイデッガーの著作では互いに異なる意味で用いられている。

それでも、精神医学における実存的な著者には共通しているところもある。しかし、それは「世界内存在」などのお気に入りの語句がよく用いられる――またはよく誤って用いられる――ということに限られる。多くの著者が、この語句を何度もくりかえし用いることが、実存主義というに足る資格になると考えているかのようである。また、これらの著者のほとんどは、ハイデッガーの世界内存在という概念を誤解している。彼らはそれをたんなる主観主義として解釈している。それでは、人間が「その内に存在」している「世界」は、その人自身のたんなる自己表現にすぎないものになってしまう。

これらの著者は、「世界内存在」について語ることによって、客体と主体の分離を乗り越えたかのようなふりをしている。しかし、真の現象学的分析は、客体と主体の間の緊張関係の極限の外側には認識は存在しないということを明らかにするだろう。人間であるということは、ある状況に従事させられ（engaged）、巻き込まれ（entangled）、世界に直面させられているということを意味する。その世界の客観性と現実性は、「世界の内」にいる「存在」の主観性によっても、少しも損なわれることはない。「世界内存在」という語句を正しく理解するためには、私たちはこのことを認識しなければならない。しかし、実存主義の分野で誤解が起こることは容易に理解できるだろう。控えめに言っても用語が難解すぎるのである。

ロゴセラピーが実存的精神医学の分類に該当することには、ほとんどの著者が同意している。パーヴィン（一九六〇）、カチャノフスキ（一九六〇、一九六五）、ウンゲルシュマー（一九六一）、トゥイーディ（一九六一、一九六三）、オールポート（一九六二）、クランボーとマホーリック（一九六三、一九六四）、レズリー（一九六三、一九六五）らによって、ロゴセラピーに関連する報告がなされている。実は私は一九三〇年代にはすでにロゴセラピーの別名である実存分析（Existenzanalyse）という用語を作っていた（フランクル、一九六五a、一九六五b）。（ロゴセラピーという用語は一九二〇年代にはすでに作っていた。）後に、アメリカ人の著者たちがロゴセラピー分野で著作の出版を始めたとき、彼らはExistenzanalyseの訳語として「実存分析（existential analysis）」（ポラック（一九四九）、ワイスコフ＝ジェールソン（一九五八）、バーンバウム（一九六一））という用語を紹介した。不運なことに、別の著者たちが現存在分析（Daseinanalyse）という用語に対しても同じことをした。現存在分析とは、一九四〇年代にスイスの偉大な精神科医である故ルートヴィッヒ・ビンスワンガーが自分の理論を表すものとして用いた用語である。これ以降、実存分析（existential analysis）は極めて曖昧な言葉となった。これ以上の混乱を避けるため、私は英語で出版されるものについては実存分析という用語を用いるのをますます控えることにした。ロゴセラピーと言う場合に、言葉の厳密な意味では治療（therapy）の要素が含まれていない文脈で用いられる場合もあることは確実だが、それも覚悟のうえだった。たとえば、私が医学的な魂のケア（medical ministry）と呼んでいるものは、ロゴセラピーの実践における重要な側面だが、それはまさに、患者が不治の病に直面していて具体的な治療が不可能なケースでおこなわれる。たしかに、最も広い意味で捉えればロゴセラピーは治療だと言える。しかしそれは、変えることのできない運命に対する患者の態度の治療という場合ですらある。ロゴセラピーは実存的な心理療法の分野に含まれるというだけでなく、この分野で治療技法を発展させることに成功したとして高く評価されている唯一の学派でもある（このことは、少なくともウンゲルシュマー、トゥイーディ、レズリー、カチャノフスキ、クランボーらによって述べられている）。私たちロゴセラピストはこのことを過大評価しているわけではない。私たちは、セラピーで重要なのは技法よりもむしろ医師と患者の人間的な関係、もしくは個人的かつ実存的な出会い（encounter）であるということを、かねてから知っている。今も私は典型的に実存的な用語（極めて頻繁に誤用される）を用いた。私は一度マルティン・ブーバーと、彼の出会いの概念が、とくにアメリカにおいて過度に単純化されてしまっているということを話しあったことがある。

心理療法において、純粋に技法的なアプローチはその治療効果を阻害してしまうおそれがある。いつだったか、私はあるアメリカの大学に招かれて、ハリケーン後の避難者のケアに従事している精神科チームの前で講義をした。題目は、講演の出資者が大喜びするにちがいない「生存の技法と力動」とした。しかし、講演を始めたとき、私は聴衆に率直にこう伝えた。私たちが自分の職務を本当に技法と力動という観点のみから解釈しようとすると、それは的外れなものになる。そして、苦境にあって私たちが心理的な応急処置を提供しようとしている人々の心を見失うことになる。たんに技法の観点からのみ人間にアプローチすることには、人間を操作しようというニュアンスが含まれる。たんに力動の観点からのみアプローチすることには、必然的に人間をたんなるモノ(1)としてしまうニュアンスが含まれる。そして人間は、私たちの操作的な性質を伴ったアプローチや、自分たちをモノ化しようとする傾向を即座に感じ取り、そのことに気がつくのである。

別の講演旅行では、私はサン・クエンティン刑務所の囚人に向かって話をするよう求められた。後になって、それはある意味で彼らが本当に理解されたと感じた初めての経験になった、と伝えられた。私は、ただ彼らを人間と見なしていただけだった。彼らのことを修理されるべき機械だと見なすような誤った見方はしなかった。私は、一貫して彼らが自分自身を解釈するのと同じように、彼らのことを解釈していただけだ。それは即ち、彼らは自由で責任ある存在だ、ということである。自分自身を生物学的・心理学的・社会学的な条件付け過程の犠牲者だと考えることによって罪の意識から安易に逃れるようなやり方を、私は示さなかった。また、私は彼らを自我と超自我との戦いの場にいる無力な歩兵だとも見なさなかった。私は彼らに、それによって罪悪感が取り去られるようなアリバイを提供することもしなかった。私は彼らを仲間として見なしていた。彼らは、罪悪感を抱くことは人間の特権であり、責任が罪を克服するのだということを学んだ。

サン・クエンティン刑務所で囚人に演説したとき、それが真に現象学的なことでなければ、他に何か私がおこなったことはあるだろうか。現象学とは、人間が自分自身を理解し、自分自身の実存を解釈する方法を記述する試みである。心理力動や社会経済学的な仮説によって作られた、先入観に基づく説明とはまったく異なる。かつてポール・ポラックが述べたように、ロゴセラピーとは、現象学的な方法論を採用することによって、先入観によらない人間の自己理解について科学的な用語で論じようとするものである。

技法と出会いの対比という論点についてもう一度取り上げておきたい。心理療法はそれが芸術であるという点で技法以上のものであり、それが叡智であるという点で純粋な科学を超えたものである。しかし、叡智でさえも決定的なものではない。かつて私は強制収容所で自殺した女性の死体を見たことがある。その周りには「運命よりも強いものは、それに耐える勇気である」という言葉の書かれた紙切れがあった。この言葉にもかかわらず、彼女は命を絶った。叡智には人間の接触が必要なのである。

先日、午前三時に私はある女性からの電話を受けた。彼女は自殺することを決めたのだが、好奇心から、私が何というかを聞いてみたいのだと言った。私は、彼女の決めたことに反対し、生きることを選ぶよう、あらゆる論拠を挙げて論じた。とうとう、彼女は自殺するのは止めて私に会うために病院に来ると言った。彼女が私のもとを訪れたとき、私が論じたことは一つも彼女の心を打ったわけではなかった、ということが明らかになった。彼女が自殺しないことを決めた唯一の理由は、次のようなことだった。それは、真夜中に眠りを妨げられたにもかかわらず、私が怒るよりもむしろ忍耐強く彼女の話を聞き、三〇分も話に付き合ったということ、そして、そんなことが起こり得るような世界は生きるに値するにちがいない、と彼女が気づいたということだった。

心理療法において人間性の復権がおこなわれてきているのは、主に故ルートヴィッヒ・ビンスワンガーの功績である。我と汝の関係は、ますます本質的なものだとみなされるようになってきている。しかし、もう一つの段階がある。そこに、もう一つの次元が入ってこなければならない。なぜなら（以下に定義するような）我と汝の関係において志向される対象が、まだ考慮されていないからである。我と汝の出会いだけがすべてということはありえない。人間存在の本質である自己超越性によって、人間は自分自身を超えて手を差し伸ばすことができる（フランクル、一九六六b）。それゆえ、もしマルティン・ブーバーがフェルディナンド・エーブナーと共に我と汝の対話という観点から人間存在を根本的に解釈しても、我と汝がそれ自身を超えることがなければ、この対話は無に帰してしまう。そのことを私たちは知っておかなければならない。

アメリカのオフィスで見られる言い方で言えば「○○から○○へ」となるだろう。このことからあなたは、真の対話とはたんなる我と汝の間での話し合いを超えたものだということを知るだろう。我から汝へ話すということは、必ず何かに関心を向けているということである。そして、もしここで述べたようなことが含まれなければ、その対話は意味（logos）のない対話のままである。

心理療法では、二つのモナド（単数）が出会っているのではない。そうではなく、人間存在のなかで、人がロゴス（たとえば存在の意味のような）と共に、他者と向き合っているのである。

我と汝の出会いを重視することで、現存在分析は真にお互いを聴きあうような仲間との出会いを作りあげた。そうすることによって、存在論的な意味での聾から人間を自由にした。しかし、私たちは人間を存在論的な盲目からも自由にしなければならない。私たちは存在の意味を外に向かって輝かせなければならない。これがロゴセラピーによっておこなわれる段階である。ロゴセラピーは、たんにオントス（ontos）［存在に関わるもの］や存在（being）だけでなく、ロゴスや意味にまで関心を向けている。その点で、ロゴセラピーは現存在分析（もしくは、ジョルダン・M・シェルの訳を採用するなら、存在論分析（ontoanalysis））を超えている（フランクル、一九六六c）。これが、ロゴセラピーがたんなる分析を超えてその名が示す通りセラピーであることの理由である。個人的に話したときに、ルートヴィッヒ・ビンスワンガーは、現存在分析と比べてロゴセラピーはより実践的であり、ロゴセラピーは現存在分析を治療的に補完するものだと感じたようだった。

主旨を伝えるためにあえて極端に単純化するならば、ロゴセラピーは文字通りの訳である意味による癒しとして定義することができる。ロゴセラピーの本質は、人間のなかで中心的な位置を占めている意味への意志と呼ばれるものである。それは、現象学的分析によって明らかになった事実、即ち、人間は基本的に人生の意味と目的を見つけ、それを実現しようと努力している、という事実に基づいている。今日では、意味への意志はしばしば欲求不満にさらされている。ロゴセラピーは実存的な欲求不満について話題にする。実存的欲求不満という診断分類に当てはまる患者は、つまらない（futility）、無意味感、空虚感、うつろな（void）、といった感覚を訴える。この状態はロゴセラピーでは「実存的空虚」と呼ばれる。病因論的には、その原因は以下によるものだと思われる。第一に、動物と違って人間は、衝動や本能が自分は何をしなければならないかを教えてくれるわけではないということ。二つ目に、過去の時代とちがって現代では、慣習や伝統や価値観が自分は何をすべきであるかを教えてくれるわけではないということ。まもなく、人間は自分が本当に望んでいるものは何かを知りたくないということに気がつくだろう。自分がしたいことは、たんに他の人がしていることか、もしくは他の人が彼にしてほしいと望んでいることに過ぎない。即ち、人は西洋を典型的に代表する体制順応主義か、東洋を典型的に代表する全体主義の犠牲になることを望んでいるのである。

実存的空虚は、現代の集団的神経症を構成している。チェコスロバキアの精神科医スタニスラフ・クラトビルは、最近出版された著作のなかで、共産主義の国々でも実存的欲求不満が感じられていることを指摘している。もしも実存的な欲求不満が神経症的な症状を生み出しているなら、それは私が「精神因性神経症」と呼んでいる新しい種類の神経症である。精神因性神経症と従来型の神経症を鑑別診断するための優れたテストを開発したのは、ジェームズ・C・クランボーの功績である。彼はレオナルド・T・マホーリックと共に開発した人生の目的（PIL）テストから得られた結果を公表した後、アメリカ心理学会の年次大会の前に、一一五一名の被検者のデータに基づく拡大版を発表した。クランボーは「精神因性神経症は従来型の神経症の診断分類とはちがった形で存在しており、従来型のいかなる診断における症候群とも同一でない」と結論づけた。それによって「新しい臨床的な症候群であり、いかなる古典的な説明からも適切に理解することはできない。本研究の結果は、精神因性神経症と実存的空虚というフランクルの概念を支持し賛同する」ことが示された。クランボーによるロゴセラピー概念の実証的な裏付けと支持に合わせて、精神因性神経症の出現度を調べるための統計的な調査がおこなわれた。ロンドンのワーナー、テュービンゲンのフォルハルト、ビュルツブルグのプリル、そしてウィーンのニーバウアーが、彼らの推定の限りでは、一般に見られる神経症の約二〇パーセントが本来は精神因性のものであるということに同意した。

言うまでもないが、人生の意味と目的は薬のように処方されうるものではない。患者の人生に意味を与えることは医師の仕事（job）ではない。しかし、実存分析によって患者が人生に意味を見出すことを可能にすることは、きっと医師の任務（task）となりうるだろう。そして、ロゴセラピーの考えによれば、人生のどのような状況においても意味が本当に失われるということはない。苦悩や罪や死といった人間存在の否定的な面でさえも、正しい態度でそれに向き合うならば、肯定的な面に変わりうるのである。言うまでもないが、避けることのできない苦悩のなかにおいてのみ、意味は見出されることができる。避けることのできる苦しみを受け入れても、それはヒロイズムではなくマゾヒズムの一種である。実のところ、避けることのできない苦悩は、人間の条件のなかに本来的に備わっている。セラピストは、患者がこの実存的な事実から回避して否認することを強化することのないよう、気をつけておく必要がある。

ロゴセラピーは決して万能薬ではなく、ある種のケースでは有効であるが、別のケースでは禁忌となる場合もある（フランクル（一九六〇）、ゲルツ（一九六二、一九六六）、クランボー（一九六五）、フランクル（一九六六））。まず、神経症には適用可能である。ここにおいて、ロゴセラピーと現存在分析のもう一つのちがいが浮かび上がってくる。ビンスワンガーは、精神科医が世界の内での存在の精神病的な様式をより良く理解できるようになることに貢献した。それとは対照的に、ロゴセラピーは精神病のより良い理解ではなく、神経症のより短期的な治療を目的としている。またしても過度の単純化ではあるが、それは事実である。

ビンスワンガーがハイデッガーの概念を精神医学に適用したのに対して、ロゴセラピーはマックス・シェーラーの概念を心理療法に適用した結果であると主張する研究者もいる。

フロイトとアドラーについてはどうだろうか。ロゴセラピーがフロイトとアドラーから受けた恩義は、あまりないだろうか。とんでもない。私の最初の本の最初の段落で、私は巨人の肩に乗る小人は巨人よりも少しだけ遠くまで見ることができるという喩えを用いて、彼らからの恩義を表現した。結局のところ、精神分析はすべての心理療法にとって決して欠くことのできない基礎であり、そして、それは未来のいかなる学派にとってもそうであり続けるだろう。しかし、それもまた基礎の宿命であるが、その上にきちんとした建物が立てられれば、その基礎は見えなくなってしまうだろう。

フロイトは、自分の研究を人間存在の基礎と、より深層と、より低い次元に限定していた。ビンスワンガーに宛てた手紙でフロイトはこう言っている。「私はずっと自分を巨大な建造物の一階と地下に閉じ込めてきた」（ビンスワンガー、一九五七）。

フロイト（一八八九）はかつて、偉大な師匠に敬意をはらうのは良いことだが、それが事実に対する敬意を超えるべきではない、という自分の信念を語っている。ここでもう一度、フロイトの死後に明らかになった事実だけに基づいて、彼の精神分析の再解釈を試みよう。

そのような精神分析の再解釈は、フロイト自身による自己解釈からは逸脱するだろう。コロンブスは自分がインドへの新しい行き方を見つけたと信じていたが、実際は彼は新しい大陸を見つけていた。フロイトが信じていたこととフロイトが成し遂げたことの間には、それと同様のちがいがある。フロイトは、人間はたんなるメカニズムとして説明することができ、人間の心はたんなる技法によって癒すことができる、と信じていた。これは彼が信じていたことである。しかし、彼が成し遂げたことはそれとは幾分異なっており、実存的な事実に基づいて私たちがそれを再評価したとしても、賛同できるところがある。それによって分かることを見ていこう。

フロイトはかつて、精神分析は神経症の原因としての抑圧と、その治療としての転移というふたつの概念の認識をその基盤としていると述べた。これらの概念の重要性を信じる人ならば、誰であれ自分は正当な精神分析家だと考えるだろう。

抑圧されたものは、意識の拡大によって弱められなければならない。フロイトが言ったように、イドがあったところに自我がなければならないのである。十九世紀の機械論的なイデオロギーという殻を破り、二〇世紀の実存哲学という光に照らして見れば、精神分析は人間の自己理解を促進するものだということができる。

同じように、転移という概念もより洗練され、明確にされる。アドラー派の心理学者ルドルフ・ドライクルスは、フロイト派の概念では転移に操作的な性質が備わっているということを指摘した（ドライクルス、一九六〇）。操作的な性質がなければ、我と汝の関係に基づく人間的で人格的な出会いのための手段として、転移を理解することも可能である。このふたつの概念を結び付ければ、自己理解は出会いを通してのみ到達される、ということになる。言い換えれば、フロイトの「イドあるところに自我あらしめよ」という言葉は次のように拡張できる。「イドあるところに自我あらしめよ。だが、自我は汝を通してのみ自我となりうる。」

抑圧の犠牲となっているものは何かと言えば、それは性だとフロイトは信じていた。実際に、フロイトの時代には性は大衆のレベルにおいても抑圧されていた。これは、アングロサクソンの国々で広く普及しているピューリタニズムにも部分的に起因している。これらの国々で精神分析が最もよく受け入れられ、フロイト以降の心理療法学派には抵抗が示されたということは不思議ではない。

精神分析を心理学や精神医学と同一のものとみなすことは、マルクス主義を社会学と同一のものとみなすことと同じ誤りになる。それが西洋式であろうと東洋式であろうと、一つの思想を吹き込むことは宗派と科学のちがいを曖昧にしてしまうだろう。

しかし、ある意味では心理療法の歴史におけるフロイトの立場は、誰とも置き換えることができないものである。世界最古のシナゴーグである中世プラハのアルト・ノイ・シナゴーグ（Alt-neu Synagogue）では、ガイドが観光客に、有名なラビ・レーヴがかつて座っていた椅子を見せてくれる。彼の後継者の誰であっても、別の椅子を設置してもらうことはできたが、その椅子を引き継ぐことはできなかった。なぜなら、誰もラビ・レーヴに取って代わることはできないし、誰も彼に匹敵する人はいないし、何世紀にもわたり、誰も彼の椅子に座ることを許されなかったからである。

フロイトの椅子もまた空けておかれなければならない。

第2章　心理療法とは何か

偉大なものへの尊敬は、人間の本質的な性質のうちで最高のものであることは疑いようがない。しかし、それは事実への尊敬を上回るべきではない。事実から学んだことに基づく自分自身の判断を根拠とするならば、ためらわずに正々堂々と、権威への従属を拒否すると表明するべきである。

ジクムント・フロイト
Wiener medizinische Wochenschrift
Nr. 39, 1889, p. 1098.

フロイトの言葉で最もよく引用されるものの一つは、「人類の自己愛は三度の深刻な打撃を受けた。一度目はコペルニクスによって、二度目はダーウィンによって、そして三度目はフロイト自身によって。」というものである。私たちはこの三つ目の打撃という事実を簡単に受け入れることができる。しかし、他のふたつについては、人間が「どこ」におり「どこから」来たかという説明がなぜ打撃となるのか、理解できない。人間が地球に住んでおり、その地球は太陽の惑星であって宇宙の中心ではないという事実からは、人間の尊厳は少しも傷つけられない。フロイトがその生涯の最も重要な期間をウィーンの中心地ではなく第九地区で過ごしたからといってフロイトの業績が損なわれることがないのと同じように、この事実が人間の価値に影響を与えることはまったくない。

人間の尊厳のようなものは、その物質世界のなかでの位置などではなく、別の何かを基盤としていることは明らかである。簡潔に言えば、この問題は人間存在の次元のちがいについての混乱であり、存在論的な次元の欠如である。

このように、権利問題（quaestio juris）という意味では、価値と尊厳を形作る権利が空間的なものによって決まるかどうかを問うことはできる。しかし、事実問題（quaestio facti）という意味で、ダーウィニズムが人間の自己愛を傷つけたかどうかは疑わしい。むしろ、ダーウィニズムは人間の自己愛を高めたと思われる。なぜなら、ダーウィンの時代の、進化を志向し進化に陶酔する世代は、謙虚であろうとする意識を少しも持っていないかのように私たちには思われるからである。彼らは、自分たち猿の先祖が壮大な進化を遂げた事実を誇りとし、その道を「超人間」に向かってさらに進んで行くことを邪魔するものはもはやどこにもない、と思っているかのようである。実際に進化論は人間の頭脳にまで及んだ。

精神分析で人類への「打撃」と解釈されたような行き過ぎた自己愛は、あくまでも唯物論の枠組みのなかでのみ理解されうる、ということを忘れてはならない。光年が偉大さの物差しになるのは、唯物論者にとってのみである。しかし、同時にまた、多くの物事は変化してきている。今日では、決してすべての精神分析家が唯物論者ではない。婉曲的に力動論と呼ばれる精神分析家の思想は、当初から機械論との親和性を持っていた。そもそも精神分析家のことを「手におえない機械工（mechanics）であり唯物論者」と呼んだのはフロイト自身であった。しかし、今日では、私たちは彼らの唯物主義をそれほど取り上げなくなってきている。彼らが（身体との対比だけでなく心理との対比でもある）精神の次元を無視していることも、それほど本質的なことではなくなってきている。それよりも、精神に加えて人間の本質を構成しているふたつのものから意図的に目を逸らしていることの方が、遥かに重要な問題だと私たちは考える。そのふたつとは、すべての人間存在の最も根幹である、自由と責任である。言い換えれば、精神分析における、少なくともその実践と治療的な帰結における人間観は、決定論なのである。

精神分析が汎性欲主義であるという非難はもはや時代遅れである。優れた見識の批評は、いずれも、精神分析を言葉の厳密な意味での汎性欲主義として論じることはもはやできない、ということを認めている。しかし、私たちが精神分析のことを、なにものも決定論的な解釈から逃れられない汎決定主義（pan-determinism）と呼ぶならば、それは今なお真実である。しかし、今日では汎決定主義の壁すらも崩壊を始めている。一九五九年九月四日にシンシナティでおこなわれたアメリカ心理学会の大会（実存心理学および実存心理療法のシンポジウムの期間中におこなわれた）での、アメリカ人の心理学者C・R・ロジャーズ（一九六〇）の発言を紹介しよう。ロジャーズは、人間を自由で責任ある存在として語ることが実存思想の要素の一つである、と述べた。これはアメリカ人の心理学者達にとっては、あらゆる発言のなかで最も衝撃的なものだった。このことは、ロジャーズが指導するある学生の学位論文から明らかになった。その論文では、犯罪者の再犯の可能性を最もよく予測するのは社会的な条件と家族の条件であるという仮説のもとに、実際の事例が検討された。しかし、統計的に正しくおこなわれた因子分析からは、期待されたような結果は得られなかった。むしろ、算出された相関係数からは、決定的な要因は、どんな場合においても自己理解と洞察力の程度――あるいはこう言うこともできるかもしれないが――自らの魂を探す力である、という結果が導かれた。この日から人間が空を飛ぶ自由を再び信じるようになった、とロジャーズは述べている。

これに関連して、アメリカの優れた精神分析家とヨーロッパのロゴセラピストとの出会いについて述べておきたい。ロゴセラピストは、自分が山登りに行っているという話をした。精神分析家は、自分の子ども時代の経験について首を横に振りながら話し、アルプスでの冒険に対する恐怖と憧れについて理解を得ようとした。精神分析家の父親が彼を小旅行に連れて行ったのだが、それは退屈で骨の折れるものだったというのだ。そこで、ロゴセラピストも自分の話をした。彼もまた、何時間も山歩きに連れていかれたことがあった。とても疲れるもので、彼はそれを嫌悪し怖れた。しかし、それにもかかわらず彼はアルプス登山者になった。「信頼性の水準」を満たすのに十分な数があるかどうかや統計的な確率は別として、心理学的な予測というのはばかばかしいものである。

現在では、汎決定主義でも人間の自由を認める立場でも、それがどんな態度であろうと医師の態度が患者に影響を与えるということがますます認められるようになってきている。医師の態度がたとえ治療中に明確に表明されなかったとしても、たしかにそうなのである。パーデュ大学のエディス・ヴァイスコップフ・ジェールソン教授は、一九五九年一一月一三日にシンシナティで開かれた第一二回ユニテリアンシンポジウムで「この国では、心理療法家の大多数が、セラピストは患者の価値観の序列についていかなる影響も与えるべきではない、と確信している。」と述べた。その根本には次のような考え方がある。それは、いかなる状況においても、セラピストは患者が自分自身のパーソナリティーを十分に成長させることを勇気づけるよう導くのではなく、むしろそれを自制すべきである、というものである。このようなセラピストは、大抵ほとんど話さない。最もよくつかう言葉は「うん、ぅん（hm, hm）」である。こうしたセラピーの会話を研究すれば、「うん、ぅん」は強い力を持つ言葉だということがわかる。あなたは「うん、ぅん」と言うことで、極めて多くをおこなうことができる。ある種の状況では、「うん、ぅん」は洗脳に匹敵する結果をもたらすことすらあり得る。インディアナ大学のある心理学者は、学生に対して心に浮かんだ言葉をその通りに言うように求めた。学生が複数形（たとえば tables のように）で答えた場合には、心理学者は必ず「うん、ぅん」と言った。しばらくすると、学生は実験開始当初に比べて、非常に多くの言葉を複数形で言うようになった。「うん」は重要な言葉なのである。

医師が、たとえ暗黙のうちにであっても、衝動の満足や欲求によってかき乱された「心的装置」の沈静化という（ホメオスタシスの仮説的原理という意味での）目標にのみ関心があるような場合には、医師から患者へ人間観や人生哲学が伝わることは、とくに有害である。初期の精神分析では、人間はたんに、せざるを得ない（must-do）という一側面に還元された。新―精神分析（neo-psychoanalysis）でも一面的であることには変わりなく、人間は、できる（can-do）という一面に還元された。というのは、目標は「沈静化」ではなく自己実現、即ち人間の可能性の実現だとされたからである。自己実現の理論では、個人が持つ最高の潜在能力を完全に発展させることによって、その人を完全な満足へと導くことが人生の目的だと見なされる。価値観の問題には焦点が当てられていない。いかなる場合でも、最高の可能性を発掘することが問題となる。

これとは反対に、ここでいう可能性とは、自己実現ではなく意味と価値の実現の可能性であると私たちは考えている。見逃され、実現されなかった可能性は永遠に消えてしまうという事実から、私たちは人間を自由であるというだけでなく責任ある存在だと見なさなければならない、という結論が導かれる。即ち、人間は、人生の具体的な状況において、自分自身の人生の意味を満たす可能性（その可能性は素早く通り過ぎていってしまう）を実現する責任を、真に負っているのである。このようにして人間は可能性を永遠化する。一度実現されたことは永遠である。何かを実現するということは、それをその移ろいゆき、一時的であるという性質から救い出すということなのである。

心理療法の実践と哲学との境界という問題

意味を解釈するためには、人間は精神的（spiritual）な存在であるということがその前提となっている。意味を実現するためには、人間が自由で責任ある存在であることが当然のこととされている。統一体としての人間が心理――身体の平面を超えて精神的（noological）な領域へと導かれ、自分自身を真に確立する場合にのみ、人間はこれら三つの実存的な要素を利用することができる。しかし、たとえ心理――身体の平面上でさえも、人間が本質的に持つ意味への志向性は、欲求不満というネガティブな形でその姿を現してくる。感覚を完全に遮断されると幻覚が見えることはよく知られている。このことは宇宙旅行の準備のための実験から明らかになった。エール大学とハーバード大学でおこなわれた実験では、「感覚遮断による結果を引き起こすのは、感覚刺激の欠如ではなく、意味のある刺激の欠如である」ということが示された。実験の結論は「脳が正常に機能するために必要なのは、環境との継続的で意味のある接触である」というものであった。

しかし、人間の認識には限界があるため、私たちが到達することができるのは、つねに、ある特定の意味でしかない。全体としての意味は人間の理解力を超えている。「超意味」のような極限の観念だけが意味への意志を助けてくれる。しかし、ここでは知識は信仰となる。

現代では、もし医師が病気だけでなく人間を扱うという自分の課題に真剣に取り組むのであれば、このような問題と関わる勇気を持たなければならない。なぜなら、人生の意味への疑いや、人生の意味が失われたかのように思えることからくる絶望などは、言うまでもなく病気ではなく人間が潜在的に持っている特性だからである。

かつては、意味を疑う人や絶望した人は牧師のところへ行った。今日では、そのような人たちは助言と助けを求めて精神科医のところへやって来る。医師には、身体的および心理的な病気を超えて、患者に答える権利と義務がある。患者は、たんなる病者としてではなく、人間として何かを求めているのである。これを職業上の限界の逸脱だと考えることは、精神性を過大評価するのが誤りであるのと同じように、誤ったことである。

第3章　科学は人間をどこまで把握できるか

本章に収録した講義は、国際包括的研究センターの主催により、コロンビア大学ティーチャーズカレッジのホレース・マン大講堂において一九六六年六月三〇日に行われた。

今日、多くのまき散らされたデータ、細分化された科学によって提出された科学的発見を前に、私たちはますます、人間という統合された概念をいかにして維持あるいは回復していくかという問題に直面している。私たちは、専門家の時代に生きているが、専門家はときに、事実という木を見て真実という森を見なくなってしまっている。

例を挙げよう。統合失調症の起源の問題である。生化学の分野から多くの事実が提示されており、同様に、心理的力動学の分野でも統合失調症性精神病の原因に関する多くの事実が明らかにされている。さらには、この世界における特殊な生のあり方、すなわち統合失調症の特質についての数多くの著述がある。「世界内存在（being in the world）」という言葉をご存知であろう。これは、精神医学の分野において実存に関する著述で好んで使われる言葉である。

すでにお気づきのことと思うが、事実上、実存主義者の数だけ実存主義が存在する。そして、これらの実存主義者に共通するのは、著作のなかでこの「世界内存在」という言葉を二〜三行ごとに使用するという事実だけという場合もある。もちろん、自らを真の実存主義者と標榜するための根拠としてこれは不充分である。

統合失調症に関する研究の問題をおいておくとしても、多くの側面から多くの事実が提出されている。しかしながら、あえて言うならば、統合失調症が本当はどのようなものなのかを知っていると言明する人は、嘘をついているか、よくても自分自身を欺いているかのどちらかである。

私たちが現実世界のまったく異なる像を見ているという事実に伴う知識の損失は問題とはならない。現実世界は互いに異なる様々な視点から描写されるが、このことは必ずしも知識の損失を伴うものではなく、反対に、私たちの知識に大きな貢献をもたらすのである。たとえば、3Dビジョンを考えてみよう。私たちの前には左の画像と右の画像という二つの別々の画像があり、これらは互いに異なっている。そして、この二つの画像のちがいこそがまさにまったく新しい次元を切り拓くのである。このように、現実世界の描き方が異なっていることにより知識が失われるのではなく、むしろ新しい知識を得ることができるのである。

まったく新しい次元、三次元空間の次元は、異なる像を通じて達成され得られる。たしかに、この新しく付け加えられた次元を得るための前提条件として、網膜上での二つの異なる像の融合が必要である。二つの像の融合が達成されなければ、その結果はたんなる混乱である。

今日、様々な科学によってもたらされた異なる像を一つの「世界観（Weltanschauung）」に統合することは困難であるという点において、3Dビジョンの場合と同じことが認知作用にも当てはまる。

歴史の歯車を巻き戻すことはできない。別の言い方をすれば、たんに今日の研究スタイルはチームワークという特徴を持っているという理由で、私たちの社会は専門家なしではやっていけないということである。チームワークの枠組みのなかでは専門家なしではやっていけないのである。しかし、本当に危険なのは、専門家のあいだで知識の普遍性の欠如あるいは喪失が起こっているということではない。真の危険は、知識の全体性を有するかのごとく振る舞い、あるいは知識の全体性を有していると言明することのなかに存在する。

このことが人間の理論にどのように当てはまるかを説明しよう。生物学の専門家が人間を、人間の実存を、人間という現象を、生物学のみによって説明することができると宣言するならば、その人は、少なくともヨーロッパにおいて生物学主義と呼ばれているものの犠牲者となる。同時に、生物学は生物学主義となり、科学はイデオロギーとなる。同様にして、精神分析医が人間であることをたんに心理的力動学や行動主義あるいは条件反射のみによって説明しようとするとき、心理学は心理学主義となる。

同じように、マルクス主義的傾向をもった社会学者が、歴史上のあらゆる出来事や人間の生活あるいは人間の実存のなかで起こるあらゆる現象は、マルクス主義、レーニン主義、スターリン主義の理論と実践に沿って説明できると言うとき、社会学は社会学主義という一つのイデオロギーとなる。

科学者がどんどん専門分化している事実を嘆く声をよく聞くが、こうした専門分化には何の危険もない。本当に危険なのは、専門家が一般化されること、すなわち、上で述べたように、専門家が過度に一般化された言説に手を染めることである。

おそらく、「極端な単純化をする人（terrible simplificateur）」という表現はよくご存知であろう。しかし、「極端な単純化をする人（terrible simplificateurs）」と並行して「極端な一般化をする人

（terrible generalisateurs）」が存在する。過度に一般化された言説の一つの例を挙げてみよう。関連する著書名は明らかにせず、著者の名前は伏せておくこととする。この著者は、一年ほど前に刊行した私の著書のなかで、次のように述べている。「人間は、コード化された情報を保持するための巨大な格納設備を有するコンピュータを動かす燃焼システムを備えた複雑な生化学的メカニズムである。」神経科医としては、たとえば人間の中枢神経系を、コンピュータやコンピュータに備わったメカニズムとして説明し解釈することはまったく大いに正当であるという考え方に異論はない。これは完全に正当なことである。しかし、これはたんなるモデルであるということを忘れてしまったとき、あるいはこれはたんなる比喩であるということを忘れてしまったとき、まちがいが始まる。私も比喩は使う。まちがいは、人間はコンピュータ「以外の何者でもない（nothing but）」とすることから始まるのである。ある意味において人間はコンピュータであるが、同時に、人間はコンピュータをはるかに超えた存在である。これから私が何を説明し詳述しようとしているのかを見込んで、人間はたんなるコンピュータ以上の次元のものであると言っておこう。

予備的議論を締めくくるにあたって、以前のニヒリズムは、「無（nothingness）」という言葉を使用することによって、その正体が明らかにされたということを述べておく。しかしながら、今日では、ニヒリズムは「無（nothingness）」という言葉の仮面をかぶっていると考えている。アメリカでも人間現象への疑似科学的アプローチを表す特別な言葉が作られていることだろう。私たちはそれを「還元主義（reductionism）」と呼んでいる。

還元主義は、人間現象をたんなる付帯現象とすることによって、すなわち、人間現象を本質的に下位の人間的現象へと縮減することによって、人間現象から人間性を奪い取る。言い換えると、還元主義は下位人間主義なのである。ここで二つの例を挙げて、私の主張を明確にしておきたい。たとえば、私たちはしばしば、愛や良心といった人間に特有で明らかに人間的な現象に対する還元主義者の定義や説明に直面する。還元主義者は愛をたんに性的行為の昇華であると説明する。しかし、このような説明は不可能である。なぜなら、愛とは性的行為が昇華するために必要とされる前提条件だからである。すなわち、結局のところ、自我は、それが神に方向づけられ神を志向する範囲においてイドを統合することができるだけであり、また、パーソナリティは、愛によって他の人間に向けられたその人自身の性的能力を統合することができるだけなのである。

良心はもう一つの本質的に人間的な現象であるが、超自我は、良心と呼ばれる真の、真正の現象と同一ではないという点について現代の精神分析医やフロイト学派の人たちと同じ意見である。両者は同一ではありえない。その理由はシンプルである。真の良心は、通常超自我に反映された因習や伝統、価値といったものとは相反し対立する役割を与えられているからである。良心はつねに伝統や価値と対立するわけではないが、ときとして、必要があるときには、これらと対立する。したがって、良心は超自我とは同一ではありえないのである。

脱線をお許し願いたい。現代においては伝統や価値は崩壊し消えつつあるという一般的合意について述べておきたい。伝統や価値の崩壊と喪失は、非常に深刻な無意味さの感覚の、そして私たち精神科医を訪れる患者のますます多くが訴える完全な空虚さの感覚の主要な原因となっている。この状態は「実存的空虚（existential vacuum）」という言葉で表すことができる。実存的空虚は、動物とは異なり人間は本能によってどうすればよいかを知ることはできないし、今日では伝統は何を為すべきかについて教えてくれないという事実によるものと考えられる。そして、ほどなく人間は自分が基本的に何をしたいかについてさえもわからなくなってしまうだろうということは簡単に予言できる。それよりも人間は、他の人がしていることをしたいと願い——これは順応主義である——、あるいは他の人が彼にしてほしいと思っていることをする——これは全体主義を意味する——ようになるのだろう。

価値について無意味の感覚の文脈で述べたが、価値は意味と同じではないという事実を考えてみよう。ついでに言えば、私自身は、価値を意味ではなく意味の一般概念と定義する。真の意味はつねにユニークで一般化できないからである。わたしが意味という言葉を使用するときは特定の状況におけるユニークな意味を表している。ある状況における意味は、時々刻々と変わり、人によっても異なる。たった今、この状況に固有の意味は私とあなたがたを一体のものとするが、あなたがたにとってこの状況に固有の意味は私にとっての意味とは異なっている。わたしにとっては、外国の言語を用いて自分を理解してもらおうと一生懸命にしゃべっているという意味を持つが、あなたがたにとっては、しゃべるのではなく、わたしが意味と価値のちがいのように抽象的な事柄について詳しく説明しているのを聞くこと、またその間に居眠りしないようにすることという意味を持っている。

伝統の崩壊と喪失は価値にのみ影響を与え、ユニークな状況に固有のユニークな意味には影響しない。私たちの生はこうしたユニークな状況がチェーンのようにつながったものである。つまり、価値や伝統、因習が語ることとは独立の、状況に固有の意味というものが存在する。そして、それぞれのユニークな状況に固有のユニークな意味を見つけ出す方法が一つだけある。それは、言うなればこうしたすべてのユニークな状況に固有のユニークな意味を嗅ぎつけることである。

現代のような実存的空虚の時代においては、教育の任務は、これまでのようにたんなる知識や一般的で普遍な価値の伝達ではなく、一人ひとりの良心を磨き発達させることによって、人間が伝統や価値の喪失の問題と向き合い格闘していくことを可能にすることである。あるいはまた、良心の源泉に訴えることによって、息を引き取るまで、人生の最後の瞬間まで、つねに実存の意味を見つけることを可能にすることである。

一方で、現実の教育は多くの場合、意味を供給するのではなく、若者の実存的空虚を強化する働きをしている。それは、還元主義的前提や信念、解釈に基づいて教育がおこなわれるからである。還元主義は、この国で人間の「具象化（reification）」と呼んでいること、すなわちたんなるモノを扱うのと同じやり方で人間を扱うことの大きな原因である。しかしこれには犠牲が伴う。アメリカの若い社会学者であるウィリアム・アーウィン・トンプソンが最近書いた文章を引用しよう。「人間は、いすやテーブルと同じように存在する物体ではない。人間は生きており、もしも自分の生がいすやテーブルと同じようなたんなるモノに貶められていると知ったら、自殺してしまうであろう。」

みなさん、これは決して大げさに言っているのではない。このアメリカの有名大学の一つで講義をしたときのことである。私が実存的空虚と呼ぶものについて詳しく説明した後、学生部長が立ち上がって私に次のように言ったのである。「ドクター・フランクル、あなたが実存的空虚として述べたことは、私たちがカウンセリング業務のなかで毎日直面していることです。私たちは、自殺を図った、少なくとも自殺を試みた学生のリストを持っていますが、彼らは明らかに、あなたが実存的空虚と呼ぶものに苦しんでいたのです。」このことから、トンプソン博士の言ったことが決して大げさでないことがわかるだろう。

アメリカのもう一人の社会学者でもあり心理学者でもあるエドワード・D・エディは、学生の性格に対する大学の影響に関する著書を出版している。そのなかで、彼は、「カリフォルニアからニュー・イングランドに至るまでほぼすべてのキャンパスで、学生のアパシーが会話のトピックスの一つであった」と述べている。彼の著書が出版された後、カリフォルニア大学協会はMITの哲学者であるハストン・C・スミス教授を招いて、教育における価値の次元について私とディスカッションする機会を設けた。このディスカッションは協会によって映画化され、現在大学で入手可能である。

スミス教授とのディスカッションの始めに、彼は私に一つの質問をした。

「大学でどうやって価値を教えることができるのでしょうか？」

価値を教えることはできない、価値は生きられるものであるというのが私の答えであった。私たちは学生に意味を与えることはできない。私たちにできることは、私たち自身が真実や研究の目的に専心している姿を学生たちに一つの例として見せることである。それから、スミス教授はエディ教授がその著書のなかで詳細に述べた現象、すなわち学生の間に広がっているアパシーや退屈について語り始めた。彼は私に、この現象を私がどう考えるか、それに対してどのような手立てが可能なのかを尋ねた。私はその場で定義を作った。アパシーは自発的に行動することができない状態、退屈は興味が持てない状態である。その後でスミス教授の質問に戻って、機械論的・還元主義的な人間観に沿った教え込みに晒されてきた平均的なアメリカの学生に、どうやって自発性や興味を発達させることを期待できるのかと尋ねた。人間は、イドや自我、超自我の要求がぶつかる戦場であると教えられたら、学生はどうやって自発的に行動することができるだろうか？　あるいは、平均的な学生が、たとえばかつて二人の優れたアメリカの精神分析医が、意味や価値は反動形成であり防衛機制である以外の何者でもないと定義したように、意味や価値の還元主義的な解釈に沿って教え込みを受けたなら、彼はどうやって目的に興味を持つことができるだろうか？　あなた方は、反動形成理論に対する私の反応を読み取ったであろう。それはこのようなものである。「私自身は防衛機制のために生きるつもりはないし、ましてや防衛機制のために死ぬつもりもない。」

こうした還元主義者による教え込みは、若者がもともと自然にもっている情熱やひたむきさを掘り崩し蝕む傾向がある。私は、アメリカの若者が無限の情熱をもっているように見えることに深い感銘を受けた。そうでなければ、なぜこれほど多くの若者がピース・コープやジョブ・コープなどに参加するのかを理解できなかったであろう。

それでは、差し迫った現実の問題に進もう。還元主義を目の前にして人間の人間らしさを保持することは可能だろうか？　この問は以下のように簡略化できる。科学の多元主義に直面しているなかで人間の統一性をどのようにして保つことができるだろうか？　何度も言うようだが、還元主義や過剰に一般化された疑似科学の言説が育つ肥沃な土地を形成するのは、まさにこの多元主義に他ならない。個々の科学に、一定の範囲の限られた有効性をもつ分野を割り当てたのはふたりのドイツの哲学者の功績である。一人は、存在論のニコライ・ハートマン、もう一人は哲学的人間学と呼ばれる意味においての人間学のマックス・シェラーである。

二人とも、人間を構成する様々な層、人間が参加し共有する層について言及している。ハートマンは、それぞれの段階やレベルを次のように定義した。「人間の実存の身体的（bodily）基盤、心理的（mental）基盤、そして最後が人間特有の層として精神的（spiritual）基盤」である。しかしながら、彼は「spiritual」という言葉を宗教的な意味で、少なくとも宗教的な関連性をもって使っているのではない。明らかに絶対的に人間的な現象という意味において用いている。私自身も、心理学的、生物学的という言葉に対比させて、精神論的（noological）という言葉を用いている。

マックス・シェラーはこれとは幾分異なった見解を示しており、生物学的・心理学的な層と個人的・精神的（spiritual）な軸に分ける。それぞれの領域で、心理学、生物学といった個々の科学は限られた有効性のある一定の範囲をもっている。ニコライ・ハートマンもマックス・シェラーも、人間のなかに存在する存在論的差異をうまく捉えている。しかし、彼らのアプローチの問題は、身体、心、魂それ自体は人間を構成しないということである。言い換えれば、彼らは、私たちはたんに存在論的差異のみを取り扱うのではなく、私はこのように呼びたいと思っているのだが、人間学的全体性をも取り扱うのだということを十分に考慮していないのである。人間存在は、本質的に核心的に、存在論的差異と人間学的全体性や統一性が共存するものなのである。なぜならば、身体的・心理的・精神的現象や側面は人間存在において深く一体化されているからである。

心理学と生物学の枠組みのなかでは、人間が反射、反応、刺激への応答から成るとし、人間は一般に言う閉鎖システムと考えられる。実際、人間はある意味でコンピュータであるかのように見える。しかし次元的人間学の観点から見ると、こうした明らかな閉鎖性はもはや人間の人間らしさと矛盾しない。なぜなら、閉鎖性はもう一つの別の次元と捉えられるからである。言い換えると、次元的人間学は、心身問題も決定論対非決定論の問題も解決しないが、これらの問題が必然的に解決しないのだということを理解するのを助けてくれる。人間の統一性、人間の全体性は、人間を投影したより低い次元においては見つけることができないのである。このような統一性は、人間的次元に存在する。この次元は精神論的次元であり、人間がもっぱら生物学的にあるいは心理学的に扱われるとき、人間はこの次元から切り離され引きずり下ろされる。

人間を一つの次元へと投影すると閉鎖性を示すことは、人間存在の本質的開放性と矛盾しているように見える。人間の実存は本質的に開放的なのである。人間存在の開放性は、偉大な動物学者であり、国際包括的研究センターの出資者委員会の委員であるアドルフ・ポルトマンによって明らかにされている。また、すでに先ほど触れたマックス・シェラー、ドイツの有名な人間学者であり社会学者であるアルノルト・ゲーレンによっても証明されている。

さらに、私たちは人間をあたかも閉鎖システムであるのように扱う理論、これは主としてホメオスタシス原理に基づく動機理論であるが、に直面している。ホメオスタシス原理は、有名な理論生物学者のルートヴィッヒ・ベルタランフィが示した通り、もはや生物学では論証できない。さらに、ゴードン・W・オールポート、クルト・ゴールドシュタイン、アブラハム・マズロー、シャルロット・ビューラーによって示されたように、心理学の分野ではさらにその妥当性は低い。

人間であるということは、つねに自分以外の何かに方向づけられているということである。自己実現という概念でさえ、人間存在の中心的な本質を正しく捉えられていない。人間の実存はつねに、実存そのものではない何かに向かい方向づけられているのである。人間の実存は、自己実現によっては特徴づけられず、むしろ私が自己超越と呼ぶもの、実存自体を越えていくものによって特徴づけられる。にもかかわらず、残念ながら、とくにアメリカの教育でおこなわれているように、ホメオスタシス理論は教育の分野ではいまだに擁護されている。

教育者は、若者は緊張すべきでないという考えに基づいて教育をおこなう。理想や価値、任務や課題、また充足すべき意味に若者を直面させることで、彼らの緊張を高めるべきでないというのである。私自身の主張は、人間が必要としているのは緊張からの自由ではなく健全な程度の緊張であるということである。こうした緊張は通常、人間が充足すべき意味の探求から成る極と、彼によってまた彼によってのみ充足されるべきユニークな意味から成る極がある磁場内で形成される。とくに私たちが生きているこの時代は、実存的空虚の時代、さらにはいわゆる豊かな社会の時代であり、若者が意味に直面するのを避けること、どんなものと引き換えにしても若者が緊張しないようにすることには警戒をしなければならない。なぜなら、大人世代が、若者が緊張をしないようにしたとしても、スポーツのような穏当で健康的なやり方にせよ、ビートニクやフーリガンといったあまり健康的でないやり方にせよ、自分たち自身でスリルと興奮によって緊張を作り出すからである。自分たちの内部に緊張を作り出すために警官を挑発するウィーンの若者は、ギャングを形成して互いに抗争するイギリスのモッズやロッカーと同じである。また、アメリカの若者は、緊張を作り出すためにチキンゲームをする。大人世代が、とくにいまだに時代遅れでそしてとっくに捨て去られたはずのホメオスタシス原理に基づく信念や教育理論を振りかざす教育者が、どんなものと引き換えにしても若者に緊張を与えないようにしているにもかかわらず、彼らはその緊張を作り出すのである。

この議論は、人間は低次の次元では閉鎖システムに見えるかもしれないが、一人の人間として、充足されるべき意味へそして出会うべき他の存在へとつねに開かれているということを理解するのを助けるだろう。同様に、私たちがあえてこの人間に特有の次元に足を踏み入れたならば、学習理論や心理的力動学理論、アドラー心理学によって行動主義に提供された次元のように、低次の次元で妥当な発見は、もう一つ別の次元を加えても決して無になってしまうことはないということが理解できるであろう。それらは無になるのではなく、本質的に人間的な現象という観点から再評価され再解釈されるのである。言い換えると、これらの発見は無になるのではなく再人間化されるのである。

ここでとくに気をつけていただきたいのは、私が「高次の次元」、「低次の次元」という言葉を用いるときは、ちょうど立方体が底面として正方形を包含するように、高次の次元は低次の次元をその一部として含み包含するということを表しているにすぎないということである。つまり、人間はある意味においては動物であるということである。人間は動物であることを免れず、動物であるということの特性を保持したまま、同時にはるかに動物以上のものとしても存在するということである。またたとえば、飛行機は、飛行場の地面という二次元平面上を移動する能力を保持しているが、空中という三次元の世界に飛び立ったときにだけ飛行機としての真の姿を現し飛行機であることを証明してみせるのである。

神経症は、定義により、心因性の病気であり疾患である。しかし、病気の原因として心因性ではなく身体因性の臨床像を示す神経症もある。広場恐怖症の原因が甲状腺機能亢進症である症例も存在し、この場合は甲状腺機能亢進証に対する治療がおこなわれる。強直性代謝障害が原因の閉所恐怖症も少なからず見られ、その場合治療は強直性代謝障害に対してもおこなわれる。心因性あるいは身体因性神経症とは別に、精神因性神経症と私が命名したもの、すなわちその病因が人間に特有の精神論的次元にある神経症に直面する場合もある。換言すると、道徳的葛藤や超自我と真の良心との間の葛藤、あるいは実存的空虚や実存的欲求不満などの精神的な問題のために起こる神経症に出会うことがあるということである。

この場合、求められるのは次元的診断である。神経症の病因論は多次元的であるという点で、症候学は、神経症を越えた何か、あるいはその裏にあるもの、それよりも上位にあるものに関して多義的であり、低次の次元に影を落としているという点において多義的なのである。病理学は、「パトスのロゴス（logos of pathos）」すなわち苦痛の意味を探求するという点において多義的なのである。したがって、私たちは、症状をいうなれば透明化しようと努力しながら次元的診断を実行しなければならない。次元的診断をおこなうためには、すでに見てきたように、神経症の病因は必ずしも臨床的・症候学的次元にあるとは限らないため、私たちはつねに臨床的症候学の次元を超越しなければならない。神経症の真の原因は、たとえば精神因性神経症の場合のように、別の高次の次元に隠れていることもある。

セラピーについても同じ考え方が当てはまる。数年前にモントリオールで開催された精神薬理学の学会で、医療は、とくに精神医学は、薬物や電気ショックを用いた治療によって機械化され、患者を非人格化する可能性があるという警告がなされた。危険は決して治療技法そのもののなかではなく、その技法が適用され取り扱われる精神のなかにあるので、このような危険性が予見される理由は私には見当たらない。

電気ショックは、多くの病院で、たとえば重度の内因性うつ病の症例などにおいて時おり使われている。私の病院では、心理療法と同時に薬物による治療がおこなわれることが多いが、患者の尊厳と人間性はこうした治療行為によって決して侵されていないことを保障できる。一方で、深層心理精神科医と呼ばれる医者の多くが、薬物による治療を嫌い投薬の処方箋を書くのを拒否していることも知っている。ましてや電気ショックを利用する医者は少ない。むしろ医者が人間——ここでは患者——にアプローチするときの人間についての概念そのものが、人間の尊厳を侵すのである。

さて、次元的人間学の議論を閉じるにあたって、人間の別の次元への投影を考えてみよう。ここでは神経症の代わりに、統合失調症で人間の声を聞くというような幻聴をとりあげる。統合失調症は、単純であることもあるが、幻聴といった現象が認められる場合のように複雑なこともある。同時に、より高次の次元で、同じ人物が歴史的偉業を達成することもある。ジャンヌ・ダルクを考えてみるとよい。歴史学者にとっては、ジャンヌ・ダルクは歴史上の偉人である。神学者にとっては、彼女は聖人であり、宗教的体験と神との遭遇を果たした人である。次元的存在論の観点からあなた方に伝えたいのは、彼女が歴史上の偉大な人物でありさらには聖人でさえあったかもしれないという事実は、彼女が精神医学の枠組みのなかでは統合失調症であったという事実を少しも変えないということである。逆に彼女が統合失調症であったということは、彼女が歴史的偉業を成し遂げたということへの信頼性を損なわないし矛盾もしない。

この議論から、私が低次の次元においてと言うときに何を意味しているのか、現象を投影すると多義的になるということが理解できるだろう。このことは、より高次のあるいは人間学的な次元に当てはまるだけでなく、理論的なレベルにおいても低次の次元に投影されたときに同じことが言える。科学は、投影された像を対象とせざるを得ない。つまり、投影された像なしでは科学は成り立たない。科学者はつねに全体の次元性、現実の本質的な多次元性を遮断せざるを得ないのである。科学者は、現実が一つの次元のみから成るかのように振る舞うことを余儀なくされている。すなわち、精神科医は、ジャンヌ・ダルクは統合失調症であったと主張しなくてはならないのである。精神科医として、彼は、この平面の背後に何が隠れているのか、統合失調症であるという状態の上位に何が隠れているのかを決して知ることはできない。しかしながら、科学者は自分が何をしているのかを自覚しておかなければならない。科学者は、過剰な一般化や還元主義的結論を避けるために、自分が投影に頼っているということを知っておかなければならない。科学者は自らを自分が対象としている次元のなかに限定しなければならないが、それでもなお還元主義的な推論の落とし穴に陥ったり誤謬を犯したりすることを慎まなければならないのである。

現在ピッツバーグのデュケイン大学で教鞭をとるロルフ・フォン・エッカーツバーグ教授は、博士論文で、二〇年前にハーバード大学を卒業した後すばらしいキャリアを築き成功を収めている一〇〇人についての追跡調査をおこなった。彼の研究で、これらの人のうちのかなりの割合が、無益感や無意味感に苦しんでいることが示された。つまり、これらの人々は、成功しているにもかかわらず絶望しており、私が実存的空虚と呼んでいるものに囚われていたのである。しかしながら、絶望的な状況のなかにいてもその困難に打ち勝つ人もいる。成功していても実存的空虚に囚われることはあり得るし、反対に絶望的な状況に囚われていても自分自身を充足することは可能である。

私はあなた方アメリカ人のおかげでこのことに対する根拠を得ることができた。約一年半ほど前に、私は、サン・クエンティンのカリフォルニア州立刑務所の理事として契約した。終身刑を言い渡されて収監された男がサン・クエンティン・ニュース[1]の編集主幹を務めていたのだが、彼は私の『意味の探求』というタイトルの本の書評を書いたことがあり、私とたくさん話をすることがよい影響をもたらすと考えていた。そこで私はサン・クエンティン刑務所に出かけて彼と話をした。彼との会話は録音され、刑務所の教育システムで放送された。受刑者たちはこのインタビューを書き起こしてサン・クエンティン・ニュース上に掲載した。そして何が起こったか？　去年の一二月に発表されたこの「ドクター・フランクルのサン・クエンティン訪問記」という記事は、カーボンデールにある南イリノイ大学後援の全米刑務所出版ジャーナリズムコンテストで一位を獲得した。一五〇を越えるアメリカの矯正施設からの代表がエントリーするなか、最高の栄誉に輝いたのである。

ここまではたんなる序論であり、ここからが核心部分である。私はこの男にお祝いの言葉を書くように勧められたので、そのようにした。すると、返事が来た。そのなかから、いくつかの文章を引用しよう。

「ドクター・フランクル、でも私の記事については刑務所内部でいくつかの批判がありました。「理論的には結構だが、人生はそういうふうには運ばない」というのです。」

私と編集主幹の会話が独房――「檻」というべきか、いまだにガス室が備えられた刑務所の悲惨な檻――で放送された後、サン・クエンティンの受刑者たちは、この会話についてこのような感想を述べたというのだ。（数週間前に私は、再び受刑者たちに話をしなければならなかった。彼らは、私に、二日後の刑の執行を待つばかりの死刑囚に特別に声をかけてやってほしいと懇願したのだ。）

編集主幹の手紙は次のように続いていた。

「私は、現状について、私たちの差し迫った苦境について編集スケッチを描いて、人生はまさに「そのようにできている」のだということを示そうと思っています。そして、刑務所においてさえ、絶望と無益感の底から、人間は自分の手で意味に満ちた意義のある人生経験を形作ることができるのだという、ありのままの状況を彼らに示そうと思っています。彼らは、人間がこのような状況においてさえも絶望を勝利に変えるような転換を経験することができるということを信じないでしょうが、ともかくやってみます。」

刑務所にいるこの男は、手紙を次のように締めくくっていた。

「それは可能性ではなく必然なのだということを示すのです。」

サン・クエンティン刑務所について語ることによって、私たちは人間の統合を望んでいるだけでなく、人類の統合について、人間性の統合についても関心を持つべきだという事実に触れようという気持ちになる。何千年も前に人間は重要な一歩を踏み出した。それは一神教、唯一神に対する信仰である。そして今日私たちが踏み出すべきさらなる重要な一歩は、唯一神に対する信仰ではなく、人類が一つであるということを知ること、すなわち私が言うところの「唯人類主義（monoanthropism）」である。唯人類主義を確信するに至ったならば、西洋の民主主義国家において、私たちは自由を享受しているかもしれないが責任については十分に認識できていないことを理解するであろう。自由は責任を通じて生きられない限り、たんなる自分勝手に転落する恐れがあると考えている。

質疑応答

質問　人はどのようにして自己実現と対照的な自己超越に向けて努力するのでしょうか？

回答　私はここで自己実現という概念について議論したいとは思っていません。私はアブラハム・マズローと親交があり、彼のことを非常に尊敬しています。私も彼も自己実現がすばらしいことだということには同意します。しかしながら、一人の人間が彼の人生の意味を、さらに言うなら、ユニークな人生の状況にユニークな意味を充足した範囲のなかでしか自己実現は得られません。そうしたときに、自己実現は自動的にひとりでに起きるのです。一方、もし私が自己実現を直接的なやり方で直接的な意図を持って得ようとするときは、自己実現は損なわれ破壊され、自滅してしまうでしょう。意味が充足されたときにだけ、「意思によって（per intentionem）」ではなく「効果によって（per effectum）」自己は実現するのです。

質問　先生は、意味は状況に固有であるから価値とは区別されるとおっしゃったのでしょうか？

回答　価値とは一般的普遍的な意味であり、普遍的な意味であることによって人間が置かれた状況を緩和します。普遍的価値に導かれているために、私たちは絶えず実存的決断をし続ける必要がないのです。最後の分析で、人は、無限の良心によって導かれて、ときには誤った方向へと導かれて、意味を見つけ充足することを示しました。人間は、良心を通じて知ることができ、一般的なあるいは普遍的などの価値とも矛盾する意味を発見するであろうという点において、良心は創造的なのです。そして、創造的良心によって今日発見された意味が明日の普遍的な意味になるのですから、彼は新しい価値を創造していると言えるのです。

質問　先生の苦悩を通じた意味という概念は、マゾヒズムの危険を招かないでしょうか？

回答　マゾヒズムの危険はありません。なぜならば、潜在的な意味は、欠くことのできない、免れることのできない、避けることのできない苦悩のなかにしかないからです。手術が可能な癌の場合は、痛みを抑える薬を使うことができるのであれば、苦痛の十字架を背負うことはどのような意味も成しません。これはマゾヒズムではなく、ヒロイズムと言うべきでしょう。ニューヨークの新聞である広告を見かけたのですが、避けることのできない必然的な苦しみ（意味のある達成へと転換する機会を与えてくれる）と、避けようと思えば避けることができる不必要な苦しみ（どのような意味も生成しない）の区別を、これほど明確に教えてくれるものは見たことがありません。その広告はもともとドイツ語で書かれていたのですが、アメリカ人の友人が英語に翻訳してくれました。それは詩の形態をとっており、次のようなものでした。

静かに、穏やかに
運命が課したものをになうのだ

つまり、避けることのできない苦しみは勇敢に担われなければならず、そのことによって人間の英雄的な偉業が達成されるのです。

静かに、穏やかに
運命が課したものをになうのだ
ベッドのシラミに身を任せるな
ローゼンシュタインに救いを求めよ[2]

質問 先生の精神論的次元に関する見解は、精神科医は精神論的次元における実存セラピーを実施する資格がないということを意味するのではありませんか？

回答 そうではありません。精神科医の仕事は、高次の次元すなわち本質的に人間的な次元とは対照的に臨床的な症状を明確にすることです。ですから、精神論的神経症を治療するのは精神科医の役目なのです。とくに、現代のような時代においては、有名なドイツ・カトリック協会の精神科医であるヴィクトール・フォン・ゲプスタッテルが述べたように、人間は司祭や牧師、ラビから離れて精神科医に乗り換えています。そのため、今日の精神科医は、牧師の代わりを務めなければなりません。このことを私は、医療牧師の役割と呼んでいます。「この人たちは実存的あるいは哲学的あるいは精神的問題に直面している。こんな問題を扱うことには関わりたくない。彼らは司祭のところへ行くべきなのだ。信者でないのであれば、そんなことは私の知ったことではない」とは誰も言えません。彼らは私たちの目の前にいるのであり、私たちは最善を尽くさなければなりません。これは私個人の信念というわけではありません。世界で最大の医学会であるアメリカ医学会の規約にも、「医者は、患者を治癒させることができなくても、痛みから解放することさえできなくても、何かしらの慰めを提供しようとする資格があり、そのようにすることが義務づけられている」と明記されています。ですから、この領域はいまでも医者の職務の範囲内に含まれているのです。

質問　私がレオ・ベック師[3]と親交があるかどうかという質問が二人の人から寄せられています。

回答　レオ・ベック師には、強制収容所で出会いました。それはただ出会ったのではなく、運命的な真の邂逅でした。そのときからずっと私は師と親交を続けていました。レオ・ベック師は、私がV・E・フォン・ゲプスタッテルとベルリンのJ・H・シュルツとともに編集にあたった神経症の理論と心理療法に関する五巻組の百科事典では、ユダヤ教と心理療法の境界線について一つの章を割り当てられていました。しかし、原稿執筆中に師はロンドンで亡くなってしまい、彼の割当を完成させることはできませんでした。

質問　先生の理論の中で宗教の居場所はあるのでしょうか？

回答　精神医学の学派あるいは理論において宗教を位置づける余地はありえません。なぜならば、それはまさに次元が異なるからです。精神医学のアプローチに要求できるたった一つのことは、より高次の次元に対して開放的であれということです。精神医学は閉鎖システムではありません。精神医学は、信心深い患者が、神経症や心理療法に対する還元主義的アプローチの犠牲者となって不当な扱いを受けるのではなく、本質的に人間的なやり方で理解されるために、開放的でなければならないのです。医者の資格を取得したときにヒポクラテスの誓い[4]を宣誓したからには、不可知論者の患者を含むすべての患者に対してロゴセラピーが利用可能で、無心論者的な傾向をもつ医者を含むすべての医者が施術可能なように保証せざるを得ないのです。心理療法は、少なくともオーストリアの法律上は、医学に属しています。そしてヒポクラテスの誓いは、ロゴセラピーを含む心理療法に対しても適用されます。ですから、私はすべての苦しむ人間に対応しなければならないのです。

質問 先生は、人間は個人的な神や宗教的指向なしに絶望を克服できると信じていますか？

回答 私が個人的に何を信じているかは問題ではありません。私は、ロゴセラピーと呼ばれる学派を支持し、ロゴセラピーのために戦うだけです。ロゴセラピーは、信じることではなく知ることを求めます。最終的な決断は、宗教的な世界観や人生哲学に対する個人的な決断は、医者ではなく、患者次第なのです。ロゴセラピーは答をもっていません。ロゴセラピーは責任への教育であり、したがってすべての精神医学の学派のなかで、患者の肩から決断に対する責任を取り去ってしまう危険がもっとも少ないのです。医者は患者が自分自身で決断できるようにするのです。

質問 神という概念をどのように説明しますか？

回答 そのことについては、もちろん、ロゴセラピストとしても、精神科医としても、説明することはできません。説明しようとすることは非常に危険な冒険でもあるでしょう。適切な例が、ジークムント・フロイトが、今は亡きスイスの偉大な精神科医であり「現存在分析（Daseinanalyse）」の創始者であるルートヴィヒ・ビンスワンガーに送った手紙のなかにあります。フロイトは、「私は生涯を通じて自分の見解を大建築物の地下室と一階に、つまり低次の次元に制限してきた」と言っています。これは何も卑下しているのではありません。どんな価値的判断にも関係ありません。より包括度の低い次元が、本質的に人間的な次元を加えることによって包含され人間化されるということを言ったにすぎません。したがって、フロイトは、彼の見解の限界に気づいていたし、そのように述べるとき彼は還元主義者ではなかったのです。ただ、その次に「私はまた、その大建築物のなかに宗教の在処を見つけた。人類の集団的神経症という観点から宗教をその地下室に葬り去ったのだ」という一文を続けたときに、彼は還元主義の時代の犠牲者となってしまったのです。ただその瞬間に、フロイトのような天才でさえも還元主義の誘惑には抗えなかったということです。

質問　最後の図は十字架[5]を意味していたのでしょうか？

回答　私がキリスト教の信者でないことはご存知でしょうか。たまたま、十字になってしまっただけなのですが、そのような形であっても私は気にしていません。さらに、次元的存在論の教えるところによれば、形が十字になったということの「ハプニング（happening）」は、高次の次元においては、より深いあるいはより高次の意味を持つ可能性があると言わねばならないでしょう。

質問　実像的空虚に対してどのように対抗しますか？　どのようにして患者に意味を与えますか？

回答　私たち医者は意味を与えることはできないのだという私の主張にもかかわらず、たしかに私たちは患者が自発的に意味を発見するところまで彼らを助長しなければなりません。なぜならば、意味は与えられるものではなく発見されるものだからです。現実世界がたんなる投影テストであるかのように、意味を与えたり、意味を何かのせいにしたり、何かあるいは出来事に意味を付与したりしてはいけません。現実世界は、あなたの希望的観測を映し出したり、意味を付与することによってあなたの内側の構造を表現したりする中立的なスクリーンではありません。私たちは自分の思い通りに、私たちが答を出すようなやり方で意味を付与することはまったくできないのです。最後の分析では、一つの問に対してたった一つの答があるのみです。それぞれの問題に対しては一つの解決法のみが存在し、同様に個々の状況には一つの正しい意味、真の意味のみが存在します。現実世界は、希望的観測を投影し自分を表現するロールシャッハ・テストのインクのしみのようなものだというよりは、むしろ隠れて見えない図形のようなものであり、私たちはそこから意味を見つけ出さなくてはなりません。意味を付与することは答を示すことと同じようなものだと述べましたが、このことを数年前にある神学部の教室で起きたことを例にして説明したいと思います。講義の聴衆にはカードが配布され、質問をブロック体で記入することが奨励されていました。神学者はそれらの質問カードを回収し、私に手渡しながら、一枚のカードを別にしてこれは飛ばしてほしいと言いました。私はその理由を尋ねました。すると彼はこう言ったのです。「ドクター・フランクル、これはただのナンセンスです。「あなたの実存理論で600をどう説明するのですか？」ですよ。」私はそのカードを見て次のように答えましすか？」とね。」

た。「申し訳ないが、私は別の読み方をしたよ。「あなたの実存理論で神（GOD）をどう説明するので

これは投影検査ですね？　神学者が「600」と読んだものを、神経学者は「GOD」と読んだとい
う無意識的投影検査なのです。私はこのカードのスライドを作って、ウィーン大学で学ぶアメリカ人
学生のクラスで投影検査として使いました。スライドを見せて、どういう意味だと思うか投票をおこ
ないました。すると、信じられないような話ですが、九人の学生が「GOD」だと言い、九人の学生
が「600」だと言い、四人の学生はどちらにも決められずにいました。私が何を言いたいかわかりま
すか？　一つの質問の解釈の仕方のみが正しいということです。私の理解のし方が正しいのです。こ
れは何を意味しているのでしょう？　人生の個々の状況は問いや呼びかけを暗示しており、私たちは
その意味を発見するよう努めなければならないのです。わたしがどうやって意味の定義にたどり着い
たか、もうお分かりでしょう。意味は、質問した男性か、もしくはつねに実存的問いを投げかけてく
る人生によってすでに決められており、決断をおこなうことによって実存的なやり方でその問いに答
えなければならないのです。しかし決断は恣意的におこなうことはできず、責任をもっておこなわれ
なければなりません。つまり、私たちの答えは、人生からの、あるいは問いを投げかけてくる人生の
背後にある神と呼ばれる個人を越えた存在からの呼びかけなのです。私たちの答えは実存的で、責任
のある行動でなければなりません。私たちの答えは、知的で合理的なものというよりもむしろ行動な
のです。

質問　実存的空虚を終わらせるための先生の解決法はどんなものですか？　その解決法は宗教心とどのように関係づけられるのでしょうか？

回答　意味は発見されるべきものであると定義して、意味は与えられることができない、何よりも医者が患者の人生に意味を与えることはできないということを明確に示すようにお話してきました。最近一冊の書籍がレッドリッヒとフリードマンによって出版されましたが、残念ながら二人とも、ロゴセラピーは患者に意味を与えようとする試みであると片付けてしまっています。このように、人は、何年も論文の別刷りを送り続けていて「意味は与えられることができない。意味は医者によって与えられるべきではない。意味は患者自身によって発見されなければならない」という内容を読んでいるはずの人々からさえも、くりかえし誤解を受けるのです。セラピストは答えを持っていると主張したのはロゴセラピストではないかと思っているのならば、それは誤解です。「私は、人々に、何が間違っていて何が正しいのか、何が意味のあることで何が意味のないことなのかを告げるのだ」と言ったのは、エデンの園のヘビであってロゴセラピストではなかったのです。

次のように結論づけましょう。人生にどんな意味も見出せないような若者に対して、少なくとも今すぐにではなくても、為されなければならないことは何か。若者は、実存的空虚と呼ばれる状態は神経症の症状ではないということに気づかされるべきです。実存的空虚の状態は、恥ずべきものではなく誇りにすべきものであり、人間が達成したものです。人間存在に固有の意味があることを当然だと思うことなく、いろいろなことを試し、冒険し、疑問を抱き、実存の意味という問題にチャレンジすることは、なによりも、若者の特権なのです。実存的空虚は、恥じるべき神経症ではなく、誇るべき業績なのです。たとえ神経症であったとしても、それは集団的神経症であり、人類の神経症です。もしこうした若者が、人生にどんな意味があるのかという疑問を提起する勇気があるのであれば、意味が明らかになるまで待つ忍耐力も持つべきです。そしてそのときが来るまで、たとえ実存的空虚に囚われていようと底知れない感覚に囚われていようと（このどん底の体験は、アブラハム・マズローによって、至高体験と同じ範疇のものとして見事に説明されています）、必要であれば、彼は自分自身に「この恐ろしい体験は、まさにジャン＝ポール・サルトルが彼の著書『存在と無』のなかで述べたことなのだ」と言い聞かせるべきです。そうすることによって、彼はこの恐ろしい体験と自分の間に距離をおくことができるようになるのです。人間存在を特徴づけ構成するふたつの主要な特質があります。一つ目は自己超越であり、これは、人間はつねに自分自身を越えようとしており、充足すべき意味や出会うべき別の存在を求めているという事実を表しています。二つ目は自己距離化であり、これは、身体的・精神的データのレベルを超えて、動物が活動し縛り付けられている次元を越えて、増大する本質的に人間的な能力のことです。人間は、決して完全に自由というわけではありません。人間は遺伝的決定因子から逃れることはできません。人間は無限の自由を持っていますが、それは状況からの自由ではなく、自由は、状況が彼に突きつける条件が何であれ、それに対してどのような態度を取るかという潜在的可能性のなかにあるのです。

ハストン・C・スミス教授がこの人間の自由についてインタビューをおこなったとき、私は次のように答えました。「人間は決定されていますが、汎決定論的ではありません。」するとスミス教授は「ドクター・フランクル、あなたは神経学および精神医学の教授として、人間が逃れることのできない条件や遺伝的決定因子があるということをご存知のはずだ」と言いました。そこで私は答えました。「スミス教授、あなたのおっしゃることはもっともです。私は神経科医であり精神科医です。ですから、人間が、生物学的・心理学的・社会学的にどれほどたくさん条件づけられているかは知っています。しかし、私が二つの領域の教授であるということを別にしても、私は四つの強制収容所を生き延びてきたのであり、人間が、たとえアウシュヴィッツの収容所のような最悪の条件であっても、そうした条件に勇敢に立ち向かっていく驚くほどの能力を持っていることの生き証人なのです。」

第4章　私の思想は科学的でありうるのか

三年前、私の母校であるウィーン大学が百周年、実際には六百周年の記念祭を祝い、その機会に私は特別講義をするために招待された。その記念行事で、私はふたつの解決できない問題、つまり心身論と選択の自由の問題（もしくは別言すれば決定論対非決定論）は解決することができないという私の信念を述べた。少なくともこの問題がどうして解決できないのかというその理由を明らかにすることはできる。

心身論の問題は、以下のような問いに単純化することが可能である。つまり、人間を定義しうる、多様であるにもかかわらず統一されている存在という考えがいかにして可能なのかということなのである。人間が多様な側面を持っていることを否定する人は誰もいないだろう。コンラッド・ローレンツは以下のように述べている。「生理学的なものと心理学的なものという同じ基準で比べられない大きなふたつのものを分ける壁は乗り越えることはできない。科学的な精神物理学の領域に拡大しても、心身論の問題は解決しない。」と（「動物と人間の態度について」ミュンヘン、一九六五）。将来、研究が進めば、これは解決するだろうか。ヴェルナー・ハイゼンベルクは悲観的に次のように主張している。「身体の動きと心理過程の間の理解を直接的に把握する方法を期待することは難しい。なぜなら、厳密な科学においてさえも、その現実的な姿は別々の水準に解体されてしまうからである。」と。

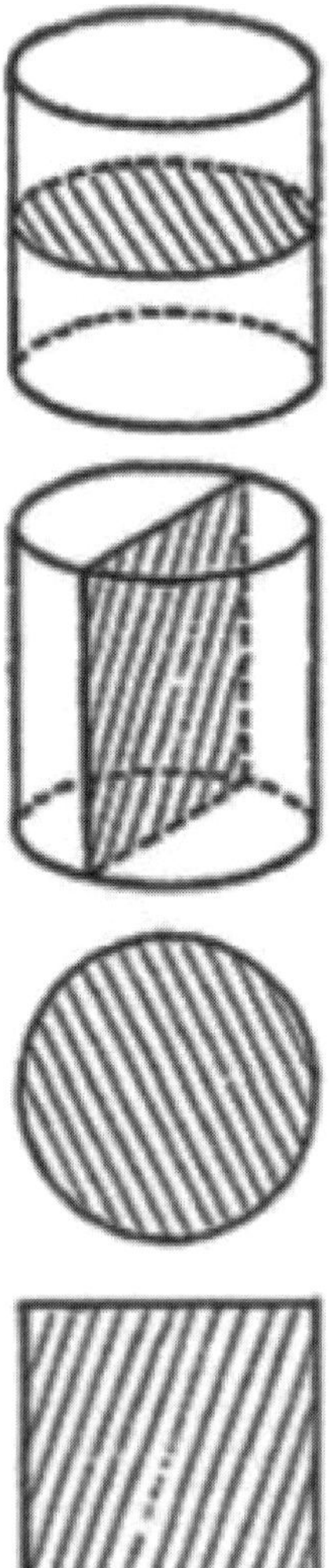

実際に、私たちは科学において多元論と呼ぶべき時代に生きている。そして個別科学は、全体像が互いに矛盾する様々な方法で現実を描いているのである。しかしながら私の主張は、その矛盾は現実という統一体と矛盾してはいないということなのである。このことは人間の現実にも妥当する。個々の科学は、いわば現実の一断面を切り取っているだけであるということを思い出してもらうために、ここで幾何学のたとえを例示してみよう。

もし私たちが一つの円柱から、ふたつの直交する断面を切断した場合、水平に切り取られた部分は円形になるが、他方、垂直に切り取られた部分は長方形になる。しかしながら私たちも周知のように、誰も今までのところ、円を四角に変形させることができないように、同様に、現実の人間の身体的側面と心理的側面の間にある溝を橋渡しすることに成功した人は誰もいない。あえて言えば、そのようなことのできる人は誰もいないのである。ニコラス・クザーヌスの言う「コインシデンチア・オポジトルム」つまり断面図が同じ範囲内を占めることは不可能だからである。それが可能になるのは、もう一つ高い次元に超え出なければならない。このことは人間の場合にもあてはまる。生物学的な水準

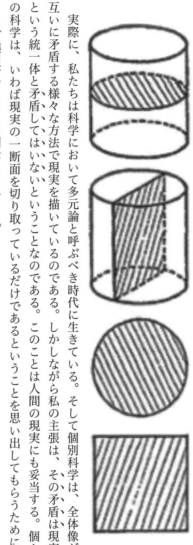

では生物学という平面に、人間の身体的側面が照合される。心理学的な水準では心理学という平面に、その心理的側面が照合される。このように、ふたつの科学的なアプローチによって映し出された平面を眺めている限りでは、人間の多様性は見ることができるが、人間の統一性は見えなくなってしまう。この統一性は、人間的な次元のなかでしか獲得できないものだからである。そして生物学と心理学によって映し出された現実の人間を通じて、断面図は必然的に見えなくなってしまうにちがいない。トマス・アクィナスによる人間の定義「ウニタス・ムルティプレックス」すなわち、多様性における統一性は、人間的な次元のなかにのみ存在している。しかし今やこの統一性は、「多様性のなかに存在する統一性」ではなく、むしろ「多様性にもかかわらず存在する」統一性なのである。

人間の統一性にとって真実なことは、人間の開放性にとっても適応できる。

円柱の例に戻って、その円柱が中味の詰まった固体ではなく、上が開いたコップのような場合を今、想像してみよう。この場合、断面図はどのようになるだろうか。水平方向の断面図は依然として閉じた円になるが、他方で垂直方向の平面は、カップのように上が開いた図形になる。しかしながら、ふ

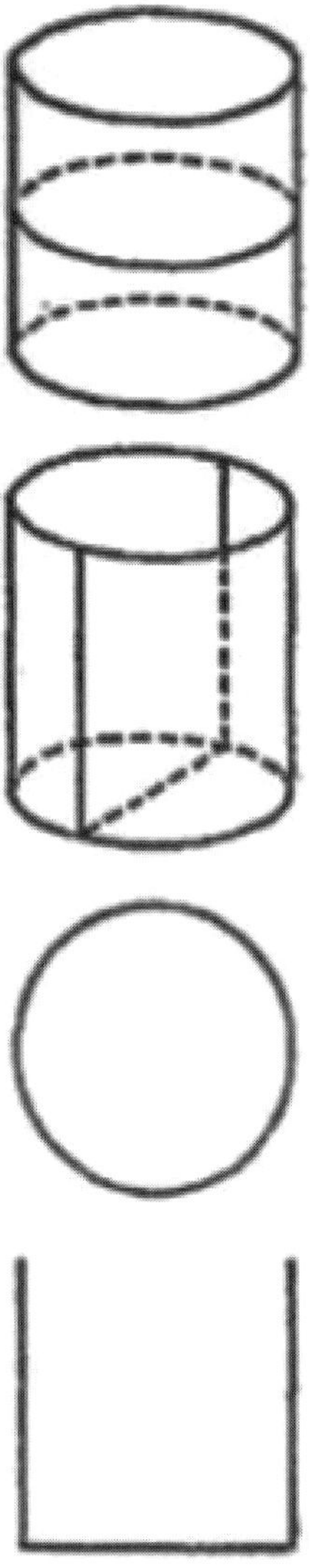

たつの図がたんなる断面図であることが理解できれば、一方の図では閉じられたものであるが、他方では開かれた図になることが、完全に矛盾なく両立できるのである。この比喩の幾ばくかは、人間にも適合される。人間もまたときどき、あたかも因果関係が作用する閉鎖系として描写されることがある。たとえば、条件反射や無条件反射、あるいは条件作用や刺激に対する反応といった因果関係は閉鎖系の代表である。それに対して、マックス・シェーラーやアーノルド・ゲーレンらは、人間を世界に向かって開かれた存在として深く特徴づけた。あるいはハイデッガーは、人間は「世界内存在」であると述べた。私が主張してきた「実存の自己超越性」という概念は、満たすべき意味や出会うべき人という、自分自身とは異なる何か、自分自身とは異なる別の誰かに関わることが、人間の根源的事実であることを示しているのである。そしてこの自己超越性という特質を生き抜くことがないならば、人間の実存は衰え崩壊してしまうのである。このことをたとえで説明してみよう。眼それ自身が外部の世界を知覚する能力は、ひじょうに逆説的であるが、眼それ自身のなかに何かを知覚することができない能力と結びついている。たとえば白内障であれば、世界を見る能力が損なわれることになる。このように原則的に眼が見るという行為は、眼自身以外の何かを見ることを意味する。見ることもまた自己超越的なのである。

実存の自己超越的特質、人間存在の開放性ということが、一つの断面では言及され、もう一つの断面では言及されないということも理解できるだろう。閉鎖系と開放系が矛盾なく両立できる。私は同じことが、自由と決定論の間にも当てはまると思う。心理的な次元に存在する決定論、一方で精神学的次元つまり人間学的な次元、人間的な現象の次元に存在する自由。心身論の問題について言えば

「多様性にもかかわらず存在する統一性」という表現でけりをつけたのである。自由の選択の問題に関していえば、「決定論であるにもかかわらず存在する自由」という表現でけりをつけたい。これはかつてニコライ・ハルトマンが、「依存しているにもかかわらず存在する自律」という表現に相当する表現である。

しかしながら人間の現象としての自由もまた、あまりに人間的すぎる。人間的な自由は制約された自由である。人間は諸々の条件から自由ではないが、それらに対してある立場を取る自由はある。諸々の条件が完全に人間を条件づけているわけではない。限界はあるが、その条件に屈服し、その条件に身を任せるかどうかについては、その人次第なのである。人間はその条件を簡単に乗り越えていくことができる。そしてそのようにすることによって、人間的な次元を切り開き、人間の次元に入っていけるのである。神経学と精神医学のふたつの分野の教授としての私には、人間が生物学的、心理学的、社会学的な条件に、いかに支配された存在であるかが明確に把握できている。しかしながら私には、ふたつの分野の教授の他に、四つの強制収容所を生き残ってきた者としての私が存在する。その私は、最もひどい条件のもとでさえ闘いを挑み、勇敢に立ち向かうという思いもよらない人間の姿を目撃してきたのである。

ジークムント・フロイトはかつて次のように述べたことがある。「たくさんの様々な人々を同じような飢えに晒したならばどうなるだろうか。その飢えが我慢の限界を超えて増大するにしたがって、個々人のちがいは不明瞭になり、それに代わって、満たされない飢えを表現する同じ行動だけが生じるだろう。」しかしながら実際には、強制収容所ではその逆こそが真実であった。そこでは人々はますますその多様性を表してきた。獣性が現れたが、同時に聖なる姿も現れたのである。飢えている状況は共通でしたが、人々の振る舞い方はそれぞれ異なっていた。実際にカロリーは重要ではなかったということである。

最終的に、人間はその人が直面している諸条件に支配されてなどおらず、むしろ逆にこの条件の方が人間の決断に従属するのである。意識するしないにかかわらず、人間は勇気をもって立ち向かうか屈服するのか、もしくは条件によって決定されるがままに自分を放置しておくのか否かの決断を下しているのである。もちろん、そうした決断それ自身がすでに決定されたものではないかと反論することもできるだろう。しかしその論法では無限後退［ある事柄を成立させている原因を求めて、その原因の原因というように限りなく遡っていくこと］に終わってしまうことは明白である。マグダ・B・アーノルドの言説は、こうした事態をみごとに要約し、同時にその議論を適切に結論づけてくれるだろう。彼は言う。「あらゆる選択は何かによって引き起こされたものですが、しかしそれは選択した人自身によって引き起こされたものです」と。（『人間』ニューヨーク、一九五四）

学際的研究は、一つの断面図以上のものを含んでおり、それは私たちが一面的であることを嫌がる。また学際的研究は、自由な選択の問題に関して、一方で現実の人間が持つ決定論的、機械論的側面を否定するなと言いながら、他方でそれらの側面を人間の自由も否定してはいけないと言う。しかしながらこの自由は決定論によって否定されているのではなく、むしろ私の言い方をすれば汎決定論によって否定されている。別言すれば、実際に変わるべきは、決定論対非決定論ではなくて、決定論対汎決定論なのである。フロイトについて言えば、彼は理論においてのみ汎決定論を支持していただけである。臨床実践におけるフロイトは、人間が変化していく自由や改善していく自由についてよく承知していた。たとえば、フロイトは精神分析の目標をかつて「患者の自我に、あれかこれかの選択をする自由を与えること」と定義していた。(『自我とイド』ロンドン、一九二七)

最後に述べるが決して軽んじられてはいけないこととして、人間の自由は、自分自身から距離をとる能力を必要としている、ということがある。私は自己距離化［自己客観化］と呼んでいるこの能力のことを次の物語によって例証することにしている。第一次世界大戦のときのことであるが、ひどい爆撃が始まったので、一人のユダヤ人軍医が、非ユダヤ人の友人である貴族出身の大佐と共に、たこつぼ壕でじっとしていた。その大佐はからかうように言った。「君は怖いんだろう。まさにアーリア人がユダヤ人よりも優れている証拠さ。」軍医は答える。「もちろん怖いさ。しかしどっちが優れているですって？　親愛なる大佐殿、もしあなたが僕と同じぐらい怖いならば、あなたはとっくの昔に逃げ出していたはずだ。」考えてみるべき重要な事柄とは、人が不安や恐怖を感じているかどうかではなく、不安や恐怖に対して取るその人の態度の方なのである。この態度は人によるものなのである。心理的な性質《たち》に対して、ある態度を選びとる自由があるというのは、その性質《たち》が病理的な面を持っている場合さえも当然含まれる。[1]

私たち精神科医は、心の病理的なものに対する反応が病的としか言えないような患者にしばしば出会うことがある。私が出会った人のなかには、被害妄想から自分の敵だと断定された人を実際に殺してしまうパラノイア［偏執病］の人たちもいた。しかし自分の敵対者だと思っている人を許したパラノイアの人たちもまた存在した。後者の人たちは、精神的な病を行動で示さなかったというよりも、むしろ自分の心の病気に対して、彼らの人間性から対応したと言えるだろう。殺人でなく自殺について語るならば、自殺を試みた抑うつ患者の事例は数多くある。そして他方で、なんらかの理由で、あるいは誰かのために自殺衝動を克服した抑うつ患者の事例もたくさんある。彼らはいわば、自殺をするためにあまりにも様々なことを考えすぎたのである。

私個人としては、パラノイアもしくは内因性のうつ病という精神的な病は、身体因性の病気であるという確信をもっている。もっと正確に言えば、その病因は生化学的なものであるが、宿命論的な結論を示そうとするものではない。遺伝に基づくような生化学的な事例においても、宿命論的な結論を示すことは有効なことではない。この文脈においては、ヨハネス・ランゲがかつて報告した一卵性双生児の事例を引用することがきわめてふさわしいだろう。一方の一卵性双生児は熟練した犯罪者になり、もう一人の方は熟練した犯罪学者になったのである。「熟練した」という特徴については、遺伝が原因かもしれないが、犯罪者になるか犯罪学者になるかは、この事例がそうであるように、遺伝の問題ではなく態度の問題なのである。遺伝は、人が自分自身を形成する素材以外の何ものでもない。たとえて言えば、遺伝は、建築者が家を作るときに必要な石材に相当するが、建築者自身が石材を作るわけではない。

遺伝でさえこの程度のものであるから、まして幼児期の体験が人生の道を一義的に決定する可能性は少ないのである。患者ではないが、かつて私に手紙をくださった方がいる。彼女は次のように書いている。「私は実際のコンプレックスというよりも自分がそれを持っているのではないかという考えに苦しんだのです。実のところ、自分の経験を何か他のものと交換するなんてできませんでした。そして私は自分の経験のなかから素晴らしいものがたくさんやって来てくれたと信じています。」

さらに幼児期の体験が、何人かの心理学者が考えるほど、宗教的な生活にとって決定的なものとはならない。神の概念が父親像によって決定されるということはまちがっているのである。

否定的な父親像の影響があるからといって、貧しい宗教生活の道をたどるとは限らない。最悪の父親像を持っている人であっても、その人が神との健全な関係を構築することを阻むことはないのである。[フランクル、『意味への意志』ニューヨーク、クリーブランド、一九六九、一三六頁 二]

「真理はあなたを自由にする」という約束は、次のように解釈されてはならない。つまり、あたかも真に宗教的であるということが神経症から自由になる保証であるというふうに。しかしながら反対に、神経症からの自由は真の宗教的生活を保証するものでもない。三年前、私はこの問題をメキシコの修道院を経営しているベネディクト修道士である副院長と議論する機会を持った。彼は厳密に、ベネディクト修道士たちはフロイト派の精神分析の治療を受けるべきだと主張した。そして結果はどうなっただろうか。わずか二〇%の修道士たちだけが修道院にとどまったにすぎなかった。私が自問しなければならないのは、神経症的な欠陥があるということでふるいにかけられたとすれば、精神科医になったりそのまま続けた人はどんなにか少なかっただろうかということである。あなた方の間で私に石を投げることのできる最初の人は、神経症的な欠陥のない神学者もしくは精神科医だけである。

精神科医の側の運命論は、患者の側の運命論をおそらく強化するだろう。いずれにせよこれは神経症の特徴ではあるが。そして精神医学にあてはまるものは、社会医学にもまた適用できる。汎決定論は犯罪の言い訳として奉仕する。しかしながらこうした議論は自滅的である。もし被告が、自分が殺人をおこなったとき、自分は自由でなく責任もないと主張したならば、裁判官は判決を下すとき、同じことを主張するだろう。

少なくともいったん裁判官が判決を下したならば、実際、犯罪者といえども、自分のことを精神力動的な心理機制もしくは条件反射の犠牲者とみなされたくはないだろう。シェーラーがかつて指摘したように、人間には有罪とみられ罰せられる権利がある。周囲の環境の犠牲者とみなすことで、その人に罪がないと説明することは、同様にその人の人間としての尊厳まで取り上げてしまうことになるのである。有罪になるということは人間の特権であるとも言えるだろう。そしてその罪を克服することもまた人間の責任でありうることもたしかなことなのである。私がサン・クェンティン刑務所の受刑者たちに語ったのはまさにこのことだった。私はかつてこの刑務所の所長に頼まれて話をした。カリフォルニア大学の教授で編集者でもあるジョセフ・ファブリー教授は、私に同行してくれて、その後、カリフォルニアで筋金入りの犯罪者であるこれらの受刑者たちがどのように私の呼びかけに反応したかを私に語ってくれた。ある受刑者は次のように語った。「(フランクルとちがって) 心理学者たちはいつもおれたちの子ども時代のことについて質問し、過去の悪いことを聞き出そうとする。いつも過去のことばかりを。それはまるで過去こそが俺たちの首にくくりつけられた重荷であるかのようだ。」そしてそれからその受刑者は続けた。「おれたちのほとんどは、心理学者が話すことを聞きたくて来ているわけではない。おれが来たのは、フランクルもかつて囚人だったということを読んだことがあったからさ。」(ジョセフ・ファブリー、『意味の追求』ボストン、一九六八、二四頁)

かつて、カール・ロジャーズは「『自由』を構成しているものの経験科学的な定義」に到達した

（「議論、実存的探求」、一巻、二号、一九六〇、九頁〜一三頁）。ロジャーズの弟子の一人、W・L・ケールが、一五一人の非行少年少女の事例研究をした結果、次のことがわかった。すなわち彼らの行動は、家族の風土、教育経験もしくは社会経験、近隣社会の影響や文化的影響、健康状態、遺伝的な背景というような論拠からは予測することはできないということが判明した。一方で、予測の最高の指標となったのは、自己理解の程度に関する指標で、これと後の行動との間には〇・八四という高い相関関係があった。この文脈での自己理解とは、自己距離化、つまり自分自身を突き放して見る力のことである。しかしながら、汎決定論はこの自己距離化の能力を奪い去ってしまうのである。

汎決定論に対する決定論に眼を転じてみよう。汎決定論の原因が何かということについて考えてみよう。汎決定論の原因となっているのは、ちがいの区別が欠けていることにあると言える。一方で、原因は理由から区別されるが、他方で原因は条件と混同されているのである。原因と理由のちがいは一体何だろうか。あなたが玉ねぎを切れば涙が出てくる。その場合、あなたの涙は原因を持っているが、しかしそこには泣く理由は存在しない。もしあなたがロック・クライミングに挑戦し、一万フィートの高さに到達したとしよう。あなたは圧迫感や不安の感情と闘わなければならなくなるはずである。この圧迫感や不安は原因なのか理由なのか、どちらに由来するものだろうか。酸素が不足しているという点では原因である。しかし自分にはロック・クライミングの素養がないことや十分な訓練をしてこなかったことをあなたが知っているならば、その不安は理由になる。

人間は「世界内存在」として定義されてきた。世界は理由も意味も含み持っているが、しかしもし人間を閉じたシステムという言葉で考えるならば、理由も意味も排除されてしまうことになる。そこに残るのは原因と結果だけになる。どのような結果も、条件反射やあるいは刺激に対する反応として説明される。そして原因の方は、条件づけや衝動や本能という言葉で説明されてしまうのである。衝動や本能は［何らかの行動を］押し進めるが、理由や意味は［何らかの行動を］引き寄せる。たしかに、もしあなたが人間を閉じたシステムだと考えるならば、［何らかの行動を］押し進める力だけは気づくが、［何らかの行動を］引き寄せる動機には気づかないだろう。ドレイク・ホテルのフロント扉のことで考えてみよう。ロビーの内側からは、あなたは「押す」という標示しか気づかない。同じ扉にある「引く」という標示は、外側からしか見えないようになっているのである。人間もまたドレイク・ホテルのフロント扉のように、様々な扉を開く。人間は［外につながる］窓を持たない閉じた単子（モナド）ではない。実際に、もし心理学が人間の開放性を世界に対して認識しないならば、心理学は一種の単子論（モナドロジー）に変質している。実存のもつこの開放性は、自己超越性によって反映されている。人間的な事実としての自己超越性という性質は、フランツ・ブレンターノやエドムント・フッサールによって名づけられた、人間的な現象である「志向的」特質のなかに反映されている。人間的な現象はつねに「志向対象」に関係し、「志向対象」を指し示している。(Herbert Spiegelberg, *The Phenomenological Movement*, Vol.2, 1960, p.721 ヘルバルト・シュピーゲルベルク、『現象学的運動』、二巻、一九六〇、七二一頁）理由や意味もそうした対象を代表している。理由や意味は、心が摑み取ろうとしているロゴス［意味の世界］なのである。もし心理学がその名にふさわしいものであるならば、それは「プシケ」と同様に「ロゴス」もまた共に認識されなければならない。

いったん実存の持つ自己超越性が否定されてしまえば、実存それ自体が破壊されてしまい、それが現実的になる。人間存在はたんなる事物存在に還元されて、人間であることが非人間化されてしまうのである。そして最も重要なことは、主体が一つの対象にされてしまう点にある。主体が一つの対象にされてしまうのは、主体が様々な対象と関わりを持つという、主体それ自体の特徴によるものである。そして理由や動機として役立っている価値や意味という志向対象に関わるところに人間のもう一つの特徴がある。他方で、もし自己超越性が否定され、意味や価値へ向かう扉が閉ざされてしまうならば、理由や動機は条件づけにとって変えられてしまうことになる。そして人間をどのように条件づけ操作するかは、「隠れた説得者」次第であるということになる。物象化［目に見えるだけの存在にすること］は人間を操作することへの扉を開き、逆もまた然りなのである。もし誰かが人間を操作できるならば、その人はまず人間を物象化する必要がある。そのためには汎決定論の考え方の線に沿って人間を教化しなければならない。「〈裕福な社会〉という発展しつつある経済は、こうした市場操作なしには存続することができなかった」とルードヴィッヒ・フォン・バートアランフィは述べている。「人間を操作することによってのみ、さらにスキナーのネズミ、ロボット、オートメーション化を受け入れること、ホメオスターシス（恒常）的に順応する適応者、そして日和見主義者についてますます、この巨大な社会は、絶えず増加する国民総生産に対して進歩を信じ求めているのです。ロボットとしての人間は、産業化された集団社会のなかの力強い原動力の表現であると同時に力強い原動力だったのです。そしてそれは、商業的、経済的、政治的な行動工学の基盤であると同時に、他の広告とプロパガンダの基盤だったのです。」（「一般的システム理論と心理療法」General System Theory and Psychiatry,in Silvano Arieti,ed.,American Handbook of Psychiatry,Vol.3,pp.70 and 721.）

原因は、理由と区別がつかないだけでなく、条件とも区別がつきにくい。たしかにある意味では原因はそれ自身条件でもある。いわゆる「条件」は厳密には必要条件であるのに対して、いわゆる「原因」は十分条件である。ついでながら、たんに必要条件だけでなく、「可能条件」とでも呼びうる条件もまた存在する。可能条件とは解除装置あるいは引きがね（誘因）である。いわゆる心身症は心理的な要因によって引き起こされるものではない。すなわち心身症は神経症のような心因性のものではなく、むしろ心理的な要因が引き金となって引き起こされる身体の病なのである。十分条件がそろえば、何らかの現象が生み出される。つまり現象はその本質的な面においてのみならず、その実際の存在においても、原因によって決定される。他方、必要条件は一つの必須条件であり、一つの前提条件なのである。たとえば、甲状腺機能の減退のためにおこる知的発達障害というものがある。もしその患者に甲状腺製剤を与えれば、患者のＩＱは改善され高くなる。しかし私が以前批評しなければならなかったある著書のなかで述べたように、精神というものが甲状腺の作り出す物質以外の「何ものでもない」と言えるだろうか。その本の著者は必要条件にすぎない甲状腺を、十分条件だと思い込んでいたのである。別の例を出してみよう。副腎皮質の機能が減退する事例である。私は、副腎皮質の機能減退の結果として生じる離人症の事例についての実験研究に則しつつ、ふたつの論文を執筆した。もし患者にデオキシコルテコステロン・アセテート［ステロイド系のホルモン］を与えれば、患者は再び離人症から立ち直り、自分という感覚が戻ってくる。このことは、自己というものが、デオキシコルテコステロン・アセテート以外の何ものでもないということを意味しているのだろうか。

ここで私たちはようやく、汎決定論が還元主義に変化する地点に到着した。実際、還元主義は、人間以下の現象から人間的な現象を演繹しようとし、また人間的な現象を人間以下の現象に引き下げようとする。しかし人間以下の現象から演繹する過程で、人間的な現象はたんなる副次的な現象に変質されてしまうのである。こうしたことを還元主義に許しているのは、「原因」と「条件」のちがいを区別していないからなのである。

還元主義こそ、今日のニヒリズムである。ジャン＝ポール・サルトル流の実存主義は『存在と無』というタイトルの著作を要として展開されている。しかしサルトルの実存主義から学ぶべき教訓とは、本来の「無」ではなく、ハイフンで連結された無、すなわち、人間存在の「非―事物性」ということなのである。人間存在は、様々な事物存在のなかの一つではない。事物存在はお互いを規定し合うが、しかし人間存在は、自分自身を規定しながら存在する。むしろ人間は自分自身を決定されるがままの存在にすべきかどうかを決断する。人間とは、自分を駆り立てる衝動や本能によって生きるのか、あるいは自分を引きつける理由や意味に向かって生きるのかを決断する存在なのである。

かつてのニヒリズムは無を説いたが、今日のニヒリズムである還元主義は、〝＊＊にすぎない〟と説き伏せるのである。人間はコンピュータにすぎないとか、人間は「裸のサル」にすぎない等と言う。もちろん、人間の中枢神経系の機能を説明するために、モデルとしてコンピュータを使用することはまったく正当なことである。ただたとえ話への誘惑は拡大し、とくにコンピュータの場合はきわめてそれがあてはまる。しかしながら還元主義は軽視し無視するが、次元の相違ということを決して忘れてはならない。たとえば良心についての典型的な還元主義者の理論を考えてみよう。それによれば、人間的現象である良心も、条件づけの結果にすぎなくなる。たしかに、カーペットを濡らしてしまい、両足の間に尻尾を挟みソファーの下にこそこそ逃げ込む犬の行動は、良心を表しているわけではない。むしろそれは予期不安、この場合は罰を受けるのではないかと予期することによって生じた不安と私が呼ぶところのなにものかにすぎない。これはまさに条件づけの結果にすぎず、良心とはまったく関係がない。なぜなら本当の良心に基づく行動とは、罰を受けるという予期不安からおこなうものではまったくないからである。

ローレンツは、動物の行動を人間の道徳的な行為にたとえて説明することには本当に慎重だった。反対に還元主義者は動物の行動と人間の行動の間にある質的相違を認めない。還元主義者は、人間だけに存在する独自の現象をまったく否定する。しかも彼らは経験科学の基盤に即して否定するのでなく、先験的なものの基盤に即して否定するのである。還元主義者たちは、動物のなかに見出すことのできないものを、人間のなかに見出せるはずがないと主張する。有名な格言を少し変えて表現すれば、「さきに動物に在りざりしところの何ものも人間に在ることなし」なのである。これとの関連で私が思い出すジョークとして、ユダヤ教のラビがふたりの信者から以下の相談を受けたというものである。一人の男が、相方の猫が五ポンド［約二キログラム］のバターを盗んで食べてしまったと言った。しかし相方は自分の猫はそんなことはしていないと言う。「私のところへその猫を連れてきなさい。」とラビは命じて、その猫は連れてこられた。「さて、秤を持ってきなさい。」とラビは言う。今度は秤が持ってこられた。「この猫が食べたバターは何ポンドだっかね?」とラビは尋ねる。「五ポンドです。先生。」そこでさっそくそのラビは猫を秤に乗せて重さを測ったところ、ちょうどぴったり五ポンドだった。そこでラビは言った。「さて私はいまバターをもっている。しかし猫はどこへいったのだろうか？」そのラビは、もし五ポンドが存在するならばそれは五ポンドのバターにちがいないという先験的な前提でもって判断を開始したのである。還元主義者たちはこれと同じことをしているのではないだろうか。もし人間のなかに何らかの行動があるのならば、それは動物の行動の線に沿って説明することができるにちがいないという先験的な前提でもって、還元主義者たちもまた判断を開始するのである。還元主義者たちは明らかに、あらゆる条件反射や、条件づけ、生まれつきもっている解除装置や、彼らが探し求めてきたものならどのようなものであれ、人間のなかに再発見するのである。彼らはさきのラビと同じように言うだろう。「さてそれはわかったとして、しかし人間はどこへ行ってしまったのだろう。」と。

還元主義に即した教え込みの破壊的影響力は決して過小評価されるべきではない。ここではR・N・グレイによっておこなわれた六四人の医者（うち精神科医は一一人）に関する以下の研究を引用することにとどめておきたい。その研究によれば、医学生の期間に、悲観的な考えが強くなり、逆に人道主義的な考え方は減少したというのである。医学の学びが終わってようやくその傾向は逆になったというのであるが、しかし残念なことに必ずしもすべての被験者である医学生がそのようになったというわけではない。（An Znalysis of Physicians, Attitudes of Cynicism and Humanitarianism before and after Entering Medical Pracice, J.Med. Educat., Vol.40, 1955, p.760)

別の還元主義者によれば、価値は反動形成と防衛機制以外の何ものでもないと定義されてしまう。この理論に対して私は次のような態度をとった。私自身について言えば、私は反動形成のために生きるつもりはないし、ましてや防衛機制のために死ぬなどもってのほかであると考えている。こうした還元主義の解釈が、言うまでもなく価値の正しい理解を傷つけ蝕んでしまうのである。

たとえば次のような実際にあった報告を紹介してみたい。若いアメリカ人のカップルがアフリカから帰国した。彼らは、「ピース・コープス」［発展途上国を援助する団体］のボランティアとして奉仕していたのだが、うんざりして嫌悪感を抱いたと言う。当初、彼らはある心理学者によって指導される強制的なグループセッションに参加しなければならなかった。そこで以下のようなゲームをさせられたというのである。

「どうしてあなたたちはピース・コープスに参加したのですか。」

「私たちは特権階級からはずれた人々を援助したいと思いました。」

「ということは彼らより優れた存在にならなければいけませんね。」

「ある意味ではそうかもしれませんね。」

「それはあなたがたのなかに、自分たちの方が優れているということをご自身で証明したいという無意識の欲求があるということですよ。」

「私はそんなふうに考えたことは毫もありませんでしたね。でもあなたは心理学者だから、よく御存じなんでしょうね。」

そのようにことが進んだ。このグループでは、理想主義や利他的精神をたんなるコンプレックスと解釈するように教化されていたのである。さらに悪いことに、このボランティアのふたりは、「たえず〈どのような隠されたあなたの動機〉があるのかを互いの心の裏に探り合うゲームに参加してしまったのである。この報告はフルブライトの特別研究員がウィーンの私の病因で昨年研究したものであり、これこそがまさに過剰解釈と私が呼んでいるものに関係する。仮面を剝ぐことはまったく正当なことではあるのだが、人が人間のうちに真実、あるいは偽りのない人間性と出会うやいなや、仮面を剝ぐことをやめなければならないのである。もしそのことをやめなければ、暴露されるべき唯一の事柄は、仮面を剝がす心理学者自身の「隠れた動機」つまりその心理学者の無意識に潜む人間的偉大さの価値を貶める理由になるのである。

エディス・ワイスコップ＝ジョエルソンらの最近の研究に従えば、アメリカの大学生の間で最も高く評価されている価値は「自己分析」であるという。（Relative Emphasis on Nine Values by a Group of College Students, *Psychological Reports*, Vol.24, 1969, p.299）このようにアメリカで支配的なそして広く流布している文化的風土は、先述したピース・コープスのボランティアにおこなったカップルの事例のような強迫観念の危険にとどまらず、大衆的な強迫神経症という危険をも孕み持っている。

私たちはここまで、理由と比較しつつ原因について論じ合ってきた。同様に十分条件と比較しつつ必要条件についても議論してきた。しかしながらここで熟考するべき第三の区分がある。それは通常、十分条件として理解されているものが、反対に最終的な原因ではなく、効果的な原因なのだということである。ここで私が言いたかったことは、最終的な原因あるいは意味や目的は知覚できるということであり、さらに詳しく言えば、それらにとって適切な科学的アプローチを取りさえすれば、認知できるということなのである。意味や目的は存在しないと考える汎決定論者は、ヨハン・ヴォルフガング・ゲーテが描いた「生きものを研究しようとする」人に酷似している。

生きたものを認識し記述しようとするものは、
まず、執拗に生きものから魂を取り除く。
次に、手に入れた各部分を分類する。
しかし、気の毒なことに、精神的なつながりは欠けている。
化学ではそれを「自然の働き」と呼ぶ。
それがどれほど、みずからをあざけり侮辱するものであろうとも。

（『ファウスト』第一部）

ここにはまさに「つながりの喪失」がある。いくつもの科学によって描き出された世界では、意味は失われている。しかしながらこのことはなにも、世界が無意味であると言っているのではなく、様々な科学は意味に対して盲目であるということだけのことなのである。意味は科学によって暗黒部分にされてしまっており、どのような科学的アプローチによっても例証されない。冒頭のたとえにこだわった表現を使用するならば、意味はどの「断面図」にも出てこない。垂直方向の平面に描かれた曲線を考えてみよう。この曲線は水平方面では、三つの点、単独で、脈絡のない、相互に意味のつながりのない三つの点にすぎない。意味あるつながりは水平面にはなく、その上と下に存在する。科学にとってはでまかせの、たとえば偶然の浮き沈みのように見える出来事の場合も、これと同じことではないだろうか。すべての事柄が意味ある言葉で説明できるわけではないという事実は残るが、今ここで説明しうることは、少なくともなぜ必然的にこのようなことが生じているのかという理由なのである。

　こうしたことが意味の場合でも当てはまるならば、どれぐらいのことが、究極的な意味にも有効であるだろうか。その意味がより広範囲になればなるほど、その意味を理解することは困難になっていく。無限の意味は必然的に有限な存在にとっての理解を超えていくのである。この場所がまさしく、科学が断念し、知恵が科学から引き継ぐ地点なのである。ブレーズ・パスカルはかつて次のように述べている。「こころは、理性が知らない理由までも知っている」と。心の知恵とでも呼ばれるなにものかが実際に存在している。あるいはそのことを存在論的な自己理解と呼ぶ人もいる。市井の人が、心の知恵を働かせて自分自身を理解する方法を、現象学的に分析することは、次のことをわれわれに教えてくれるかもしれない。それは人間であるということは、かつてフルトン・J・シェーンが提案したような、自我、イド、超自我が要求を衝突させる戦場という以上の意味がある。また人間であるということは、条件づけ、衝動、本能の人質や慰みものとなること以上の意味がある。市井の人々からわれわれが学ぶこ

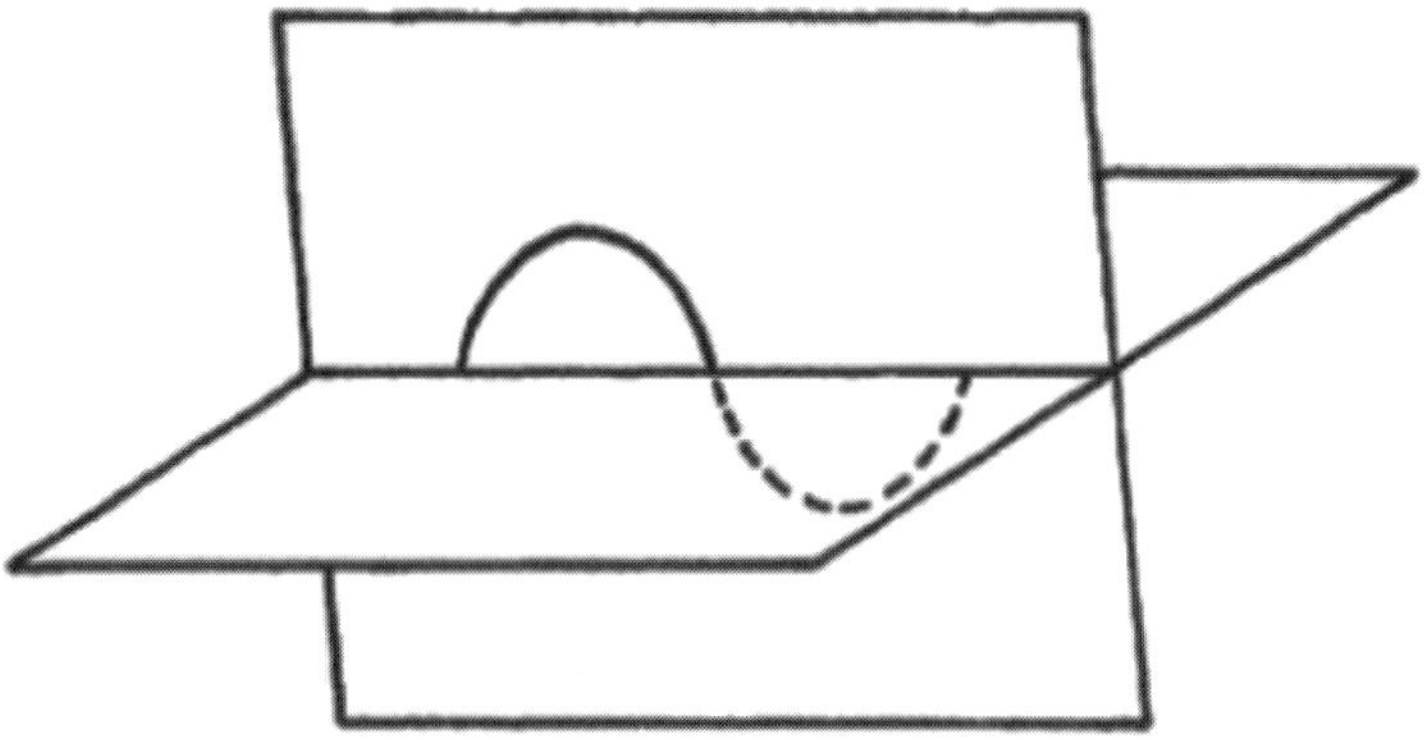

とは、人間であるということが、チャンスでありチャレンジである状況につねに向かい合うということなのである。人生のそれぞれの状況は、われわれにその意味を充たすようにとチャレンジしてくる。そしてその挑戦を引き受けることによって自己を成就するチャンスがわれわれに与えられる。それぞれの状況はわれわれへの呼びかけであり、われわれはそれをしっかりと聞き取り、それに応答するべきなのである。

ようやく議論の輪が閉じられる地点まで到達した。われわれは自由を制限するものとしての決定論から出発し、自由の枠を広げるためにヒューマニズムに到着した。自由は話の一部であり、真理の半分でしかない。しかしながら自由であることは現象全体の消極的な側面でしかなく、それの積極的な側面は責任を持つということなのである。自由は責任性に基づいて生きられなければ、たんなる勝手きままなものに堕落してしまうだろう。東海岸の自由の女神像は、西海岸の責任性の像によって補完されるべきであると私が奨励するのは、こうした理由によるものなのである。

第5章　私は人間の責任をいかに考えているのか

ロゴセラピーでは、人間の精神には選択をする自由があるということを前提としている。それによって責任は人間の実存の中心となる。「どうして、人生は移ろいゆくものだということから、責任が実存の基本的特徴だということになるのですか。」という質問がしばしばなされる。私たちがすべての物事は移ろいゆくという考え方を受け入れるならば、最終的には「未来は（まだ）存在しない。過去は（もう）存在しない、よって実際に存在するのは現在のみである。」という結論になる。この考え方によれば、人間は無から来て無へと去って行く、無（nothingness）から生まれ無を怖れる生き物である、ということになる。このような状況に直面し、人はいかにして自分の存在に意味を見出し、責任ある選択をするだけの強さを持つことができるのだろうか。

現在の固有の重要性を強調することは、実存哲学の出発点である。その逆の観点は（プラトンや聖アウグスティヌスから発展した）静寂主義（quietism）である。静寂主義では、現在ではなく、真の実在としての永遠を重視する。静寂主義では、永遠のことを同時に存在する四つ目の次元の現実だとみなしている。それは永続的で、変わることなく、あらかじめ決定づけられている。静寂主義は、未来と過去の実在を否定するだけでなく、時間そのものの実在をも否定する。静寂主義者の考えによれば、時間は想像上のものにすぎない。過去・現在・未来はたんなる私たちの意識の幻想であり、実際にはそれらは並んで存在しているにもかかわらず、人間にはそれらが続いて起こっているように思われるにすぎない。

静寂主義者の考え方からは、必然的に運命論が導かれる。すべての物事はすでに「起こっており」変えられないのだから、人間は受動的なままである。存在の永遠性という考え方から生まれる運命論は、すべての物事はつねに不安定で変化し続けているという考え方から必然的に導かれる実存哲学の悲観主義と、対照的である。

ロゴセラピーでは、上記の実存哲学と静寂主義の中間の立場をとっており、それは古代の時間の象徴である砂時計の比喩によって最もよく表される。砂時計の上部は未来だと思ってもらいたい。これから来ることになっている未来は、砂時計の上部の砂である。砂は細いくびれ（現在）を通り抜け、砂時計の下部（過去を表す）へと至る。実存哲学は、未来と過去である砂時計の上部と下部を無視して、現在のくびれのみを見ている。一方、静寂主義は、砂時計全体を見ているが、なかの砂がたんに「ある」だけで「流れる」ことのない塊であるかのように考えている。ロゴセラピーでは、未来はまだ現実に存在していないが、過去は真の現実であると考える。

ロゴセラピーの立場は砂時計の比喩によって説明することができるが、すべての比喩がそうであるように、比喩とは不完全なものである。しかし、まさにこうした比喩の不完全さによって、時間の真の意義を描写することができる。砂時計ならば、上部が空になるとひっくり返すことができるが、時間ではこれができない。時間は戻すことはできないのである。ちがいはもう一つある。私たちは、砂時計を振ることによって砂粒の位置や砂粒同士の位置関係を変えることができる。時間では、このようなことは部分的にのみ可能である。私たちは未来を「揺り動かし」、変化させることができる。そしてそれは、自分自身を変化させることでもある。しかし、過去は固まっている。砂時計の比喩に戻ると、砂が現在というくびれを一旦通り抜けたなら、それは接着剤で固められたように固まる。いや、むしろ保存剤と言うべきだろうか。過去のなかですべての物事は永遠に保存される。

一時的で移ろいゆく物事とは、可能性であり、価値を認識するチャンスであり、創造し、体験し、意味ある苦悩をする機会であると、ロゴセラピーでは考える。可能性がいったん実現されると、それらはもはや移ろいゆくことはなくなる。それらはすでに過ぎ去った物事であり、過去の一部である。保存されるとは、何物もそれらを変えることはできず、何物もそれらを無かったことにすることはできないということである。それらは永遠に残る。

実存哲学が現在の悲観主義に重きをおくのに対して、ロゴセラピーではこのように過去の楽観主義を強調する。このような見方、即ち、過去の一部になりつつある出来事こそが、その人の人生だという見方(なお、ここで重要なのは「過去」よりも「なりつつある」の部分である)をすることの、実際的な意義を考えてみよう。結婚後わずか一年で夫を亡くした妻のことを想像してみてほしい。彼女は絶望し、その先の人生に何の意味もないと感じている。このような人が次のような認識に至ることができたら、大きな意義があるだろう。即ち、彼女はこの純粋に幸福な一年間を保存し、過去に救い出した。そして過去はつねに安全に保存されており、なにものもその経験を彼女から奪い去ることはできないのだと。

しかし、記憶もまた移ろいゆくものではないかと尋ねる人もいるかもしれない。たとえば、この未亡人が亡くなった後に、誰がその記憶を「生かして」おくことができるだろうか。しかし、この質問に対しては、誰かがそれを覚えているかどうかは関係ない、と答えることができる。それは、私たちが何かを見ているかどうかや、何かについて考えているかどうかが、それが実際に存在しているかどうかとはまったく関係がないのと同じである。私たちがある物事を見ているかどうかや考えているかどうかにかかわらず、それは存在している。死ぬときにあの世には何も持っていけないというのは事実である。私たちの人生全体、即ち私たちが完了と死に到達するまで生ききったという事実は、墓の外に残る。それが過去に入り込みそこで保存されるからこそ（けれど、ではなく）、残るのである。たとえ私たちが忘れたことも、私たちの意識から逃げて行ってしまったことも、過去に保存され、残っている。それが消えてしまうことはあり得ず、世界の一部として「存在し」、残っているのである。

たとえ私たちの意識に届かなかったことでも、それは存在している。それはこの世界に現れ、現実化したのである。何かが過去の一部であるということと、それを私たちが覚えているということを同一だと考えることは、過去の実存的な性質に対する私たちの考え方を、主観主義的で心理主義的な立場で解釈してしまっていることになる。

たしかにすべての物事は移り変わってゆくということは真実である。人間も、私たちが生んだ子どもも、偉大な思想も、その子どもがもたらす偉大な愛も。人間の寿命は七〇年、もしくは八〇年続くかもしれないが、それが良い人生であるならば、苦悩した価値があったのである。七秒しか続かない偉大な思想もあるかもしれない。しかし、それが良い思想ならば、そこには真実が含まれている。偉大な思想も、子どもや偉大な愛と同様に移ろいゆくものである。すべての物事は移ろいゆく。

しかし、また一方で、すべての物事は永遠である。それ自体が自ずと永遠になり、私たちが何かをする必要はない。しかしそれだけではない。私たちは責任を負っている。私たちの選択の結果として、何を永遠の一部とするかを選ぶ、という責任である。

すべての物事が永遠に記録される。私たちの人生のすべて、私たちの活動、体験、そして苦悩。これらのすべてが記録に含まれ、それは残る。世界は偉大な実存哲学者が見ていたようなものではなく、私たちが解読しなければならない記号で書かれた原稿である。いや、世界は私たちが解読しなければならない原稿ですらなく、私たち自らが書かねばならない記録である。

この記録は劇的な形式で書かれている。マルティン・ブーバーが言ったように、心は独白のなかではなく、対話のなかで機能する。世界の記録が劇的な形式で書かれるのは、それが私たちの人生の記録を含んでいるからである。そして、人生はいつも質問の形式をとって私たちに問いを投げかけてきており、私たちはそれに対して答えなければならず、そうする責任がある。まさに人生は質問と回答からなるテストなのである。

永遠の記録は決して失われることがない。これは慰めであり、希望である。しかし同時に、それは決して修正されることもない。これは警告であり、注意喚起である。過去の現実のなかの存在は、なにものも決して取り去られることはないが、何を過去に送り込むかは私たちにかかっているのであり、これからもずっとそうである。このことを忘れてはならない。このように、ロゴセラピーは過去の楽観主義（実存主義哲学による現在の悲観主義との対比）だけでなく未来の活動主義（activism）（運命論の静寂主義者による永遠との対比）でもある。なぜなら、過去のすべての物事が永遠に保存されるのであれば、すべては私たちが現在において、人生のあらゆる瞬間において、何に対して、それを過去の一部とするという「創造」をおこなうかにかかっているからである。これが、すべての物事が移ろいゆくことの理由である。すべての物事は、未来の非実在から過去の現実へと逃げ込んでいくように、急ぎ足で通り過ぎる。まるで、すべての物事が非実在への恐怖を抱いて、未来から過去（実在）へと殺到するせいで、現在という細い通路で渋滞しているかのようである。そこでは、すべての物事が押し合いへし合いしながら解放を待っている。解放は、ある出来事が過去へと過ぎ去って行くことや、私たちの体験か決定によって永遠への入場が許可されることによって起こる。

このとき、未来の非実在から過去の永遠の実存へつながる現在という細い通路は、非実在と実存との間の境界線となる。このことから、永遠には限りがあるということになる。すなわち、永遠は常に現在の瞬間、私たちが永遠であらしめたいものを決定する瞬間とつながっている。私たちの人生のあらゆる瞬間において、物事を永遠化するためにそれらを過去へ送り込む、という決定がなされる所に、永遠との境界がある。

時間をこのように捉えるならば、「時間を稼ぐ」とは、物事を未来に先送りすることではないことがわかる。何かを未来に延期したときではなく、それを安全に過去に救い出したときに、私たちは時間を稼ぐのである。

最終的にすべての砂が砂時計のくびれを通り過ぎ、上部が空になったとき、何が起こるだろうか。時間が私たちから去っていき、私たちの実存が最終地点――死に辿り着いたときである。

死によって、すべての物事は固定化される。もはや何も変化することはできない。人間にはもはや何も残っておらず、自分の身体と心理に対する影響力をも失う。死によって人は心理身体的な自我(ego)を完全に失うが、それでも残るものが自己(self)、精神的な自己である。死者はもはや自我を持たない。彼はもはや何も「持って」いない。彼はただ自己で「ある」だけである。

人が突然の事故で死にゆくとき、それまでの人生のすべてが美しい早送りの映画のように思い出されるという話がある。この考え方に合わせるなら、死に及んで人はその映画そのものになる、と言うことができるかもしれない。今や彼は自分が生きた人生そのもので「あり」、自分の身に起こった人生の歴史そのものであり、自分が為した物事そのものである。こうして、人は自分だけの天国となり、自分だけの地獄となるのである。

このような考え方からは、人間の過去はその人の真の未来である、というパラドックスが導かれる。死にゆく人は未来を所有して(have)おらず、過去だけを所有している。しかし、死者はその人自身の過去で「ある(is)」。彼は人生を所有していないが、彼は人生そのものである。だから、その人の過去の人生は重要ではない。過去とは、実存の最も安全な形式であり、そこでは決して何も失われることはないことを、私たちは知っている。

人間の過去は、言葉の文字通りの意味のとおり、不完全ではなく完全(過去完了：past perfect)なのである。人生が完全になり、完成され、完成された人生としてのみ存在する。人生の途中では、単一の既成事実(faits accomplis)だけしか砂時計のくびれを通り抜けることはできないが、死後には、人生全体が一つの超 - 既成事実(par-fait accomplis)として、くびれを通り抜けるのである。

ここから第二のパラドックス——そして二重のパラドックス——が導かれる。先ほど私は、何かを過去という実存に送り込むことによってそれを現実化する、と述べた。まず第一に、もしそうなら人間は自分自身によって現実化させられたことになる。なぜなら、人が人生をまっとうすることによって現実化したものは、自分自身の自己だからである。そして次に、人間は誕生によって現実化されるのではなく、死によって現実化される。なぜなら、人間の自己は、何かで「ある」のではなく、何かに「なりつつある」のであり、それは自分自身の死の瞬間にのみ、完成されるからである。

一般に、人は死の意味を誤解している。朝、目覚まし時計が突然鳴り出し、私たちは夢から飛び起こされる。このとき、私たちは恐ろしいものが夢の世界に侵入してきたように感じ、アラームが自分を現実存在、即ち日常の世界に目覚めさせてくれたとは認識しない。死がやって来たときに私達が恐怖するのも、これと同じように考えられないだろうか。死は私たちを真の現実へと呼び覚ましてくれるのに、私たちがそれを誤解しているのではないだろうか。

たとえどれほど優しく愛情のこもった手が私たちを眠りから覚まそうとしても、私たちはその優しさに気づかず、それをたんに夢の世界への恐ろしい侵入者だと感じる。私たちは死についても同じように認識している。即ち、私たちの身に起こることは何か恐ろしいことであり、それが意味するものが良いものであるとは、ほとんど信じられないのである。

ロゴセラピーでは時間と責任の関係性を肯定的に捉えている。責任は人生の極めて根源的な性質であり、存在の移ろいやすさという性質によっても、その意味が損ねられることは決してない。それどころか、意味のある人生の本質である責任は、時間の流れに基づいているのである。時間は、たんに可能性を含んでいるだけの未来から、しっかりと現実性を保持している過去へと流れる。人間の責任とは、「未来の活動主義」即ち、未来から可能性を選択することと、「過去の楽観主義」即ち、可能性を現実にし、それらを過去という安息の地に救い出すこと、にある。

第6章 「意味する」とはどういうことか

他の著作においても、私は、自己超越は人間存在の本質だという自分の主張を立証している。簡単な言葉で言えば、人間存在はつねに自分自身ではなく他の何かに向かおうとしている。言い換えれば、自分の人生の意味と目的に向かって手を伸ばしているということが、人間の特徴である。アウグスティヌス流に言うなら、人間は人生の意味と目的を見出し実現することなしには、心の安らぎを得られないのである。この表現は、神経症の理論と治療における典型的な例を表している。少なくとも、私が精神因性（noogenic）（フランクル、一九六三）と名づけた種類の神経症に関する限りはそうである。

しかし、人間の基本的な意味志向性、即ち人間の独自で生来的な意味と価値への関心は、西洋文明に蔓延する還元主義によって、危険に晒され、脅かされている。この還元主義は、とくに若者の間で、理想と情熱をむしばみ、弱らせているようである。

還元主義に従えば、人間はたんなるコンピュータに過ぎないものとして描写される。しかし、ウィリアム・アーウィン・トンプソン（一九六二）が言うように、「人間は椅子やテーブルとして存在するようなたんなる物体とは異なる。人間は生きている。もし人間が自分をたんなる椅子やテーブルのような存在に還元してしまうなら、その人は自殺する。もし私たちの文化のなかで最も高い教育を受けた人々が、天才とは性的倒錯の見せかけの姿であり、あらゆる価値はうわべだけの作り物だという考えを持ち続けるなら、どうやって同じ文化のなかにいる大勢の人々に警鐘を鳴らすことができるだろうか。そのような考え方は、集合的な人間の標準ではあっても、物事をよく知っている賢明な科学者のものではない。私たちの文化のなかで暮らす大多数の人々は、消費と犯罪と不道徳という乱痴気騒ぎのなかで、価値に対してほとんど注意を向けず、それを喪失しているのである。」

還元主義それ自体も、相対主義と主観主義をなぞっているだけだということに還元されるだろう。意味と価値は相対的で主観的なものだと信じている人がいるが、本当にそうなのか、自分自身に尋ねてみよう。この質問に対する私たちの答の前に言っておくが、意味と価値はどちらも相対的で主観的なものである。しかし、それは相対主義と主観主義による考え方とはちがった意味においてである。

それでは、どういう点で意味は相対的なのだろうか。意味は、ある特定の状況に置かれたある特定の人物に関連しているという点で、相対的なのである。意味は、ふたつの点でちがいを見せると言うこともできる。まず、人ごとに。そして次に、日ごと、さらに言えば時間ごとに。私が講演をすれば、その状況が私と聴衆を結びつけるということは事実である。しかし、それでも状況の意味は違っている。私たちの課題は異なっている。聴衆は聞かなければならず、私は話さなければならない。

私は相対性よりも唯一性について話したい。しかし、唯一性は、状況についてのみ当てはまるのではなく、人生全体についても当てはまる。なぜなら、人生というのは結局のところ、唯一の状況がつながってできる鎖だからである。このように、人間は実存と本質の両方の観点において唯一の存在である。つまるところ、人間は他と置き換えることができないという意味で、唯一無二なのである。そして、人間の人生は、他の何者によってもくりかえされることはできないという意味で、唯一無二である。

それゆえに、普遍的な人生の意味のようなものはなく、ただ個別の状況における唯一の意味があるだけである（フランクル、一九六五ａ）。しかし、こうした状況のなかには何か共通するものもあり、それゆえに、社会、さらには歴史を通して人間に共通の意味もあるということを忘れてはならない。これらの意味は唯一の状況に関連しているというよりも、むしろ人間の状況と関連している。そして、これらの意味は価値として理解される。すなわち、価値とは、社会や人類が直面せざるをえない典型的な状況での、意味の普遍的特質を結晶化させたものとして、定義されるだろう。

価値や意味の普遍的特質によって、少なくとも典型的な状況においては自分で決めることが免除されるので、人間の意味探求に伴う苦労は軽減される。しかし、悲しいかな、人間はこの安堵と利益に対する代償も支払わなければならない。なぜなら、唯一の状況と関連する唯一の意味とはちがって、ふたつの価値は、互いにぶつかり合うことが予想されるからである。そして、よく知られているように、価値の衝突は葛藤という形で人間の心に映し出され、それは精神因性神経症の形成における重要な役割を果たす。

価値や意味の普遍的特質は円であり、唯一の状況に基づく唯一の意味は点である、と想像してみよう。ふたつの価値は、ときにはお互いに重なることがあるのに対して、唯一の意味ではこのようなことは起こりえないということが理解できるだろう。しかし、私たちは自問しなければならない。本当にふたつの価値はぶつかり合うのか、言い換えれば、この二次元の円という比喩は適切なのかと。価値は、三次元の球体に例える方がより適切ではないだろうか。三次元空間のふたつの球体がまったく接触していないにもかかわらず、それらが三次元空間から二次元平面に投映されたときにはふたつの円が重なって見える、ということは起こりうる。同様に、ふたつの価値がぶつかり合うという印象は、すべての次元に注意が向けられていないことによって引き起こされる。この次元とは、価値の階層的な序列である。マックス・シェーラー（一九六〇）によれば、価値づけとはある価値を別の価値より高く評価するということを暗に意味している。このように、価値の序列は価値そのものと同時に体験される。ある価値を体験するということは、ある価値を別の価値より高く位置づけるという体験でもある。ここでは価値の葛藤が生じる余地はない。

しかし、価値を階層的な序列として体験するということは、人間が意志決定をしなくて済むということではない。人間は衝動によって押し動かされるが、価値によって引き寄せられる。状況から提供される価値を受け取るか拒絶するかは人間の自由である。自分が価値を認識したいと望むかどうか、その態度を決定するのはその人自身である。道徳や倫理的な伝統や基準によって、価値の階層的な序列が伝えられ導かれるということは真実である。それらは、今もなお吟味——人間の良心による吟味——に耐えなければならない。人間が良心に従うことを拒否し良心の声を抑圧しない限りは。

価値は、大きく三つのグループに分けられ、判別されるだろう。私はそれらを創造価値、体験価値、態度価値として分類した。この順序は、人間が人生に意味を見出すための三つの主たる方法を反映している。第一に、人間が創造によって世界に与えることによって、第二に、人間が出会いと経験によって世界から受け取ることによって、そして第三に、人間が変えることのできない運命に直面したときに、それに耐えることによって、人は人生に意味を見出すのである。創造価値と体験価値の両方を奪われた人であっても、それでも意味実現の機会、すなわち、正しく苦悩することに内在している意味が、その人を待ち受けている。それが、人生から意味が失われることは決してないということの理由である。

実例として、ラビのアール・A・グロールの言葉を引用したい。彼は、かつて不治の病で死の間際にある女性から相談を受けた。「死についての考えと現実に、私はどうやって向き合うことができるでしょうか？」と彼女は尋ねた。ラビは次のように報告している。「私たちはとてもたくさんのことについて話し合いました。私は、ラビとして、信仰のなかに見られる不滅についての概念を多数紹介しました。補足として、私はフランクル博士の態度価値の概念についても話しました。神学的な話はほとんど彼女の心に響きませんでしたが、態度価値の話は彼女の好奇心をかき立てました。とくに、その概念の提唱者が強制収容所に収監されていた精神科医だということを彼女が知ったときです。フランクルとその思想が彼女の心をとらえたのは、彼がたんに苦悩に対して理論を当てはめる以上のことを知っていたからでした。このときここで、彼女は心を決めました。この苦しみを避けることができないのであれば、病と向き合う際の態度と流儀を自分が決定しようと。彼女は、苦痛によって心を傷つけられた周囲の人たちにとって、頼りになる人になりました。最初はそれは「虚勢」でした。しかし、時間の経過と共に、その行動は目的のあるものになっていきました。彼女は私にこう打ち明けました。「もしかしたら、私のただ一つの不滅の行動は、自分の困難に対する向き合い方にあるのかもしれません。苦痛はときには耐えられないほどですが、それでも私は今まで知らなかったような平和と満足を心の内で感じています。」彼女は尊厳と共に亡くなりましたが、その不屈の勇気は私たちの仲間の記憶に残っています。」

この文脈において、私はロゴセラピーと神学の関係について詳しく語りたいわけではない。ここでは、宗教的な人生哲学が信奉されているかどうかにかかわらず、態度価値の概念は原則的に通用するものであり、支持されうるものだということを述べれば十分だろう。これまで、私たちは、意味は相対的であるということはどういうことか、という問いを取り扱ってきた。ここからは、意味は主観的なのかどうか、という問いについて話を進めなければならない。意味とは解釈の問題である、というのは誤りだろうか。そして、解釈にはつねに意思決定が含まれてはいないだろうか。様々な解釈が可能で、そのなかから人間が選択しなければならないような状況はないだろうか。

このことについて、以前ウィーンの新聞で読んだ話を用いて説明したい。数年前、ある煙草屋の店主が不良に襲われた。彼女は夫のフランツの名を叫んだ。不良たちは、フランツが部屋の仕切りのカーテンの向こう側にいると思って逃走した。しかし実際には、彼女は夫を呼んだのではなかった。そんなことは不可能だった。なぜなら、夫はその数週間前に亡くなっていたからである。非常事態と恐怖のなかで、この未亡人は天に祈り、最後の瞬間の救いを、夫を通じて神に乞うたのだった。

この事実の顛末をどのように解釈するかは、完全に私たち一人ひとりに委ねられている。ある人は、不良たちが誤解するのは十分に考えられることだと思うかもしれないし、他の人は、祈りが天に届いたのだと考えるかもしれない。このような自然の成り行きの背後に神が超自然的な存在を隠しているということが、どうしてあってはならないだろうか。

もちろん、それ自体中立的な物事に人間は意味を与えている。ロールシャッハテストのインクの染みのように、中立的な物事に対して人間が自分が望んでいる考えを投影するスクリーンのようなものが現実である。もしそうだとすると、意味とはたんなる自己表現の手段であり、それゆえ、本質的に主観的なものだということになる。

しかし実際には、主観的なものは、私たちがそれによって世界に接近しようとする視点(perspective)だけである。そして、視点の主観性は世界そのものの客観性を少しも損ねるものではない。人間の認識は万華鏡のような性質ではない。万華鏡を覗いたときには、万華鏡自体の内部にある物しか見えない。反対に、望遠鏡を覗いたときには、望遠鏡自体の外部にある物が見える。そして世界を見たときには、そう、視点以上のものが見えるのである。たとえ視点がどれだけ主観的であったとしても、その視点を通して見えるものは、客観的な世界である。事実、ラテン語のperspectumは、直訳すると「~を通して見る」となる。

「客観的」という用語は、アラース(一九六二)によって用いられた「共同主観的(trans-subjective)」という用語に置き換えることもできる。ここにちがいはない。物事について語る場合も意味について語る場合も違わない。どちらも「共同主観的」である。なぜなら、意味とは与えられるものではなく、見つけられるものだからである。もし仮に意味が与えられるならば、それは恣意的な方法ではなく、正解のある方法で与えられる。即ち、一つの質問に対しては一つの答、一つの正しい答があり、一つの問題には一つの解決、一つの正しい解決があり、そして、一つの状況に対しては一つの意味がある。これが真の意味なのである。

かつて、私のアメリカでの講演旅行の際に起こったことを紹介したい。質問の時間が始まる前に、聴衆は質問をブロック体で書くように求められた。それが済んだ後、神学者がある質問を私に渡し、この質問は飛ばすように言った。「これはまったくナンセンスです。「あなたの実存理論では六百をどのように定義しますか」という質問をしている人がいます。」しかし、私はその質問をそれとは違う読み方、「あなたの実存理論では、神をどのように定義しますか」という読み方で読んだ。ブロック体で神（GOD）と六百（600）を識別するのはたしかに困難だったが。

これは意図せずして投映法検査になっていたのではないだろうか。なんといっても、神学者が「六百」と読み、神経学者が「神」と読んだのだ。その後、私はあえて同じことをやってみた。これを複写したスライドをウィーン大学のアメリカ人学生に見せたところ、信じられないかもしれないが、九人の学生は「六百」と読み、別の九人は「神」と読んだ。四人の学生は、どちらの読み方とも決められなかった。

私が示したかったことは、質問の正しい読み方はただ一つだけだという事実である。ただ一つの正しい読み方とは、それが尋ねられた読み方であり、それを尋ねた人が意味した読み方である。こうして私たちは意味の定義に辿り着いた。意味とは、質問をした人や、問いを投げかけ答を求めている状況が意味していたことである。しかし、英国人が「良かれ悪しかれ私の祖国だ」と言うように「良かれ悪しかれ私の答だ」とは私は言うことはできない。私は、自分に問われている質問の真の意味を見出すべく尽力し、最善を尽くさなければならない。

たしかに、人間には人生から問われている質問に対して答える自由がある。しかしこの自由を恣意性と取り違えてはならない。自由は責任の観点から解釈されなければならない。人間は、状況の真の意味を見出し、問いに対して正しく答える責任がある。くりかえしになるが、意味とは与えられるものではなく、見つけ出されるものである。人間は意味を発明することはできず、発見しなければならない。また、クランボーとマホーリック（一九六三）は、状況の意味を見つけることはゲシュタルト知覚と関連があるということを指摘している。この仮説は、ゲシュタルト心理学者ウェルトハイマーの以下の言葉によっても支持される。「ある状況、「七足す七は…」というのは、欠損を含むシステムである。この欠損の埋め方には様々な可能性がある。ただ一つの埋め方、十四だけが、このシステムから構造的に要求されるものとして、状況と合致し、欠損を満たし、この場所で全体として機能する。その他の埋め方（たとえば十五のような）は適合しない。それらは正しい埋め方ではない。ここで私たちは状況からの要請「必要性（requiredness）」という概念を得た。このような秩序から「必要とされているもの（requirements）」は客観的なのである。」（ウェルトハイマー、一九六一）

意味の探求において、人間は良心によって導かれる。良心は、状況に潜んでいるゲシュタルト性としての意味を見つけ、嗅ぎ取るための、人間の直感的な能力として定義される。こうした意味は独自なものであるため、一般的な法則には当てはまらない。良心のような直感的な能力だけが、意味のゲシュタルトを捉えるための唯一の手段である。

直感的であるということはさておき、良心は創造的でもある。ある個人が属する社会や仲間集団からの勧めに反することを、その人の良心が要請してくることは何度もある。食人種のことを想像してみよう。ある個人の創造的な良心は、自分が置かれた状況で、敵を殺すことよりもその命を助けることのほうがより意味がある、ということを見出すかもしれない。こうして、彼の良心が革命を起こし始め、独自な意味が普遍的な価値となるかもしれない。

今日ではその反対のことが起こっている。伝統が崩壊した時代、即ち私たちの時代では、普遍的な価値が衰退しつつある。それが、これまで以上に多くの人が、目標喪失やむなしさ、あるいは私が「実存的空虚」と呼んでいる感覚に捕われていることの理由である。しかし、たとえすべての普遍的価値が失われたとしても、人生はなおも有意味であり続けるだろう。なぜなら、伝統の崩壊やそこから生じる普遍的価値の消失によっても、状況の独自の意味はそのまま残るからである。たしかに、価値の失われた時代で人間が意味を見出すためには、自分に備わっている良心の能力を十分に活用しなければならない。私たちの時代においては、この能力を高めることが教育の最大の任務である。なぜなら、十戒がその無条件の妥当性を失ったように思われる時代では、人間は人生における一万の独自の状況から生じてくる一万の戒律に、これまで以上に耳を澄まさなければならないからである。そして、これらの戒律について、人間は自らの良心と照らし合わせ、良心を頼りにしなければならない。

真の良心は、私が「超自我的似非道徳」と呼んでいるものとは無関係である。また、真の良心は、条件づけの過程として片付けられてしまってはならない。良心は疑いようもなく、人間的現象なのである（フランクル、一九六五b）。しかし、良心は「たんなる」人間的現象であるということも付け加えておかなければならない。良心は、有限性という人間の条件の下にある。即ち、人間は意味の探求において良心に導かれるというだけでなく、ときには良心によって誤って導かれることもある。完璧主義者でなければ、良心が持つ誤りの可能性という性質についても受け入れるだろう。

人間は自由であり、かつ責任があるというのは真実である。しかし、人間の自由は有限である。人間の自由は全能（omnipotence）ではなく、人間の知恵は全知（omniscience）ではない。このことは、認識と良心の両方に当てはまる。

人間は、自分が為したことが真の意味であったかどうかを決して知ることができない。たとえ臨終のときであっても、それを知ることはできない。「我々は知らない、知ることはないだろう（ignoramus, ignorabimus）。」異なる文脈においてであるが、かつてエミール・デュ・ボア＝レーモンが述べたとおりである。

しかし、人間が自分の人間性を否定すべきでないならば、たとえ良心が間違いを犯す可能性に気づいていたとしても、それに従わなければならない。まちがう可能性があったとしても、努力の必要性から解放されることにはならない、と私は言いたい。まちがいを犯す危険性が、努力という任務を免除してくれるわけではない。ゴードン・W・オールポートが述べたように「我々は確信半ばでありながら、全幅の信頼を寄せることができる。」のである。

私の良心がまちがう可能性があるということは、他の人の良心が正しい可能性がある、ということを暗に意味する。このことが、謙虚さと慎ましさをもたらす。私が意味を探すならば、私は意味があるということを確信していなければならない。しかしその一方で、自分がそれを見つけられると確信できないならば、私は寛容でなければならない。これは、他の人が信じることを私も信じなければならないという意味ではない。しかし、他の人が自分の良心を信じそれに従うことを私は認めなければならない、という意味である。

心理療法家としては、セラピストは患者に価値を押し付けてはならないということになる。患者は患者自身の良心に注意を向けなければならない。たとえヒトラーの場合であっても、この中立性は保たれなければならないだろう。もしもヒトラーが初期の段階で自分の内にある良心の咎めを抑圧していなければ、彼はあんな風にはならなかったと私は確信している。

緊急の事例では心理療法家は中立性にこだわる必要は無いことは言うまでもない。自殺の危機に直面している場合には、介入は正当化される。なぜなら、まちがった良心だけが人を自殺させようとする、と私は考えているからである。しかし、この仮説は別にしても、他ならぬヒポクラテスの誓いによって、医師は患者が自殺することを防がなければならないだろう。私の場合は、自殺傾向のある患者に関わるときにはつねに人生に対する肯定的な世界観に沿って患者を導いてきた。そのことの責任は喜んで負うものである。

しかし、原則として心理療法家は患者に世界観を押し付けようとはしない。ロゴセラピストも例外ではない。自分が答を知っていると主張するロゴセラピストはいない。「女に「お前は神のように善悪を知るようになれるだろう」と言った」のは、ロゴセラピストではなく、蛇であった。

第3部　意味の探求（その2）

第1章　苦悩への挑戦

　近年、心理療法は大きく進歩してきている。人間の主たる関心事は欲求充足だという、以前の心理力動的な考え方から、人生の目的は自己実現と自己の可能性の実現だという新しい人間学的な人間観への転回は、注目に値する。必然性（人間は本能的な衝動によって決定づけられ、社会的な状況によって条件付けられている）として分類されてきたことが、実現されるべき可能性という別の分類にどんどん置き換えられてきている、という言い方もできる。また別の言い方では、私たちは人間存在の新しい解釈の仕方について議論している、とも言える。しかし、人間の実存のすべての現象を言葉で言い表すことはできず、それを囲い込むことは、ある一文を除いては不可能である。その一文とは「私は……である（I am）」である。この「私は……である（I am）」は、かつては「私は……せざるを得ない（I must）」（すなわち、私は何らかの条件と決定要因から、衝動と本能から、遺伝的並びに環境的な要因と影響力から、強いられている。）として解釈されていた。しかし、その次の時代では、この「私は……である（I am）」は、「私は……できる（I can）」（すなわち、私は私自身のこの一面やあの一面を実現させることができる。）として理解されている。

　しかし、ここにはまだ欠けている三つ目の概念がある。人間の現実をそのすべての次元から正しく見るためには、私たちは必然性と可能性の両者を超えていかなければならない。全体としての「私は……である（I am）」という現象のなかに、「私は……せざるを得ない（I must）」と「私は……できる（I can）」という一面に加えて、「私は……すべきである（I ought to）」として言及される次元を取り入れなければならない。私がすべきであることとは、私の人生のそれぞれの状況で私に挑んでくる具体的な意味を、それぞれの場合に実現することである。言い換えれば、この「私は……すべきである（I ought to）」を取り入れた瞬間に、私たちは人間の実存の主観的な一面（すなわち、存在）を、意味という客観的な片割れによって補完できるのである。

そうした後でのみ、自己実現を重視する現在の流行が正当化される。そうではなく、もし自己実現がそれ自体を目的としたものになり、それが最優先で目指される目標となるならば、何一つ実現することはできない。なぜなら、副次的な結果としてのみ得られるものを直接的に求めようとする試みは、失敗に終わるからである。人間は、自分の実存における具体的な意味を実現する限りにおいてのみ、自分自身をも実現することができるのである。

このことは、アブラハム・マズローが述べた自己実現理論とまったく矛盾していない。なぜなら、マズローもまた、このことを十分に考慮しているように私には思われるからである。たとえば、彼は次のように述べている。「私の被験者は、言葉のあらゆる意味において平均的な人々よりも客観的であったと言える。彼らは自己中心的というよりも問題中心的、すなわち、自分自身の外側にある問題に対して、より強く関心を向けていた。彼らが感じている課題は、責任や義務であった。これらの課題は、無私で非利己的なものである。」だから、もし私が思い切って次のように言ったとしても、マズローはきっと同意するだろう。自己実現は人間にとって最優先に目指されるものではなく、（同じことを主観的ではなく、より客観的に言うならば）究極の目標地点でもない。あくまでも副産物としての所産なのだ。

このように、世界のなかの人間の存在について語るならば、世界のなかの意味の存在を認めないわけにはいかない。私たちがこの意味を十分に考慮する場合にのみ、私たちは人間の実存の主観的な一面を、その客観的な関連要因によって補完できる。そうやって初めて、私たちは自己と世界を両極とする緊張関係に引き延ばされた存在としての実存であることを自覚できるようになる。

しかし、いかなる世界観であっても、それがたんなる投影や自己表現としてのみ理解されるのであれば、それは正しいものではない。もしも、人間によって実現される世界のなかの意味と、人間によって認識される世界のなかの価値が、本当に「合理化、昇華、反動形成」にすぎないものならば、人間が責任を果たして生きていくことは望めない。価値を、人間が機械的に行動する過程の現れに過ぎないものや、各個人の主観の内部構造の投影と表出に過ぎないものとみなすならば、そのような価値は偽りの価値であり、そこには責任というものが完全に欠落している。この世界は、本質的にもっとそれ以上のものでなければならない。世界は独自に各個人に真の課題を与えてきており、私たちはその世界の客観性について考慮しなければならない。私たちは、世界とその対象物――そこには価値と意味、そして価値や意味からの人間に対する課題も含まれている――をたんなる自己表現とみなすことを慎まねばならないが、まだそれだけでは不十分である。私たちは、世界のことを、たんに人間に目的を提供するだけの道具だとみなさないようにも気をつけなければならない。世界は、人間が本能的衝動を満足させ、内的な平衡状態を取り戻し、ホメオスタシスを回復させるためのたんなる道具でもなければ、自己実現という目的のためのたんなる手段でもない。このような見方は、世界の価値を乏しめ、さらに、人間が「その内に存在する」世界と人間との客観的な関係を本質的に破壊するものである。人間は決して（あるいは少なくとも通常は、当初は）、自分が出会い自分をささげたパートナーのことをたんなる目的のための手段だとは見なさないだろう。なぜなら、そのような見方をすれば、相手との真実の関係を破壊してしまうからである。そのような見方をすれば、相手は自分に利用されるたんなる道具になってしまう。さらに、それによって、その相手のあらゆる価値が、すなわちその人そのものの価値が、失われてしまうのである。

しかし、意味について語るときには、人間はたんに創造的努力と体験的出会い（言い換えれば仕事と愛）によってのみ、自分の存在の意味を実現しているわけではない、ということを決して無視してはならない。人間の生に固有のものとして悲劇的な経験も存在することを見落としてはならない。とりわけ、人間の実存についての根源的事実を代表している苦悩、罪、そして無常（transitoriness）――それを私は「悲劇の三つ組み（Tragic Triad）」と呼んでいる――が存在しているのである。

もちろん、私たちはこれらの「実存的なものたち（existentials）」から目を背けることもできる。セラピストも、こうしたものから背を向け、たんに身体あるいは心理のみの治療に逃げ込むこともできる。なお、ここでいう「心理の治療（psycho-therapy）」とは、言葉の狭い意味においてのことである。心理（psychic）と対置されるものとして「精神（noetic）」という本質的に人間的な次元があり、その次元も取り入れた、より広い意味での心理療法とは異なる。こうした広い意味での心理療法的アプローチは、ロゴセラピーと呼ばれている。ロゴセラピーの理論体系のなかで、私たちは「次元的存在論」と呼ばれる概念について詳しく説明している。そこでは存在の階層や水準については述べていない。なぜなら、そこには人間を分裂させるようなニュアンスが含まれてしまうからである。人間の全体性と統一性を保つために、私たちは次元について論じ、身体的な次元と心理的な次元と本質的に人間的な（それはドイツ語では身体的（leiblich）と心理的（seelisch）に対して精神的（geistig）と呼ばれる）次元とを区別する。ドイツ語では精神的（geistig）と霊的（geistlich）という区別も存在するので（後者は超人間的な次元を指している）、不都合はない。しかし、英語のスピリチュアル（spiritual）という語は暗に宗教的な意味を含んでいる。だが、ロゴセラピーでは宗教的な次元には踏み込まない。それゆえ、身体的な次元と心理的な次元に加えて「精神的（noological）」な次元と表現することを私たちは好んでいる。精神的な次元とは、人間を人間たらしめるもの、として定義される。これは、たとえばセラピストが患者の死への恐怖を和らげようとしたり、罪の意識を分析しようとしたりする場合に関係してくる。しかし、いかなる苦悩であろうと、苦悩それ自体によって患者が真に絶望することは決してない、と私は苦悩に対する敬意と共に言っておきたい。そうではなく、様々な状況において苦悩の意味が疑われることから絶望は生じる。もしそこに意味を見出すことができるならば、人間は喜んでその苦悩を引き受けるのである。

しかし、究極的には、この意味はたんなる知的な方法では理解することはできないものである。なぜなら、それは有限な存在としての人間の能力を本質的に――より厳密に言えば次元的に――超えているからである。私はこのことを超意味（super-meaning）という用語によって表現しようと思う。この意味は必然的に人間や人間の世界を超えている。それゆえ、たんなる合理的な方法でそこに近づくことはできない。人格の中心の最深部から現れ、人間の完全なる実存に根ざした深い関与に基づく行為によって、そこに到達することができる。一言で言えば、私たちが取り組まなければならないことは、知的で合理的な行為ではなく、完全に実存的な行為である。それは、私が「現存在への基本的信頼（Urvertrauen zum Dasein、英語では the basic trust in Being と訳される）」と呼んでいるものとして説明できるかもしれない。

存在の意味や実存の意味は人間の知性を超えているということが明らかになったからには、「ロゴ（logo）」セラピーは「論理的な（logical）」推論の方法ともたんなる道徳的な説教ともまったく異なるものだということが理解してもらえるだろう。そもそも、ロゴセラピストも含めた心理療法家は、教師でもなければ牧師でもない。また、私に言わせれば画家のようなものでもない。このことから私が言いたいのは、セラピストの仕事は、セラピストが見ている世界の像を患者に伝えることでは決してなく、患者がありのままの世界を見られるようにすることだということである。したがって、セラピストは画家よりも眼科医に似ている。また、とくに意味と価値に関することで言えば、人間の人生の一般的な意味が重要なわけではない。人間の人生の一般的な意味を探し求めることは、チェスの選手に「最善の手は何ですか」と尋ねるようなものである。ある特定のゲームの具体的な状況を抜きにして、最善の手など存在しない。同じことが人間の実存にも当てはまる。人間は個人の実存の具体的な意味、すなわち人ごとに、日ごとに、時間ごとに変わりゆく意味だけを探すことができるのである。同様に、人間の実存の具体的な意味への気づきとは、抽象的なものであってはならない。それは、言葉もなく速やかにおこなわれる専心と献身であり、いかなる場合も、言葉にすることは重要でもなけければ必須でもない。心理療法では、ソクラテスの産婆的対話という誘発的な質問によって、意味への気づきが引き起こされる。こうした対話の例として、私の診療所で助手のクルト・コクレックが実施したグループセラピー的かつサイコドラマ的な活動を見てもらいたい。

私が部屋に入ったときは、まさに彼がグループセラピーをおこなっている最中だった。彼は、息子を突然亡くした女性のケースに対応しなければならなかった。その女性にはもう一人の息子が残されているが、その息子はリトル病を患っており、肢体不自由と麻痺があった。彼女は自分の運命を受け入れることができなかった。そこに何の意味も見出すことができなかったからである。私がグループに加わり話し合いに参加したとき、私は即興で次のようなことをおこなった。私は、ある女性に対して、自分は八〇歳で死の間際にあり、社会的な成功に満ちた自分の人生を振り返っているのだと想像してもらった。そして、もしこのような状況に置かれたら自分ならどう感じるかを話してもらった。さて、録音テープを引用し、この女性のなかで生じた体験を直接聞いてみよう。「私は億万長者と結婚しました。私は莫大な財産と共に、楽な人生を歩んできました。私は大いに楽しんで生きてきました。私は幾人もの男性と浮気をしました。しかし、今や私は八〇歳です。私には子どもはいません。実のところ、私の人生は失敗でした。」そして、今度は障害のある子の母親に同じことをやってもらった。彼女は次のように話した。再びテープから引用しよう。「私は安らかに振り返り、自分自身にこう言うことができるでしょう。私は子どもが欲しかった。そしてその願いは叶えられました。私は自分にできる最善を尽くしました。息子のためにできる最善を尽くしました。息子には障害があり、体は不自由ですが、彼は私の息子です。私の人生は失敗ではなかったと私は知っています。私は息子を育て、世話をしてきました。そうでなければ彼は施設に送られていたでしょう。私は、息子が満たされた人生を送ることを可能にしました。」その後すぐ、私はグループ全体に尋ねた。「ポリオウィルスの血清を作るために利用されるサルは、自分の苦しみが何のためかを知ることができるでしょうか。」グループのメンバーは全員一致で「もちろん知ることはできません。」と答えた。そこで私は続けて別の質問をした。「では人間ならばどうでしょうか。人間の世界はサルの「環境世界（Umwelt）」を本質的に超えています。これが、サルが自分の苦しみの意味を認識することができない理由です。この意味は、動物の「環境世界」のなかには決して見つからず、人間の世界のなかでのみ見つけることができるからです。」私はグループのメンバーに尋ねた。「さて、皆さんはこの人間の世界が宇宙の発展における最終地点だと確信をもって言うことができますか。人間の世界を超えた世界が存在し、その世界のなかで、私たちの苦悩の究極の意味に対する問いに答が与えられ、人間の超意味の探求がまっとうされる。このような可能性を認めるわけにはいかないでしょうか。」

私が質問した後、グループのメンバーからは様々な個人的な考えに基づく、しかし決して否定的ではない答が述べられた。

ここで明らかになったことは、人間の実存の究極の意味は「市井の人」によって口にされ、セラピストはそれに絶えず直面させられるのだということである。しかし、患者とこのような哲学的な議論をおこなうことが必ずしも必要だというわけではない。

「意味（Logos）」は論理よりも深遠なのである。

第2章　宗教と実存的心理療法

精神——本質的に人間的な次元

新しく発展した心理療法は、どのようなものであっても、必ず精神分析と個人心理学をその基礎としていなければならない。これらの基礎を心に留めておくことは私たちの厳格な義務である。しかし、彼らが作り始めた大建造物にも限界がある。たとえどれほど高くその建造物がそびえ立っていたとしても、その基礎の上にさらに高く積み上げていくことが、私たちの義務であり権利なのである。

心理療法の理論は、心理学主義によって深刻な被害を受けている。心理学主義の特徴は、見せかけの心理学的な結論の下に、論理的な推論を覆い隠すことである。この心理学的過程によって、心理療法家は表面的な部分だけに目を向け、内実の部分には近寄ろうとしなくなるだろう。彼らは心理だけを考慮する。彼らにとって精神は存在しない。少なくとも、それらは独立した自律的なシステムとしては認識されない。

人間をたんに心理 - 身体的な統一体だと主張し、それが人間の「全体」だとする誤った認識が、心理学主義を助長した。私たちの見解によれば、この統一は人間を人間たらしめるものではなく、人間の全体を構成するものではない。真の人間の全体は、人間の本質的な要素である精神性を含んでいなければならない。さらに言えば、まさにこの精神性こそが、人間の統一に最も貢献しているのである。精神分析はずっと典型的に「心理学的」だった。なぜなら、精神分析では、人間存在をたんに快楽を追及し衝動によって決定されるだけのものと見なす傾向があるからである。価値の追求や意味への志向はそこから除外されている。精神分析家が意味や価値といったものを分析の対象として考えることができないならば、あらゆる重要な現象が曖昧にされてしまう。「純粋な心理学という薄明のなかでは、あらゆる猫が灰色に見える。」とはフォン・ゲープザッテルによる皮肉である。(1, p.34)

エルヴィン・シュトラウスは、「抑圧」や「昇華」や「検閲」といった基本的な精神分析概念に備わっている矛盾について論じた最初の学者のうちの一人である。シェーラーは、精神分析を「錬金術」だと言った。なぜなら、精神分析は衝動から善と愛を産み出そうとしているからである。精神分析の考え方は自己矛盾をはらんでいるように思われる。川が自分で自分のための発電所を建てたなどという話を、聞いたことがあるだろうか。

心理療法の理論が意味や価値の範疇を無視してきたということが、ロゴセラピーの理論でそれらをとくに強調しなければならないことの理由である。もしフロイトがそこから目を背けなければ、フロイト自身もこの不備に疑問を抱いたに違いない。あるところで、フロイトは、正常な人間は自分が考えているよりもずっと不道徳であるというだけでなく、自分が知っているよりもずっと道徳的でもある、と述べている。また別のところでは、フロイトはセラピストに対して、人間の道徳心を道徳的な方法によって取り扱うよう助言している。

たとえ無意識的にであっても、精神分析家はこれまでもずっとそうしてきたということが現在では明らかになっている。結局のところ、私たちの見解によれば、実存的な態度の見直しがなされる限りにおいて、セラピーは効果的があるのである。

心理療法とロゴセラピー

新しい心理療法は、人間の精神性を無視するいかなる心理学理論とも異なるものとして打ち立てられなければならない。それは直接的に精神性を志向するものでなければならない。この志向性はふたつの方向を持っている。一つは「精神性に由来する」心理療法であり、ヘーゲル哲学の言葉を借りれば「客観的精神」すなわち意味（Logos）からの心理療法である。そしてもう一つは、「精神性に向かう」心理療法であり、「主観的精神」すなわち実存（Existenz）に向かう心理療法である。前者がロゴセラピーであり、後者が実存分析である。

この精神性には、土台が付け加えられなければならない。精神性は、完全なる全体システムの、本質的な一部分である。

アドラーとフロイトは、お互いをそれぞれのやり方で補完している。精神分析は、人間の実存を主として性的に決定づけられたものとして見なしている。一方、個人心理学では、主として「社会的な影響力」と見なしている。しかし彼らは一つ見落としている。両者は愛の一側面しか見ていない。愛は、根源的で全体的な人間的現象である。ルートヴィッヒ・ビンスワンガーは、彼の現存在分析の中心部分で、完全無欠で消えることのない愛について述べている。ビンスワンガーは、人間の現存在（Dasein）を純粋な「憂慮（Sorge）」とみなすハイデガーの解釈と、自身の解釈を対比させている。

実存分析が目指していることは、これまでの理論を補完し、それらをより優れたものに作り直し、人間の「全体」、すなわち本質的に精神的実存である「人間存在」の、より真実に近い姿を描き出すことである。私たちがおこなっていることに対して、家を屋根から先に作ろうとするようなものだという古めかしい非難をする人がいるが、それに対しては反論したい。私たちの意図は、単純に土台や途中の階までで建築を止めないようにすることである。「私たちの目的は「屋根」の下に家「全体」を完成させることなのだ。」

これらの理論の補完的な性質によって、心理療法のそれぞれの学派の意見の一致の兆しが、より明確に見られるようになってきている。意見の一致が可能ならば、必然的にそれぞれの学派の代表者同士が協力することが求められる。アーサー・シュニッツラーが言ったように、心はそれ自体が「広大な国」というだけでなく、心の学問や心の治療学や心理療法もまた、広大な国なのである。そして、その広大な国は、あらゆる方向と次元から探索されなければならない。もし協力という原則が研究に適用されるならば、それはとくに理論よりも実践において当てはまる。ここで最も大切なルールは、丁寧に折衷主義の様式をとることである。

すべての心理療法家が、あらゆる治療方法を用いることができるわけではない。また、すべての治療方法が、あらゆるタイプの患者や事例にとって良いものだとは限らない。それゆえ、心理療法においては適応能力の教育が必要である。心理療法は、ふたつの未知数を持つ方程式（$\Psi = X + Y$）のようなものである。未知数とは、変化しやすく計算不能なあらゆる要因であり、一つは医師の人柄、もう一つは患者の個性である。

実存と超越

フロイトの時代から、心理療法はふたつの面で発展してきた。一つ目は、自動性から実存への発展であり、二つ目は自律性から超越への発展である。このふたつの歩みは必然的なものであった。その一つ目の理由は、人間存在はたんなる衝動と自動的反応の寄せ集めではないからであり、二つ目の理由は、人間の全体像は内在性の枠組みを超えているからである。幸いにも、今日では、人間の性質を説明するときや人間の病の性質について論じるときに、超越について言及したとしても、即座に攻撃されることはない。他ならぬ科学者のアインシュタインは、この態度について簡潔にこう表現している。「宗教なき科学は時代遅れであり、科学なき宗教は目くらましである。」

どうして人間存在の超越性を考慮することなく、たんに内在性の観点からのみ人間存在を理解しようという無駄な努力をするのだろうか。どうして人間に対して、自動機械でなければ絶対的な自律性を持つものだという見方をすることに固執するのだろうか。これらの疑問から、フロイトの次のような言葉が思い起こされる。人類の「自己愛」は三度の深刻な打撃を受けた、一度目はコペルニクスの説によって、二度目はダーウィンの説によって、そして三度目はフロイト自身の説によって、という言葉である。

一度目の打撃に関して言えば、人間が宇宙の中心にいるのではないとわかったことによって、なぜ人類の自尊心が揺さぶられるのか、まったくわからない。この事実からは、人間の真価は少しも傷つけられない。これで動揺するというのは、ゲーテが地球の中心で生まれなかったという理由や、カントが地球の極地に住んでいなかったという理由で失望するというのと、同じようなものである。

いずれにせよ、天文学における地球中心の宇宙観から太陽中心の宇宙観への歴史的転換と、哲学における神中心の宇宙観から人間中心の宇宙観への歴史的転換とが同時に起こったということは興味深い。そうであれば、まさにフロイトの見解の通り、コペルニクスの宇宙論は人類の意識に深刻な打撃を与えた。アドラー派の用語では、この打撃は惑星的劣等感情とでも名づけられるだろう。そして、まさにそのメカニズムの作用として、劣等感情は過剰補償を求める。人間は自分が宇宙の中心から追い出されたと感じ、それによって、自分をあらゆる存在の中心――神の位置――に置いたのである。

この自己神格化は、近年のヨーロッパにおけるニヒリズムの勃興と関連していると思われる。あらゆる偶像崇拝は、最終的には絶望をもたらす。ルドルフ・アラースの言葉によれば、偶像崇拝は、価値の序列が侵害されたまさにその点に対して、復讐をもたらす。身近でタイムリーな例を挙げよう。つい最近、ドイツ民族は「地と土」を神格化した。このスローガンが示す価値体系は絶対的な原理に引き上げられ、唯一の行動基準とされた。そして何が起こっただろうか。まさに「地と土」が失われたのである。大部分の「土」、すなわち領土が失われ、最良の部分の「血」、すなわち若い男性という世代が失われた。統計によれば、一九二四年に生まれた男性のうち健康で生存している人の割合は、ドイツでは三七パーセントであるのに対して、スイスでは八七パーセントである。

心理療法は、このような現代人のニヒリズムや絶望と対決するものであることを自ら認めている。このことは、心理療法の対象範囲が非常に拡大していることを意味している。一九四五年、ウィーンの町が爆撃によって完全に破壊され、通りにはまだ瓦礫が散乱していた頃、オットー・カウダースは、自分にできるだけのことをしようと、若手の神経科医達に対して心理療法の個人講義をおこなった。彼にはこの講義をずっと続ける時間はなく、講義は数回で終了した。しかし、そのなかで彼は、我々に勇気を与え、忘れることのできないすばらしい考えを伝える時間をとってくれた。彼は、次のことをはっきりとさせておかねばならないと考えていた。それは、心理療法は神経症患者の症状を多少軽減させることだけで満足してはならず、さらにその先に進み、私たちを取り巻く集団レベルでの精神的苦悩と対決しなければならないということである。

神経症と偽神経症

心理療法の対象と役割を拡大するかどうかという議論をおこなうために、細心の注意を払って区別しておかなければならないことがある。神経症を心理療法の対象と考える、より正確に言えば、神経症の治療を心理療法の仕事だと考えるということは、神経症を心因性の病気だと見なしているということである。しかし、心因性ということと機能性ということは同義ではない。最近の研究によって、自律神経系と内分泌系の機能性障害（それらは厳密な意味では心因性ではない）に対して、非常に多くのことが明らかになってきている。私たちの研究では、広場恐怖の背後に甲状腺機能亢進が隠れて作用している事例がいかに多いかを示そうとした。また、私たちは、多くの離人症性障害（注意障害や集中困難を伴っている場合もある）において、潜在的な副腎皮質機能の低下がその原因となっていることも明らかにした。これらのケースは本来的には心因性ではなく機能性のものであるため、偽神経症と呼ぶべきである。

どのような見かけの病気に対しても、これと同様の区別をおこなわなければならない。つまり、それが純粋な神経症、すなわち、心理的に引き起こされた問題ではなく、たんに二次的神経症と呼ばれるものの現れにすぎないものかどうかを判別しなければならない。この顕著な例は、予期不安のメカニズムが本来は心因性でない病状を引き起こすケースである。このようなケースは医原性神経症と呼ばれ、たとえば、医師の軽率な発言やメディアによる大衆向けの忠告がきっかけとなって引き起こされる。こうしたケースに対しても心理療法が適用されることは明らかである。なぜなら、これまでもずっと、心理療法の対象範囲は心因性の病気に限定されていたわけではなかったからである。気管支ぜんそくや狭心症は、厳密に言えば必ずしも心因性とはいえない。しかし、両者に対して心理療法は非常に効果がある。さらには、まったく心因性のものではないが、イボのようなものですら心理療法によって治療できることが、ブロッホの時代から知られているのである。

苦悩と病気

さらに、私たちが精神因性と呼ぶ偽神経症もある。こうしたケースは心理的な病気の状態にあるのではなく、精神的な苦悩の状態にある。臨床的には神経症のように見える状態の奥で、発達に伴い実存的危機が生じている場合もあるが、それを狭い意味で病気と診断する理由はない。「生成の途上にあるすべてのものは病気のように見える」（ゲオルク・トラークル）のである。精神的問題や倫理的葛藤に苦しんでいる人が、実際には厳密な意味での神経症でなくとも、神経症患者のように不眠や震えや発汗に悩まされることはまったく不思議ではない。

これらのケースに対して、狭い意味で昔ながらの心理学主義的な心理療法をおこなっても、たんに「形而上学的な欲求」を抑圧するだけになるだろう。また、それが「形而上学的な軽薄さ」（マックス・シェーラー）をもたらすことにもなりかねない。こうした問題に対して薬物療法をおこなえば、形而上学的な欲求を抑圧するだけでなく、それをトランキライザーのなかで溺れさせてしまうことになるだろう。

こうした区別を心にとめておいたうえで、心理療法の役割の範囲を拡大させる必要性を証明しなければならない。ルドルフ・フィルヒョーは「政治は大規模な医学以外のなにものでもない」という言葉を残している。今日では、これを「政治は大規模な精神医学以外のなにものでもない」に変更したい。第八回スカンジナビア精神医学会議（一九四六）において、ノルウェー法務省によって設置された精神医学委員会の調査結果が報告された。それによると、かつてクヴィスリングを支持していた五万人のなかには、標準的なノルウェー市民の二・五倍以上の割合で、麻痺患者、パラノイア患者、妄想性精神病質者がみられたという。なかにはすべての政治的指導者に定期的な精神医学的検査を受けさせるべきだと主張する人もいる。

時代精神の病理学（Pathologie des Zeitgeistes）という問題について言っておくべきことはたくさんあるが、少なくともこの一つは明確にしておかなければならない。それは、こうした問題は、ダーウィンのいう「生存競争」や「相互扶助」を超えたその先にまで目を向ける心理療法によってのみ、解決に近づき得るということである。そのために私たちは「存在の意味を求める戦い」と、相互扶助による意味の発見」という標語を掲げなければならない。このような心理療法は、人間と世界に対する真に人間的な理解に基づくものでなければならない。現代のニヒリズムに対しては、人造人間主義（Homunculism）ではなく、ヒューマニズムが対置されなければならない。人造人間主義は、人間のなかのまさに人間であるところ、真の人間（homo humanus）を見ようとしない。そして、政治的動物としての人間（zoon politikon）や、技術者としての人間、すなわちホモ・ファーベル（homo faber）であることに過剰に注目したり、理性を偶像化する人間、すなわち、ホモ・サピエンス（homo sapiens）であることを過剰に強調したり、人間を選択の自由を持たないたんなる遺伝と環境の産物だと主張したり、さらには人間を直立歩行を極めた高等哺乳類の一種として見下したりする。心理療法の目的を達成するためには人間の真実の像を描くことが必要不可欠であるが、その枠組みのなかには、苦悩する人間、すなわち、ホモ・パティエンス（homo patiens）のための場所もなければならない。「苦悩する人間」を援助するためには、心理療法はまず最初に苦悩の意味を学ばなければならない。苦悩は、少なくともその最高の可能性においては、素晴らしい業績となりうる。苦悩は「意味を授ける」（パウル・ポラック）のである。

苦悩の意味

人間が喜びを感じられるようにしたり、日々の仕事ができるようにしたりするだけでは、心理療法は十分ではない。心理療法は、まさに明確な意味で、人間を苦悩に耐えられるようにもしなければならない。これは占い師の戯言でもなければ、最近の西洋心理学の流行り言葉である「現実逃避（Escapism）」でもない。真の現実逃避は、現実からの逃避と、運命の必然性からの逃避と、意味ある苦悩による可能性の実現からの逃避、という三つから成り立っている。神経症患者には苦悩する勇気が欠けており、苦悩に直面することから逃げる。神経症患者が救われるのは、「あえて知れ（sapere audi）」という命令によってではない。これは、ホモ・サピエンス（知性人）という一面的かつ表面的な人間観を代表する言葉である。神経症患者には、「あえて苦悩せよ（pari aude）」という命令が必要である。これは、ホモ・パティエンス（苦悩人）、すなわち、意味深く苦悩し、苦悩を意味によって満たす人という人間観に合致している。

どのような時代であっても、その時代の神経症があり、その時代が必要とする心理療法がある。心理療法の対象範囲と目的に人間の苦悩する能力を加えることは、私たちの時代まで残されていた。私たちは、苦難にさらされ、これ以上ないほど深い傷つきを経験した世代である。しかし、もしかしたらこのような経験によってのみ、人間の精神的人格に振り返って目を向けることが可能になるのかもしれない。新しい心理療法とそれが強調する人間観は、会議室や診察室の机の上で作られたものではない。防空壕、爆撃によってできた穴、捕虜収容所、強制収容所といった過酷な状況のなかで形作られたものである。このような「極限状況」を実際に経験していない人であっても、レジスタンス小説を読みさえすれば、「まず生きよ。しかる後に哲学せよ。（primum vivere deinde philosophari）」という古い格言がもはや通用しないことがわかるだろう。このような極限状況における究極の問題は、生きる意味を見つけ、死の意味を解明することであった。まっすぐに立ち、まっすぐに進み、なんとか人間として価値ある死を迎えるため、人間は自分自身の意志によってその意味を解明しなければならなかった。真に重要なことは「まず哲学し、しかる後に死ぬ。（primumu philosophari deinde mori)」ことであった。このような状況で五十年前のような理論を立てることは、まったく見当違いであろう。コンプレックスや劣等感について語ることはまったく役に立たず、無意味である。

強制収容所の心理学についての著書で、私はこのような極限状況の実存的な克服について論じた。それに対するあるアメリカの書評では、ある一点だけが重要だと考えられていた。その書評は、この本で描写されている体験は尿道性愛と肛門性愛という発達段階への退行を表しているということを、根拠のない推論によって示そうとしていた。この書評への反論として、ある若いヨーロッパの精神科医が、終戦間際に自分自身が強制収容所で体験したことについて述べている。彼には処刑宣告が下されていたが、最後の瞬間にそれを免れた。死が確実だと思われた最後の数時間の間、彼は自分自身と対話していた。問題は尿道性愛でも肛門性愛でも、エディプスコンプレックスでも劣等コンプレックスでもなかった。彼の心を完全に占めていた考えは、自分自身に対する「実存分析」であった。

ロゴセラピーは、私たちの時代の心理療法のニーズに答えようとするものである。現代では、人間を心理身体的な実在以上のものとして考えなければならない。人間の精神的な実存が無視されてはならない。人間はたんなる有機体ではない。人間は人格である。たとえ心を病んだ人であっても、一つの人格なのである。心理療法の実践においても人格の価値に敬意をはらわなければならない。人間の人格に対する残虐行為も、人間の生命に対する残虐行為と同じように、くりかえしてはならない。現代において、すべての人間の人格の尊厳を守ると約束できるのは、すべての人間存在の個別性と超越性に対する限りない尊敬に基づく心理療法だけである。すべての人間の人格の尊厳は、ある意味で無限であり、それゆえ犯すことのできないものである。人格は、次のようなタルムードの言葉が最初に宣言されたときと同じだけの価値を、今日でも持っている。「たった一つの魂であっても、それを滅ぼす者は、全世界を滅ぼした者と同じように見なされなければならない。そして、たった一つの魂であっても、それを救う者は全世界を救った者と同じように見なされなければならない。」全世界が滅ぼされる可能性がこれほど切迫している時代は今日のほかなく、そして、個人の人格に対する真の尊敬がこれほど必要とされている時代もまた、今日のほかないのである。

第3章　巨人の肩に乗って——フロイトとのかかわり

愛の意味について

人生が全体として意味がないのであれば、愛の意味について詳細に語ることには意味がない。そして愛について当てはまることは産まれることについても当てはまる。もし人生が無意味ならば、産まれることもおなじく無意味である。

そして私たちの時代の問題はまさに、無意味さの感覚が広がり、人々がその感覚に捉えられていることにある。無意味さの感覚は私たちの時代が陥っている集団神経症の、最も顕著な徴候だといえる。そこには、空虚さの感覚がつきものである。この無意味さの感覚を、私が一九五五年に「実存的空虚」と描写して示してからのち、実存的空虚は文字通り世界中に広まり、拡大している。産業化した私たちの社会はあらゆる欲求を満たそうとやっきになっており、今日の消費社会は欲求を満たすという目的のために欲求を作り出してさえいる。しかし、あらゆる人間の欲求のなかで最も人間らしい欲求である、自らの人生の意味を見いだしたいという欲求は、満たされることがないまま残されている。

今日の人びとは、何によって生きるかは十分に心得ていると言えるかもしれない。しかしたいていの人は、何のために生きるかはまったく心得ていないのである。このことは若い世代にきわめて顕著に表れており、もっとはっきり言えば、抑うつ状態、攻撃性、麻薬中毒といった、集団に見られる神経症的現象のかたちをとって表れている。要するに、意味の欠如や喪失のために自殺傾向や暴力行為、薬物依存症が引き起こされるということには、十分な根拠があるのである。

様々な動機理論

このような時代の不安感や欲求不満を、私たちはどのようにして乗り越えることができるのだろうか。欲求不満を克服しようとするときはいつでも、私たちはまず動機について理解しなければならない。そこで、心理療法におけるふたつの偉大なウィーン学派の動機理論がどのように説かれているかを見てみよう。フロイトの精神分析によると、人間の行動は快楽原理に支配されており、アルフレート・アドラーの個人心理学によると、ふつうの人は、優越への欲求に支配されていると言われる。

この論文は元々、一九八六年九月一一日にパリで開催された、家族のための第九国際学会の開会の際におこなった講演で、ロゴセラピー国際フォーラム第一〇号（一九八七春／夏）五―八頁にも掲載された。同論文はウェンディ・ファブリー・バンクスを偲んで、彼女にささげられている。ウェンディーが彼女の父（ジョセフ・ファブリー〔一九〇九―一九九九〕）に『夜と霧』の原稿を贈ったことで、はじめて彼はロゴセラピーに意識を払うようになったのである。

しかしながら、ご承知のように、どちらの動機理論も根本的に心理状態によって影響される存在として人間を描いている。すなわち、内的な平衡状態や、劣等感と優越感との対立などといった心理状態により影響される存在としてである。しかし、これは正確な人間理解ではない。実のところ人間らしくあるということは、つねに自らを超えて働きかけることを意味する。それは自分よりも、他の何かや他の誰かに対して手を差し伸べようとすることなのである。つまりは、意味を充足しようとしたり、他の人を愛そうとするのである。言い換えると、人間らしくあることはつねに自分自身を超越することを意味しているのであって、今ここにある人間にとっての自己超越の価値を認識しないのであれば、心理学は一種の単子論に陥ってしまう。要するに自己超越は実存の本質なのである。

ところで、自己実現についてはどうだろうか。たしかに自己実現は言うまでもなく価値がある。しかし結局は、自己超越を通してのみ、私たちは自己実現に達し得る。「存在の心理学」の基盤として、自己実現の概念を築きあげたアブラハム・マズローでさえ、自身の日記のなかで次のように述べている。わたしは「大切な仕事への参加を通して」自己実現が最もよく果たされ得ることを「彼に納得させた」（マズロー、一九六五）。実際、自己実現は自己超越の副産物や副作用であるし、同様に自己超越は喜びや幸せももたらすのである。さらにいえば、独立宣言で不可侵の権利とされている「幸福の追求」は名辞矛盾といえる。なぜなら私の考えでは、幸福は追い求められるものではなく、結果として生じるであろうものだからである。より明確に言えば、尽くすべき大事なことや愛する大事な人に対して専念したり傾倒したりした結果、思わず知らずのうちに、幸福はそれだけで自動的にたしかなものとなるからである。他方で、快楽を直接的な目的とするものはなんであれ、自滅的であるとわかる。たとえば性的神経症を思い浮かべれば簡単にわかるだろう。男性患者の場合、性的能力を誇示しようとすればするほど、性的不能状態のままで終わってしまいがちである。女性患者の場合、オルガスムスを十分感じる能力がある、と自分を納得させようとすればするほど不感症になってしまいがちである。そういった場合の治療のきっかけは、なにかに夢中になって我を忘れることである。

しかしここでは、意味の問題に立ち返ろう。人間の根本的な関心事は、権力への意志でも快楽への意志でもなく、意味への意志であって、意味への探求であること――そしてさらにはっきり言えば意味への探求が、現代において相当に欲求不満の状態になっていることを皆さんに示したい。だが人は意味だけでなく、他にも必要とするものがある。たとえば、人生の意味を実現した、あるいは少なくとも実現しつつある、見本となる人物やモデルとなる人物などである。これはちょうど家庭の問題を考えるにあたっても重要な事柄である。家庭とは、他の人のために生きることによって、いやむしろ、お互いのために生きることによって、人生の意味を実現するとはどのようなことであるかを目の当たりにする機会を生涯にわたって与えてくれるものだと考えられる。すなわち、家庭とは実際、相互的な自己超越が生じる舞台なのだ。

愛と性

一般に、家庭生活は愛によって始まる。あるいは少なくとも、本当はお互いが性的にひかれあっただけにすぎないのに、それが愛と呼びまちがえられることによって始まる。ここで提起される問題は、愛と性との関係はどのようなものか、である。もっとはっきり言えば、人間の性についてである。すなわち、性に関するかぎり、実のところ人間だけが、高次の性と表現できるような存在である、愛にまで達することができる。換言すると、人間の性はいつでもたんなる性欲以上のものであり、性が愛の身体的表現として――私に言わせれば愛の「受肉」として働くまでになる。

しかしながら、人間の性は先天的（ア・プリオリ）に人間的なのではなく、人間的にならなければならないのである。そうなるには、ますます自己超越をすること、したがって、人間にかかわる事象に本来備わっている自己超越にますます関与することによらなければならない。図1は性心理の成熟における発達段階の、一歩ずつの歩みを示したものである。第一段階では、アルバート・モルによって名づけられた「勃起のおさまり」、すなわち、性衝動によってもたらされた緊張状態の解消をもたらすものにのみ関心が示される。この状態では、パートナーが誰であろうが今のところ関係がないので、性的緊張を緩和する目的でなされる自慰、必要に応じて性具を用いてなされる自慰に等しいと言えるだろう。いずれにせよ、性行為の目標の第一段階における、その第一歩は、性的緊張の解消である。

とはいえ、ジークムント・フロイトによって提起された区分によると、衝動は目標のみならず対象物をもつという。性衝動の場合であれば、対象物はパートナーということができる。だが［第二段階において］、パートナーは、自分自身の性衝動を満たすためのたんなる道具とみなされており、いまだ道具として利用されているに過ぎない。そして、たんなる道具ならば取り換えがきくわけで、実際、その結果は不特定多数との性交渉となるか、いっそうひどい場合は、パートナーは名前のない存在となる――売春婦の場合がそうであるように。そのような関係性がなお、自己超越という人間の特性を欠いているのは、性的神経症に悩まされている患者たちがいつも「女とやる（masturbating on a woman)」ことについて話すことからも明らかである。

自慰から三つの歩みを経た、発達の第三段階においてのみ、性行為の非人間的な様式は乗り越えられる。なぜなら、ここではパートナーはもはや対象物として利用されることはなく、一人の主体とみなされ、人間として認められているからである。実際この捉え方は、欲望を充足するためのたんなる道具として人を扱うことを妨げる。ここからはイマニュエル・カントの有名な「定言命法」の第二式が思い浮かぶだろう。第二式では次のように記されている。「人間は、目的に達するためのたんなる手段として扱われるべきでは決してない。」

（「君自身の人格ならびに他のすべての人の人格に例外なく存するところの人間性を、いつでもまたいかなる場合にも同時に目的として使用し決して単なる手段として使用してはならない。」カント『道徳形而上学言論』篠田英雄訳、一九六〇、一〇三頁）

しかし、私たちの基準で最上級とされる段階では、パートナーである彼や彼女の人間性を認めるだけでなく、それに加えて、その人が唯一無二であると認めるまでにいたる。この唯一無二性は、

ドゥンス・スコトゥス	個性（person-i）［唯一無二］	
		人間的
イマニュエル・カント	主体［人間性の認知］	
ジークムント・フロイト	対象［名前のない存在］	
	目標［道具的扱い］	非人間的
アルバート・モル	目標［性的緊張の解消］	

図1　性心理の成熟における発達段階

ある人物を他と比べようのない存在にするのである。[1] ここで初めて、私たちは愛の領域に足を踏み入れることになる。なぜなら愛だけが、ある一人の人間を唯一無二な存在であると確信するための力を与えてくれるからである。そして愛している人だけが愛を注ぐ相手のことを唯一無二の人としてとらえられるようになり、それゆえに相手が取り換えのきかない存在となる。よって愛は一夫一婦制の究極の根拠であり、それと同時に夫婦関係の永続性を保証するものにもなる。

意味は無条件である

初めに、愛の意味と人生の意味について綴った。愛はたしかに意味にいたる一つの道すじである。だが、愛だけが意味へといたる唯一の道筋なのではない。別言すれば、愛は意味にいたるための必須条件ではないが、人生の意味を探し求めるうえで欠くことができない必須条件である。同じことが子どもをもうけることにも当てはまる。古い中国の金言によると男性は、人生で本を記し、息子をもうけ、木を植えるべきである、とされている。ところが私自身についてはどうだろうか。私は二七冊の書物を著している、だが残念なことに、息子はおらず娘をもうけただけである。さらに悪いことに、これまでの人生で一本の木も植えたことがない！　私は無為に生きてきたのだろうか。人生の意味は本当に、結婚して子どもをもうけるか否かにかかっているのだろうか。それが事実だとすれば、人生とはなんと取るに足らないものだろうか。実のところ、人生は意味でもって充足する可能性に満ちているのであって、際限なく豊かなものである。なぜなら、無意味さの感覚が私たちにささやきかけることに反して、人生は無条件で意味があるからである。言い換えれば、苦悩や悲劇に見舞われるような場合も含めたどんな状態であっても、人生には意味がある。あるいはそのように考えないとしたら、次のような場合、人生になお意味があると見出したり意味を生み出したりし得るような理解の仕方や説明を、あなたはできるだろうか。たとえば、あなたは結婚しているが、その配偶者を失っているとしたら。子どもたちをもうけているが、その子らを全員亡くしているとしたら。自分にはそんなことがあり得そうもないと考える人のために、以下の対話を引き合いに出したい。なおこの対話は、ドイツの司祭ゲオルグ・モーゼルが著した書物から引用している。

「第二次世界大戦の数年後、とある医者がユダヤ人の女性を診察した。その女性は赤ん坊の歯が埋め込まれた金のブレスレットを身に着けていた。『きれいなブレスレットですね』と医者はいった。「ええ」女性は答えて次のように言った、『ここはミリアムの歯で、これはエステル、こちらはサムエルので…。』彼女は歳の順に娘や息子たちの名を呼び上げた。『九人の子どもたちなんです』、その女性は続けて、『みんなガス室に連れていかれました。』驚いて、医者は尋ねた。『どうすればそのようなブレスレットを身に着けることに耐えられるのですか?』静かに女性は答えた。『わたしは今、イスラエルの孤児院の責任者をしているのです。』この医者は妻を亡くしておりやもめであり、またユダヤ人の母は子どもたちを亡くしていた。だが『雅歌』にいうように、「愛は死のように強いのである。」

第4章　講義室からアウシュヴィッツへ

かつてある著名な精神科医は、西欧の人道主義は聖職者の手から医者へと移ったと述べた。また別の精神科医は、本来は聖職者に尋ねるべき問題を抱えて医師のもとを訪れる患者が、近ごろあまりに多すぎる、ところが聖職者のもとへ向かわせようとしても患者たちは行きたがらない、と訴えている。たしかに、自分の実存の意味にかかわるような問題でやってくる患者に、私たち医者はくりかえし出会っている。しかしながら、医者が哲学を楽に持ち込もうとすることは決してない。けれども私たち医者はよくこんな風に言う。哲学的な問題、それも自分の人生観といったような問題を持ち込んでくるのは患者たち自身だ、と。

各々の医者はそういった問題に直面したときに、おそらくどういうわけか窮地に立たされているのだろう。しかし医学や、とりわけ精神医学は、このような状況によって患者の抱える問題の新たな地平を検討するように強いられているのだ。

それでも医者は自分自身のために、事態を楽にすることができる。すなわち、ただ以前のようにふるまうだけで、新たな質問からは逃げることができるのである。たとえば、医者は心理学の領域に逃げこんで、自らの存在の意味を求めるといった人間の精神的な悩みは、心理的現象であっておまけに病的な現象以外のなにものでもないかのように断ずるかもしれない。

人間は三つの次元で生きている。つまり、肉体・心・精神の次元である。心理学主義はこの第三の次元である精神の次元を無視している。ところがまさにこれこそが、ヒトを人間たらしめているのである。人生の意味に対して人が関心をもつことで、往々にして人生は価値あるものになるのであって、関心それ自体が神経症の徴候なのではない。「功績と徴候」との鑑別診断は、オスヴァルト・シュヴァルツによる対照法を用いれば、精神の次元を理解できる人だけが弁別できるのである。いずれにしても、自らの人生の意味について悩むというこの精神的な苦悩は、心の病とのかかわりはあまりないと言えよう。

精神分析では快楽原理が唱えられており、個人心理学では優越への努力（Geltungsstreben）について説かれている。また、快楽原理は快楽への意志と呼ぶことができ、それに対して優越への努力は権力への意志に相当する。だが私たちは次に挙げるどちらの考え方が、人により深い思慮を抱かせたり、深い納得を与える考えであると了解するだろうか。すなわち、多くは無意識的でときには抑圧されてもいるような、欲望が自分の人生にきわめて多くの意味を与えており本質的であるのだろうか。それとも、自分の人生にできるかぎり多くの価値を見つけ出すということ、言い換えると私が意味への意志と呼んでいるものが本質的なのだろうか。心理療法は、あらゆるもののなかで最も人間的な事象（動物は存在の意味について悩むことは決してないとはっきりいえる）であるこの意味への意志を、人間の脆弱さ、病的な現象、コンプレックスといった類のものに言い換えてしまっている。精神世界を見落としているセラピストは、したがって最も価値ある財産の一つであるはずの、意味への意志を見落とすように強要されており、そのためまさにこの意味への意志こそが、セラピストが人心に訴えなければならないものとして、私たちは注意を喚起するべきなのである。くりかえし考えてきたように、内的にも外的にも最も望ましくない状況においてさえ、その状況を生き抜き、命の火を絶やさないように訴えることは、そのように生きながらえる意味が明らかにされて初めて可能となる。なかでも、特定の個人の使命に関して言えば、このただ一人の個人によって認識され得る実存の意味と言える。なぜなら、すべての人がこの地球上で唯一無二の存在であるとよくわかっており、史上に一度しかない存在だと私たちは確信しているからである。

強制収容所で私は、ほとんど自殺しようかと考えている男性一人と女性一人に向き合い、苦しい選択を迫られたのを覚えている。ふたりは異口同音に私に語った。それは、人生にこれ以上何も期待することができない、というものであった。そのようなときに必要とされる心理療法は、ある種のコペルニクス的転回を成し遂げようとすることである。そこで私は仲間の被収容者のどちらに対しても次のように問いかけた。すなわち、本当に問われるべきは私たちが人生によって何を期待されているかであって、私たちが人生に何を期待しているかではないのではないだろうか、という問いである。人生には何か彼らを待ち受けているものがある、ということを私は示唆したのだ。現実に、その女性は外国で待つ子どもがいたし、男性には、著述を始めて出版もしていたが、未完のままとなっている一連の著作集が完成を待ち受けていた。目標は人生の目標としてしかありえないが、しかしそのためには人生が意味をもっていなければならない。ここで私は、心理学と心理学の医療への応用である心理療法は科学の領域に属しており、それゆえ価値には関わりがない、という主張もあると覚悟している。だが私は、心理療法は価値とは関わりがないなどということはなく、そう考える人は価値を知らないだけだと確信している。心理療法は精神世界を認知するだけでなく、実際に精神的なものから始められており、それを称してロゴセラピーという。ちなみに、ロゴスとは「精神的なもの」を示し、「意味」を超越することを志向している。ギーセン市の精神科医であるリヒャルト・クレマーはかつて、ロゴセラピーに関して、きわめて適切にも次のように述べた。

これまでは、精神は『心情（psyche）の敵』とみなされてきた。（クレマーはルートヴィヒ・クラーゲスの有名な書物［Der Geist als Widersacher der Seele :『心情の敵対者としての精神』のこと］を引用している）。いまや精神は、心情の健康のための戦友となっている。いまや私たちは、病気を三つの軍団で攻撃している。すなわち、身体治療、心理療法、そしてロゴセラピーである。

もちろんロゴセラピーの目的は、語の通常の意味で心理療法に取って代わろうというのではなく、心理療法の補完をしようとしているだけである。それというのも、全人の像を描きだすため人間の概念に［ロゴセラピーによる］補完がなされるのは、人間の全体像のなかには本質的に精神の次元が含まれているからである。第一に、精神に対処するような療法は、精神的な悩みによって症状が引き起こされるのであって実際の病気ではないために、患者自身が医者の代わりをするような場合に必要とされる。もちろん望めばそのような症状も語の最も広い意味で言えば神経症ということができるだろう。あるいは人生の意味を求めてうまくいかずもがき、絶望することもまた神経症、いうなれば臨床的神経症に対して実存的神経症と言えるかもしれない。たとえば、ちょうど性的欲求不満が——少なくとも精神分析によると——神経症を引き起こすように、意味への意志の欲求不満もまた病原になると考えられる。換言すれば、意味への意志の欲求不満が神経症を引き起こすのかもしれない。私はこの欲求不満を実存的欲求不満と命名した。ウィーン・ポリクリニック病院の神経学科長が記録したところによると、心理療法外来を訪れた患者の一二パーセントが実存的神経症であったという。（クレッチマー教授のもとの）テュービンゲン大学神経精神病学クリニックの心理療法外来において、ルース・フォルハルトとD・ランゲンは、おおよそ同じ割合で「実存的神経症の」患者がいたと報告している。

こういった症例でロゴセラピーは特効のある療法である。一方他の症例でロゴセラピーは一般的な療法である。すなわち、病気のなかでもとくに神経症と言われ、語の通常の意味で心因性と言われる症例のなかには、完治が見込める療法がいまだロゴセラピーより他にないものがあるのだ。

このように、ロゴセラピーは特効があり、かつ一般的な療法としても効果を発揮し得ることが確認されている。それと同時に、治療ではまったくないがその他のもの、すなわち医療による精神的援助がある。そういうものとして、神経科医や精神科医だけでなく、あらゆる医者から用いられている。たとえば、外科医の場合であれば手術不能の患者や、手足を手術で切除しなければならない人に対する際に必要とされている。同様に整形外科医は身体障碍のある人と対する際に医療による精神的援助の課題に向き合うことになる。また皮膚科医は「皮膚の」美観を損ねた患者と対する際に、内科医は不治の患者と対する際に、医療による精神的援助の課題に向き合わなければならない。

「医療による精神的援助が求められる理由として」これらの症例すべてにおいて、これまで心理療法がねらいとしてきたこと以上に問題にされるべきことが当然ある。心理療法のねらいは器官の働きの能力や生活を楽しむ能力に対して向けられてきた。対して医療による精神的援助は、苦悩する能力に対して意識が払われているのである。そのために私たちは興味深い問題に直面する。それは、人生に意味を与え価値を実感させるような根本的な機会とはいったいどのようなものか、という問いである。その答えは、私が創造的価値と呼んでいるものを実感することや、果たすべき務めを成し遂げることによって、人生には意味が与えられ得る、と言える。しかし、経験的価値を実感することや真・善・美を経験すること、自己の唯一無二性のうちに独自の人間存在を経験することによって、人はまた自分の人生に意味を与えることができる。そして自分という人間が唯一の存在であると経験することは、実に自分が［神に呼ばれる存在である］汝であると経験することであり、自己を愛することを意味する。しかし、人は自分が活動性や創造性によって人生に価値を与えられなかったり、経験によって意味を与えることができないような、きわめて悲惨な苦悩のうちにあるような場合でも――そのような人でさえ、自らの運命や苦悩に対峙するありかたによって、なお人生に意味を与えることができる。そうすることで、人は自らに運命づけられた苦悩を耐えるべき重荷と捉える。ここに、人が価値を実現する最後の機会が与えられている。

それゆえ人生には息を引き取る瞬間まで意味があるのだ。価値を実現する可能性は私たちが自分に運命づけられた苦悩に向き合う、まさにその態度によっており、この可能性は他ならぬ最期の瞬間にまで存在している。私はこのような価値を態度価値と呼んでいる。しかるべき苦悩は――それを自らの運命として敢然と向き合うことで――人間に許された最高の偉業となるのである。このように、創造価値や経験価値の実現を断念せざるを得ないときでさえ、人は何かを達成することができる。ここでの要点を次に挙げる事例によって示してみたい。

病院で私が勤務する科に勤めていた看護士が癌に冒され、開腹手術もできない状態にあることが明らかになった。絶望している彼女を私が見舞ったおりに交わした会話のなかで、彼女が絶望する理由として、病気それ自体よりも、［看護士として］働けないことの方が大きいとわかった。彼女は自分の職を何よりも愛していたので、今はもう看護の職に従事できないがために絶望していたのであった。私はどう言えばよかったのだろう？　彼女の境遇は本当に望みを失っているのだ。それでも、私は彼女にわからせようとした。日に八時間か一〇時間、あるいはそれ以上働いたとしても、それは凄いことじゃない、多くの人ができることだ。でも、あなたがやったように熱心に働くのは、誰にでも真似のできるものじゃない仕事だし、しかも絶望しないでいるならば――その域に達する人はそうそういるものじゃない、ということを。そこで私は彼女に質問した。「あなたが看護士として人生を捧げた何千もの人たちみんなに対して、不当な振る舞いとなっていることは本当にありませんか。つまり、あなたが今、病気の人や治療できない人といった、いわば働くことのできない人は意味を失っているかのように振る舞うことが、不当な振る舞いとなっていませんか。」そして私はこう言った。「あなたのおかれた境遇で絶望するとしたらそれは、人生の意味は日に何時間も働けるかどうかにかかっているかのように振る舞うことになります。あなたがそうすることで、病人や治療のきかない人たちみんなから、生きる権利や存在を正当化する証拠を奪ってしまっているのかもしれません。」

苦悩を通じた意味の獲得という態度価値の実現は、その苦悩が避けられず、逃れられないときにのみ生じ得るのは言うまでもない。おそらく私が示したこのようなアプローチについて、それはなお医療の領域に属していると言われ得るのかと問われるだろう、そしておそらく、もはや純粋な自然科学の領域に属すると言えないところにまで医療を拡大したといって私はきっと非難されるだろう。自分としては、自然科学の手法はたいていにおいてたしかに必要だと躊躇なく認めたい。たとえば、脚を切断するといった場合を考えてみれば分かる。だが次のように問わせてもらいたい。どうすれば自然科学は患者が四肢の切断手術の前後に自殺するのを防ぐ役に立つことができるだろうか？　偉大な精神科医のデュボワはかつて、正しくも次のように述べている。「もちろん、それ以外のすべてではなくても医者としてどうにかやっていくことはできるが、それなしではやっていけない、私たちと獣医師とのちがいをなしている唯一のものは、患者であると意識しなければならないことである。」

したがって狭義における医者として私たちは断念しなければならないのかもしれないが、広義においては医者として、医療による精神的援助を用いることができるだろうし、この働きはそれでもなお医療活動の適切な領域に含まれると私は確信している。よって今なお多くの大学病院を収容している有名なウィーン総合病院を開所した皇帝フランツ・ヨーゼフ二世の献呈の辞も、明確な理由があってのことである。その言葉とはすなわち“Saluti et solatio aegrorum”「病みたる人の救いと慰めのために（Care and *Consolation*）」であった。

医者が慰めを与えるのはなんと容易なことだろうか。ここでは私の同僚であった老齢の開業医の事例を引用してみたい。彼は二年前に妻を亡くした悲しみからいまだ立ち直ることができなかったので、私に助けを求めてきたのであった。その結婚生活はとても幸せであったので彼は非常に落ち込んでいた。そこで私はごく簡単にこう尋ねた。

「もしあなたが先に亡くなって奥さんが遺されたとしたらどうなっていたか、話してもらえますか？」

「それはなんとも恐ろしいことです」彼は答えた。「まったく考えることもできません、妻はどんなに苦しんだでしょう。」

「ええ、お分かりでしょう」私は続けて答えた、「あなたの奥さんは苦しみから逃れられたのです、そして彼女を救ったのはあなたなのです、ですがもちろん、こうなるとあなたは生きて奥さんの死を悼むことで彼女に報いなければなりません。」

まさにその瞬間、彼の嘆きには意味が与えられた——自己犠牲としての意味が。

先に私は、人は人生に何を期待できるかを問うべきではなくて、むしろ人生によって何を期待されているかを理解すべきではないだろうか、という意味のことを述べた。これはまた次のように定式化できるかもしれない。結局のところ、人は自らの人生の意味を問うべきではなく、自分自身が試されている存在だと理解すべきである。すなわち、人生が人に課題を与えているのであって、自分の責任でもってその課題に向き合うかはその人次第なのだから、したがって、自らの人生に対して答えるのである。

人生は骨の折れる課業であるが、信心深い人を明らかに信仰心がない人と区別しているのは、自らの経験をたんなる課業としてではなく、使命として生きているかどうかだけである。これはその人がまた課業を与える存在、すなわち自分の使命の源をも体験していることを意味している。数千年にわたってこの権威は、神として呼びならわされてきたのであった。

これまでのところで私は、ロゴセラピーは心理療法の代用品ではなく、心理療法の補完をするものだと述べてきた。しかし医療による精神的援助は精神の本来の援助の代理品となることを求めているのではまったくない。精神の本来の援助は聖職者によってなされるべきものだからである。ところで、医療による精神の援助と聖職者による精神の援助との関係はどのようなものであろうか。つまりは心理療法と宗教的ケアとの関係はどのようなものであろうか。私の意見によれば、その答えは単純である。心理療法の目標は精神の治癒であって精神を健康にすることである。一方宗教的ケアの目ざすところは本質的に異なり、精神の救済にある。心理療法と精神の宗教的ケアのねらいのちがいはそのようなものである。だが何が目指されているかを問うかわりに何が結果として生じるかに目を向けようとすれば、いわば予期しない副作用、すなわち精神の宗教的ケアの副作用として精神衛生に著しく効果的であることが見出されるであろう。これは宗教が、他のどこにも見出すことのできないような安心の感覚や精神の支えを与えるという事実に基づいている。ところが驚いたことに、心理療法はこれとよく似た予期しない副作用を生み出すことがある。心理療法家は自分の患者が働いたり、楽しんだり、苦悩したりする能力を回復することを超えた、信仰する能力にまで達するのを助けようとは意識していないが、いやむしろそういったことを意識してすらいないにもかかわらず、適切になされた事例においては心理療法による治療過程で患者本人もその医者も目指していないのに、患者が信仰する能力を取り戻しているのである。

そのような結果は始めから心理療法が目指すものでは決してあり得ないし、医者はいつも自分の哲学を患者に押しつけないように気をつけるべきである。個人的な哲学や個人的な価値概念を患者に対して転移（あるいはかえって、逆転移）させないようにしなければならない。ロゴセラピストは患者が自らの責任を医者に転嫁していないか注意深く見守らなければならない。ロゴセラピーとは最終的には責任への教育である。そしてこの責任でもって患者は、自分自身の実存の具体的な意味へと自主的に歩みを進めなければならないのである。したがってこれまで論じてきた心理療法の必要性と可能性は、とくにロゴセラピーの形式においてであるが、現代人の精神的苦痛を援助するものとなっている。もはや私たちは純粋に臨床的な領域を出て、メタ臨床［meta-clinic：臨床の後］の領域である実存的神経症の領域に論を進めているので、集団神経症という臨床付随［para-clinic］の領域、または時代精神（Zeitgeist）とも呼ばれる病理の領域について詳細に検討してもよいだろう。

私たちの時代の集団神経症を特徴づける四つの徴候について、以下で簡単に説明してみよう。

第一は無計画性であって、人生に対するその日暮らしの態度である。現代人はその日その日を生きていくことに慣れてしまっている。第二次世界大戦のために現代人はその日を生きることを覚え、それからというものこの態度は不幸にも修正されずに続けられている。そして戦中に人々がこのようにして生きていたのは、終戦を待っていたためにそれより先のことを計画するのは意味がなかったからであり、今日の普通の人は次のように言う。

「どうして行動したり、計画したりしないといけないのだろう？　遅かれ早かれ原子爆弾が降ってきてすべてを吹き飛ばしてしまうのに。」だから人はこんな態度にいつのまにか陥っている。「あとは原爆が落ちようが知ったことじゃない（Après moi, la bombe atomique)」。そして他のどんな期待不安にも劣らず、核戦争を予期してのこの不安は危険である、それというのもあらゆる不安と同じく、恐れるものを現実化してしまいがちであるからである。

第二の徴候は人生への運命論的態度である。これもまた第二次世界大戦によって身につけられている。［戦争によって］人は急き立てられ、自ら流れに任せるようになってしまっている。その日暮らしの人は計画的な行動は無用だと考えている。そして運命論者は計画を立てるなど不可能だと考える。そういった人は自分自身を外的な環境や内的な条件の産物や結果だと思っているのだ。

第三の徴候は集団的思考である。人は大衆のなかに埋没したがる。実際はただ人の波におぼれているだけである。そうして自由や責任ある存在としての自己を捨て去ってしまっている。

第四の徴候は狂信である。社会主義者が自分の個性を無視するように、狂信者は他人の個性を無視し、人がそれぞれ違った考えをもつことに気づかないふりをする。他人はものの数に入らず、自分の考えだけが正当だとされる。実際のところその人の言う自分の考えとは集団の考えであって、自分の考えなどをもってはいない。つまり集団がその人を所有しているのである。

通常の葛藤と同じく、良心の葛藤は実存的神経症へと至る病のもととなり得る。それゆえ人は良心の葛藤を覚えているかぎり、一般的に狂信や集団的神経症に陥る恐れはない。しかし逆に言えば、集団的神経症を患う人は自らの良心の声に耳を再び傾け、良心の声に悩まされる程度にまでなれば、集団的神経症を克服することができる。つまり今度は実存的神経症が集団的神経症を治療するのである！　数年前私は、全体主義政権の下で生活している研究仲間たちに囲まれながら、学会でこのテーマについて語ったことがある。講演後、彼らは私のもとにきてこう言った。「私たちはこの現象をとてもよく知っていて、それを「役人病」って呼んでいます。党員のかなりの数の人は、自分の良心の呵責が増え続けることによって最終的に神経衰弱に至るのを、政治的な狂信によって治めているのです。」

熱狂はスローガンの形で具体化され、スローガンはまた連鎖反応を引き起こす。そしてこの心理的な連鎖反応は原子爆弾の基本原理をなす連鎖反応のようなもので、肉体的な連鎖反応よりさらに危険である。肉体的な連鎖反応はスローガンの心理的な連鎖反応が先行しなければ行動に移されることは決してないだろうから。

したがって、私たちの時代の精神病理を心理的な伝染病のように語るのであれば、身体の伝染病は戦争の典型的な結果であり、それと同時に心理的な伝染病は戦争の潜在的な原因であるとつけ加えるべきであろう。

結局、これらの四つの徴候はすべて責任に対する人間の恐怖と、自由からの逃走にその起源をさかのぼることができる。けれども責任と自由は人間の精神の領域を構成する。しかし現代人は――これは特徴的なことだが――精神的な事柄にうんざりしており、この疲労感がおそらく、しばしば引き合いに出されながらも明確に規定されることのあまりない〔現代人の〕虚無主義の本質であろう。これは集団的な心理療法によって中和されるかもしれない。フロイトがかつて対談のなかで次のように言いきったのは正当であった。

「人類が魂をもっていることは、昔から知られているとおりです。なおその上に、人類が本能を有していることを示すのが私のなすべき仕事です。」

だがここ数年にわたってうんざりするほど（ad nauseam）証明されてきたのは、人類が「魂ではなく」本能やさらには衝動をもっているということばかりだ、と私自身は感じている。そして今日では結局のところ、人間は魂をもっており精神的な存在である、とあらためて気づくことこそが大切なのは明白である。そして心理療法自体はこの事実を忘れないように注意すべきであって、とくに集団的神経症に直面するときにそう言える。ここで私たちは心理療法における人間観という問いに自分たちが向き合っていることにすぐに気がつく。心理療法はいつも意識しているとは限らないにしても、どのような形式のものであれ人間観を有している。だがそのときに人間観を意識するか否かは「心理療法を用いる」私たち次第である。そうだとすれば、フロイトの学説から学んだわれわれは、無意識であることがいかに危険なものとなり得るか、本当に注意できているのだろうか。心理療法に内在している無意識的な人間観を私たちは解明すべきであろう。そして人がときに悲観的にとらえている人間観を、潜在的な状態から顕在的な状態へと引き出し、詳しく説明しなければならない。というのも心理療法家の人間観が、ある種の条件のもとでは患者の神経症を強化したり、患者をすっかり虚無的にしたりすることさえあり得るのである。

人間存在を特徴づける三つの要素は、人間の「精神性」、「自由」、「責任」である。

人間の精神性は、何か他のものに付帯する現象ではない。精神性はそれ以外の何かに由来するものでなければ、原因を他のものによって説明され得るものでもない。精神性は他の何かに帰し得ないものであり、結論に達し得ないものである。精神活動が別の何かによって左右されることは非常によくあるが、だからといって別のものそれ自体によって精神性がもたらされているわけではない。普通の身体機能は精神活動の展開の条件となるが、身体機能が精神活動の展開をもたらしたり、創り出したりはしない。さらにこの点について、雑誌『タイム』に数年前に掲載された広告をもとに説明したい。とあるユーモアにあふれる紳士が次のように書いている。「失業中。明るく輝かしい心は仕事に完全無料で提供。ただし体の生存のため相応の給与の供給が必要。」

このように、精神物理学［心理学の一分野で、物理的刺激が心理に及ぼす影響を研究対象とする］的にみた場合に（人間の）有機的組織体（すなわち、外的刺激を受ける身体）が通常果たす機能は精神それ自体の展開の条件であって、それ以上でもそれ以下でもないのである。

ここでの自由は以下の三つに直面しながらも自由であることを意味する。三つとはすなわち、（一）本能、（二）遺伝、（三）環境、である。

たしかに人は衝動を有するが、衝動が人間を有しているわけではない。そして衝動に反感をもっているのではなく、ましてや衝動を受け容れる人に対して反感をもっているのでもない。むしろそのように衝動を受け容れることによってまた、人が衝動を拒絶する可能性を備えていることが、つまり人間には決断の自由があるということが前提にされているとわかるのである。

遺伝についていえば、とてもまじめな研究によって［遺伝的］形質に対し、人間の自由がいかに高度に発揮されるかが明らかにされている。とくに双子の研究では、同一の形質に基づきながらどれほどちがいのある生き方ができるかが明らかにされている。

ある海外の女性心理学者から、彼女の個性は双子の姉妹とささいなことまですべてまったく同じになってしまっている、という手紙をもらったことがある。彼女たちは同じ服、同じ作曲家、そして同じ男性が好きなのだ。ところがただ一点だけちがいがある。それは一人は快活で、もう一人はすっかり神経過敏になっているというちがいである。

環境について言えば、環境が人間を形成するのではなく、人が環境をどのようにみるか、環境に対するその人の態度にすべてがかかっているとわかる。強制収容所で目撃したのは、同じ状況にあっても卑劣になる人もいれば気高いと言えるまでになる人もいる、ということだった。ロバート・J・リフトン（一九五四）は、北朝鮮の捕虜収容所での米軍兵士について次のように記している。「捕虜のなかには生き延びるためにきわめて野蛮な振る舞いが見られただけでなく、それと同様に利他的な振る舞いもみられた。」

このように人は遺伝や環境の産物では決してない。最終的には自分自身で決断をするのである。そして結局のところ教育は、決断する能力を育てるだけである。

しかしまた心理療法は決断する能力に、あるいは態度としての自由に注意を喚起すべきである。したがって、そこで注意されているのは人間の意味への意志と呼ばれるだけでなく、人間の意志の自由とも呼ばれるものである。

こうして、精神性と人間の自由を経て、第三の要素――すなわち人間の責任へといたる。それでは人が責任を追っているのは誰に対してであろうか。何よりもまず、自分の良心に対してである。だがこの良心もまた［精神性と同じく］他の何かに帰し得ないものであり、結論に達し得ないものであって、そのため原初的な現象であり、何か他のものに付帯する現象ではない。ある日私は、世界的に有名な精神分析医とレストランで座っていた。彼はちょうど講演を終えたところだったので、講演での話題について私たちは話し合っていた。彼は良心や原初的な現象といったものの存在を一切否定していたので、良心とはどのようなものかを自分に説明してみてくれと私に求めてきた。それに対し私は簡潔に答えた。「良心とは今夜私たちにしてくれたすばらしい講演を、あなたがするようにさせてくれたものです。」そのとき彼はひどく腹を立てて私にこう叫んだのだった。「それは本当のことじゃない。僕は講演を良心のためにやったんじゃない、自己満足のためにやったんだ！」

だが現代の精神分析医たちは、現在では「真の道徳性は超自我の概念に根拠づけられ得ない」と自ら結論づけている。（Weiss, F. A.（1952）*Amer. J. Psychoan.*, p.41）

よって他の現象に単純化されたり、それどころか他の現象によって導き出されたりすることはない。最初の現象は人間の精神性であって、第二の現象は人間の責任である。これらふたつの現象に対すれば、力学的な意図や遺伝的な意図は不十分に過ぎる。衝動それ自体を抑制することはできない。そしてどちらの意図も人間には自分で責任を負うことができない、もっと正確に言えば、結局このふたつの意図は個人の責任ではないのだ。人の良心の背後にあるものは――往々にして本人は気づいていないにもかかわらず――人知を超えた（extra-human）権威である。フロイトはかつてこう述べている。「人間は自分で考えるよりもしばしば非道徳的であるだけでなく、自分で思うよりずっと道徳的であることもしばしばある。」これにつけ加えて、人は自分で感じているよりもずっと宗教的であることがしばしばある、と言いたい。今日では人々は、同化された父親像よりも人間の道徳性のうちに多くのものを見出しているし、投影された父親像よりも宗教のうちに多くのものを見出している。そして宗教を、大まかにいって人間性に関する強迫神経症であると人々が考えなくなって久しい。

先に私は、人は自分で感じているよりもずっと宗教的であることがしばしばあると述べた。だが宗教をイド［リビドーの源のこと］の領域から発生した何かのように見なして、宗教をまた本能的な衝動に起源を求めるような過ちを犯さないようにしなければならない。ユング門下の人たちでさえ、残念なことにこの誤りを避けることができなかった。彼らは宗教を集合的無意識や元型にまで単純化してしまった。かつて私は講演を終えたあとで次のような質問を受けたことがある。それは、宗教的な元型といったものを私は認めていないのか、昔の人々が最終的には同一の神概念に至っているのは注目すべき事柄であり、これは結局のところ神の元型によってでしか説明できないのではないか、という問いであった。逆に私は質問をした人に、数字の四の元型といったものはあるのか、と尋ねた。その人はすぐには答えられなかったので、私はこう言ったのである。「いいですか、誰でも二足す二が四であると自分で発見しています。おそらくその説明に元型を必要とする人はいないでしょう、きっと二足す二は本当に四となるでしょうから。そしておそらく人間の宗教もまた説明のために神の元型を必要とはしないでしょう、きっと神は本当に存在するでしょうから。」

結局のところ、衝動自体による衝動の抑圧といったことがないのとまったく同じように、責任自体による自分への責任といったものはないのである。つまり、自分自身より高位の存在に対してのみ責任を求めることができるようになるとして、もしそのように自我がイドに由来し、超自我がイドと自我に由来するとしたなら、私たちは正しい人間像ではなく、戯画めいた人間像を手にすることになってしまう。これはミュンヒハウゼン男爵のほら話のようなもので、自我が自分をイドの沼地から、自分の超自我の靴ひもをつかんで引っ張ることで抜け出した、と言っているに近しい。

私たちは［心理療法によって］真の人間像でない人間像を示し、人をホムンクルス［錬金術による人造人間でいびつさのある小人のこと］のようにしてしまうなら、人間を堕落させ、虚無主義の掌中に陥らせ、神経症をひどくさせる危険性がある。現代のホムンクルスは錬金術師の実験室や試験管のなかではなく、私たちが人間を反射作用の自動装置や心理機械、あるいは本能のかたまり、衝動や反応の言いなり、本能や遺伝や環境のたんなる産物としてあつかうことで現れてくる。

手短に言えば、生物学のデータに基づいた結論はそれだけでは生物学主義的であり、心理学のデータに基づけば心理主義的な結論がつねに導かれる、という状態が起こるのである。そのような生物学主義を私は、ふたつめに入れられた強制収容所であるアウシュヴィッツで熟知することとなった。それは、当時［ナチス党員によって］好んで用いられた標語の「血と土」のように、人間は遺伝や環境の産物以外のなにものでもない、という生物学主義によって導かれた理論の究極の結果が、まっすぐアウシュヴィッツのガス室送りだった、ということである。アウシュヴィッツやトレブリンカ、マイダネクのガス室は、結局のところベルリンの政府組織か何かによって作られたのではなくて、虚無的な科学者や哲学者の机上や講義室で生まれたのだと、私は疑う余地なく確信している。

第5章　現代の集団的神経症

私たちの時代の病というのがこの講演の主題である。現在この仕事は精神科医に任せられているが、その結果として私に、いわば現代人についての精神科医の見解を示すことが求められているのだろうか、それでは私のテーマは人類の神経症とすべきか、と自問している。

人はこの見方にひきつけられがちで、一冊本を採り上げると、タイトルにはこうある。『神経症――私たちの時代の病』。作家の名前はヴァインケで、この本が出版されたのは五三年――ただし一九五三年ではなく、一八五三年なのである。

神経症すなわちノイローゼはしたがって、必ずしも現代病ではない。テュービンゲン大学クレッチマー神経学診療所のヒルシュマンは、ここ数十年で神経症が増加しているわけでは決してないと統計的に示している。つまり変わったのは神経症の表れ方、神経症の徴候だけなのである。だがこれに関連して、不安がかなり目立って減少していることが分かるのは驚くに値する。したがって不安が抜きんでて私たちの時代の病となっているというのは、まったく妥当でない。

だがここ数十年のみならず、確かめられるここ数世紀においてでさえ不安は増加していない。とにかくアメリカの作家フレイハンは、私たちの時代よりも前世紀までの方が不安も不安の種もどちらも大きかったと断言しており、不安として魔女裁判、宗教戦争、民族の大移動、奴隷貿易、ペストの大流行を挙げている。

それでは神経症の発症率が現にあがったのではないかという印象をもたらしているものは何だろうか。それは私見では、心理療法要求と呼べるようなものが拡大しているためである。事実、今日では聖職者のもとを訪れるよりも、まさにかつて聖職者が果たしていた役割を果たすことを期待して精神科医のもとを訪れるという人もいる。しかし現在、そういった人が聖職者のもとを訪れるのを拒むために、あえて言わせてもらえれば医療という聖職、と言われるような状態にあることを医者は強いられている。

神経症のみならず精神病もまた時が経つにつれて増えているのではなく、驚くほど一定の発症率のままである。ここにもまた様々な徴候があるという見方の変化が影響している。この点について仮面うつ病として知られている症状で例証したい。わずか一世代前に、いわば強迫神経症的な罪悪感や自責の念といった強迫的な良心のとがめからなる仮面〔うつ病〕が知られるようになった。しかしながら現在、その総体的徴候は心気症の愁訴や自律神経系の不調という解釈が優勢である。そのためこのような症例は今日では自律神経性抑うつ症と言われている（一般的に、自律神経失調症といった方が通りがよく、流行している病名だと考えられている）。現在では憂うつにはときとして妄想着想が伴うとされている。これらの妄想の内容がここ数十年のあいだにどれほど変化したか注目してみると興味深い。そして〔憂うつ症の〕患者の妄想着想は時代精神やその変化によって形づくられているので、そのため時代精神は精神病的な精神生活のどん底として注目に値すると考えられている。たとえばマインツのクランツやスイスのフォン・オレッリは、今日の憂うつ症の妄想着想はかつてよりも罪の感覚——

すなわち神を前にしての人間の罪——に支配されることが少なく、そして肉体、身体の健康、仕事の能力などについての悩みに支配されることが増えていると示し得た。罪に対する憂うつな妄想が病気や貧困への恐怖へとどれほどまで取って代わっているかは、何度となく気づかされる。私たちの時代の憂うつ症の患者は、自分の道徳的な振る舞いに対して自分の財産ほどに心配をしていないのである。

神経症と精神病の統計値を少し確認してから、自殺の統計値について確認してみよう。それによって、時が経つにつれて人のありようは変わっているが、素人が予期することと反対の結果が表れているのが分かる。よく知られた実証済みの事実として、戦時や危機の時代に自殺者数が減少するというものがある。これについて説明を求められたなら、ある建築家がかつて私に言った言葉を引用しよう。「老朽化した建造物を支えて補強するのに最もうまいやり方は、圧力に耐えなければならなくなるよう負荷を増やすことです。」実際、心理的・身体的な極度の緊張や負荷といった、要するに現代の医学ではセリエによって「ストレス」として知られるようになったものがいつでも必然的に病原となったり、病気を引き起こすわけでは決してない。経験からしても、ストレスが加わるのと同じくらい、少なくとも潜在的にはストレスがなくなることが神経症の原因になると理解できる。戦争捕虜経験者、強制収容所の元被収容者や亡命者といった多大な苦悩にあらがった人たちはみな、まだ環境の抑圧のもとにあった際にはその環境を強いられていただけでなく、最善を尽くすために最大の抵抗力を出すこともできたのであるが、突然その状況から解放されてストレスが取り去られるや否や、精神衛生上の重大な危機にさらされることになった。余談だが私はこれから、水圧の高い層から海面へと急浮上した人が陥りがちな危険のうち特に身体の危険であって「潜水病」と言われ、ケーソン病（潜函病）として知られる病気をいつも思い出してしまう。

いずれにせよ、事実に即してみると神経症の発症率はその語の正確で客観的な意味では増加していない。これは、臨床的に診断される神経症は決して集団的になっておらず、人類すべてを圧倒するほどの脅威とはなっていないことを意味する。だがより慎重な表現をとることもできる。つまり、集団的神経症と呼ぶのを正当化しようと思えば、言葉の客観的で狭義の意味での神経症の状態と必ずしも同じではない、とすればよいだけのことだ！

このような制約を明らかにしたうえで、ここでは現代人の特徴がみせる方向性をたどるとすれば、それはおそらく神経症様――つまり「神経症によく似た」と名づけられるだろう。ところで、この意味での「集団的」神経症は、私の経験によると四つの主な徴候を示している。

（一）人生に対する刹那的な態度。第二次世界大戦によって人が必然的に学んだのは、その日を生きていくことである。すなわち、そういう人は明日の夜明けを拝もうとは決して思わない。しかし大戦以降この刹那的な態度は残り続け、現在ではそれが核爆弾の恐怖によって正当化されているように見られる。人々は「あとは原爆が落ちようが知ったことじゃない（Après moi la bombe atomique）」という「世紀末的ならぬ」世紀半ばの気分にとらえられているようである。そのために先々の計画をしたり、明確な目的をもって人生を設計するといった考えをあきらめてしまっている。

（二）さらなる徴候は、人生に対する運命論的態度である。刹那的な人はこう言う。「人生に計画なんて必要ない、いずれの日にか原爆が炸裂するんだから。」運命論者はこう言う。「人生計画なんてできっこない。」運命論者は自分自身を外的環境や内的条件のなぐさみものであって、結果的にそういった環境や条件により方向づけられている、と考えがちである。だが運命論者自身も同じくらい方向づけをおこなっている——運命論者が罪をあれやこれやに押しつけているのは、すべて様々な現代のホムンクルス主義［人工的ないびつさのある人間理解］に従ってなのである。

運命論者は自分を環境の産物や精神物理的構造の産物、つまりは単純な反射作用の自動装置や「衝動」のかたまりであるかのように感じている。この衝動のかたまりという考え方は精神分析の通俗的な解釈によって大変都合よく証拠立てられており、その人の運命論に有利に働く多くの論拠を与えている。「正体をあばく（unmasking）」ことを主な課題だと考えている深層心理学は、神経症患者自身の「価値低下」への傾向にとって最も便利なものとなっている。同時に、有名な精神分析医のカール・シュテルン［ドイツ生まれ、カナダの精神科医。「輻輳説」で知られる心理学者のウィリアム・シュテルンとは別人。］——現在はカナダ在住——が次のように指摘している事実を見逃してはいけない。シュテルンはこう述べている。「不幸にも、還元主義の哲学は精神分析の思想の一部としてとても広く歓迎されている。それは典型的な小市民の凡庸さとみごとに調和していて、あらゆる精神的なものへの侮蔑と結びついている。」なるほど、誤解に基づいた精神分析の助けを借りることで［精神的なもののなかでも］とりわけ宗教にかかわるものすべてを、現代の普通の神経症患者はつい侮蔑の対象にしてしまう。だが言葉を返すようだが、ジークムント・フロイトの神髄とその先駆的な業績に目を向けるとき、フロイト自身が時代の申し子であり、その時代精神から自由ではなかったという事実に目をつぶるべきではない。とりわけ時代精神が表れているのが確かなのは、フロイトが宗教を錯覚や強迫神経症と考えたり、神を父親像として見なしたりしているところである。だが数十年が経過した今日でさえ、カール・シュテルンが警告した危険は過小評価されるべきではない。このような時代的制約があるにもかかわらず、フロイト自身はあらゆる精神的なものや道徳的なものを軽く見た人物では決してなかった。それというのも、フロイトは「人間は自分で考えるよりもしばしば非道徳的であるだけでなく、自分で思うよりずっと道徳的であることもしばしばある。」と言った人物ではなかっただろうか。そしてこの公式に次のように付け加えて完璧に仕上げるとしよう。「そして人は何気ないうちに自分で感じているよりもずっと宗教的であることがしばしばある」と。私はこの原則からフロイト自身でさえも外れていないと考えている。そもそも、かつて「われらが神なるロゴス」と言ったのは他でもないフロイトなのである。

精神分析医たち自身でさえもいまや精神分析について、フロイトの著書名である『文明とそれへの不満』にかこつけて「流行とそれへの不満」と言ってもよいというように感じている。コンプレックスという語は私たちの時代の合言葉のようになっている。アメリカの精神分析医はすでにいわゆる自由連想法、つまりは分析の基本的技法の一つについて、もうずっと前から実際は自由ではなくなっている、と不平を漏らしている。それというのも患者が治療にやってくる前ですら精神分析についてかなりよく知っているからである。そして患者の夢ですらもはや解釈者にとって信頼できるものではなくなっている。患者の夢にも医者が歓迎したり解釈の模範とうまく調和するような偏向が与えられている。少なくともこのことは著名な分析家たちによって公言されているのである。そこで事態を把握するために、『アメリカ心理療法ジャーナル』の編集者である有名な精神分析医のグートハイルによってなされた以下の指摘を見てみよう。「フロイト派の患者は決まってエディプス・コンプレックスの夢を見、アドラー派の患者は権力闘争の夢、ユング派の患者は原型に充ちた夢を見るのである。」

(三) 一般的な心理療法ととりわけ精神分析に関するこの短い考察から、再び現代人にみられる集団的神経症の人の特徴に立ち返って、四つの徴候のうちの三つ目に取り組むとしよう。それは集団主義的思考である。これ自体は普通の人が平凡な生活にあってできるだけ少し目立ちたいと欲するよりも、むしろ大衆のなかに埋没する方を選ぶところに現れている。もちろん大衆と共同体との本質的なちがいを見逃してはならない。そのちがいを表すなら、共同体は真の共同体となるために［各人の］個性を必要としており、また個性は活動の領域として共同体を必要とする。一方、大衆はそうではない。大衆は個々の個性によって混乱させられるだけであって、それゆえ大衆は個人の自由を抑圧し、個性の水準を引き下げる。

(四) 集団主義者は自分自身の個性を否定する。第四の徴候にかかっている神経症患者――これは狂信者を指している――は他人の個性を否定する。誰もこの人を説き伏せることはできないだろう。この人は自分自身を除いて他の誰の意見にも耳を貸そうとしない。だが実際のところ彼は自分の意見をもっているわけではなく、たんに世論を並べ立てているだけで、まるで世論が彼にそうさせているようである。隠すわけにいかないのは、最初の二つの徴候、すなわち刹那的な態度と運命論が西側世界に広がっていて、それに対してあとの二つの徴候、つまりは集団主義的思考と狂信はむしろ東側世界で優位を占めているように私には思われる、ということである。

こういった集団的神経症の影響は、私たちの同時代人のあいだにどれほどの広がりを見せているのだろうか。［このことを確かめるべく］少なくとも臨床的な意味で精神的に健康であることは明らかであるが、器質的に神経が不調なため私の診療所で治療したというだけの人に対して、被験者として協力者となってもらうように依頼した。そして被験者には先に述べた四つの徴候のいずれをどの程度示すかを確かめるために四つの質問に答えてもらった。第一の質問は刹那的な態度についてであって、「あなたは、ことによると結局いつか原子爆弾によって終末を迎えるかもしれないのに、それでも行動することには価値があると考えますか？」というものであった。第二の質問は運命論についてであって、このように述べられている。「人間は内的な、あるいは外的な力の産物やなぐさみものであるとあなたは信じていますか？」第三の質問は集団的思考への傾向を明らかにするためのもので、「あなたは自分を目立たないようにするのが最善の策だと思いますか？」である。最後の第四番目は、実のところ不意をつく質問で「あなたは仲間うちで最善の意図を有する人が目的を達するにふさわしいと考えるのであれば、どんな手段を用いても正当化されると思いますか？」であった。実際には狂信的な政治的手法と人間的な政治的手法のあいだにはちがいがある。すなわち、狂信者は目的が手段を正当化すると考えるのに対して、そうでない人たちは最も神聖な目的さえも汚してしまうような手段があることを知っているのである。

ところで、この被験者全員のうち、集団的神経症のすべての徴候から免れているとわかった人はたった一人しかおらず、一方で被験者の五〇パーセントが三つの徴候に当てはまり、それ以外の人はみな四つの徴候を示したのである。

これまで見てきた事柄やそれに類するテーマを二年前に南北アメリカで論じたときにどこにいっても人々は、この問題状況がただヨーロッパだけに限ったものではないのではないか、と私に尋ねたのだった。この質問に対して私がその場で考えた答えは次のようなものだった。「おそらくヨーロッパ人はこのような集団的神経症の特徴によってひときわ強い脅威にさらされているのでしょう、しかし脅威自体、言い換えると虚無主義の脅威は世界的です。」現に事実として、四つの徴候すべてが自由と責任とに対する恐れや、自由と責任からの逃走に由来すると明らかに理解され得るのである。だが自由と責任はどちらも人間を精神的な存在にするものなのである。そして虚無主義は、私の考えでは精神の倦怠であり疲労であると定義されるべきである。この虚無主義の波の世界的な高まりはヨーロッパが勢いを増すきっかけをなして増幅しており、その様子はまるで精神的な地震の進行の初期段階を地震観測所が記録しているかのようである。おそらくヨーロッパ人は虚無主義が発する有毒ガスが自分の方へ向かっていることに対してより敏感なのであろう。そのために、まだ時間が残されているうちにヨーロッパ人が［虚無主義の発する有毒ガスに対する］解毒剤を作り出すことに期待したい。

虚無主義についてこれまで論じてきたが、これに関連して虚無主義とは無しか、すなわちニヒル(Nihil) だけしかなく、その結果存在するものは何もないという哲学ではない、ということを私は指摘したい。すなわち虚無主義とは人生に対する態度であって存在には何の意味もないと言っているのである。虚無主義者とは存在を、とりわけ自分の実存を無意味だと考える人なのである。しかし、このような学術的で理論的な虚無主義を別にしても、実際的な、言うなれば「生きた」虚無主義も存在する。それはある種の人たち——このことはかつてよりも今日の方がより顕在的になってきており、そのために集団的神経症との関係で論じられなければならないことなのであるが——自分の人生は無意味であり、自分の実存に対して何の意味も見出だせず無価値だと考える人たちの存在である。

だが精神分析がきわめて強硬に特色づけた快楽原則だけが、人間が生得的にもっているものではない。この快楽原則はまた、快楽への意志と称することもできるだろう。また、アルフレート・アドラーが解釈を深めて神経症の病原であると強引に論証した、権力への衝動だけが、人間が生得的にもっているものでもない。この権力への衝動もまた、権力への意志と同一のものと見なすことができるだろう。しかし実際の私の意見としては、人は快楽への意志によっても権力への意志によっても支配されることはなく、私の言い方でいうなら、人は意味への意志によってのみ左右されるのである。意味への意志は自分の実存により高く究極的な意味を与えるためになされる、人間の確固たる生得的な努力や苦闘である。この意味への意志が欲求不満の状態に陥ることもある。この欲求不満の状態を私は実存的欲求不満と呼んでいるが、実存的欲求不満の考えに対するものとして性的欲求不満はしばしば神経症の原因であるとみなされてきた。けれどもかつては性的欲求不満がそうであったように、神経症が形成されるうえで今日では実存的欲求不満が少なくとも大きな要素になっていると私は考えている。このような神経症を私は精神因性神経症と呼んでいるが、すべての神経症が精神因性というわけではないのも確かである。だが、神経症が本当に精神因性であったなら、より正確に言えば、神経症の原因が心理的コンプレックスやトラウマではなく、精神的な葛藤や倫理的問題にあったなら、そのような精神に原因がある神経症は精神世界に由来する心理療法を必要としており、そのための療法を私はロゴセラピーと呼んで、狭義では心理療法と区別している。けれども精神因性ではなく心因性の神経症の症例の多くですら、ロゴセラピーは治療に必要である。イーディス・ジェールソン教授はこの「精神医学のウィーン学派」について、次のように記している。「従来の心理療法は、治療行為は病因の診断に基づくべきであると強調してきたけれども、それが完全に可能なのは明白な要因が引き起こし得る幼年期の神経症であって、成人期の神経症はまるでちがった要因が回復につながることがある。不安に対し効果的で社会的に容認できる自衛策を築けるように援助すること——道徳的価値観を援助する理論のような——は心理療法が望む目標よりは低いだろうが、そうだとしても疾患の原因を知ろうとすることに比べてより現実的である。」

同時に、いわば自分の実存の意味に対して人間がおこなう最大限の要求である意味への意志は、はっきり言えば性衝動と同じ水準にはおきたくない。ノーマン・ビンセント・ピールからキンゼイ・レポートの売り上げ冊数について尋ねられたときに、書店の従業員が答えたようにこう言うだろう。「今年はセックスより宗教の方がもっと人気がありますよ。」

アドラーの個人心理学によって、神経症の形成に重要な役割を果たしている劣等感と呼ばれるものについて私たちはよく知るようになった。ところで、今日では他のものがおそらく重要な役割を果たしているように思える。それを私は無意味さと呼んでいる。たとえば他者と比べて自分の存在価値が低いという感覚ではなく、人生にはもう何の意味もないという感覚である。

現代人を脅かすのは人生の無意味さといわれるものであり、言い換えるとその人の内にある実存的空虚である。それではこの空虚感が広がり、発生し、多くは潜在的な空虚感が顕在化するのはどのようなときなのか。それは退屈な状態のときである。ここでショーペンハウアーの言葉の実際の意味を理解することができる。すなわち、ショーペンハウアーによると人間は明らかに欲望と退屈の二極のあいだを永遠にさまようべく運命づけられているという。事実、精神科医にとっては確かに、現代では退屈が欲求よりも解決されるべきより大きな問題となってきていて、それはいわゆる性的欲求を含めてすらより大きな問題なのである。

そしてこの退屈の問題は精神衛生に対する脅威として現れてきているので、だんだんと話題になっている。オートメーション化と呼ばれる第二の産業革命はおそらく普通の労働者の余暇時間の大幅な増加をもたらすだろう。だが労働者はそのような自由時間をどう過ごせばよいかわからないのである。

けれどもオートメーション化によってさらなる危険が生じると私は考えている。それはオートメーション化によっていつか人間の自己理解が影響を受け、危険にさらされるのではないかという危惧である。そして人間は、思考し計算する機械との類比によって自分自身を誤って解釈し始めるのではないかという危惧である。ここで思い出したいのは、最初に人間が自分自身を、創造主である神をひな型にした創造物であると理解したことである。そして機械の時代がやってきて、人間は自分自身を、自分たちが創造した機械をひな型にした創造物であると見なしはじめた——『人間機械論』とラ・メトリーが書いたように。

そして今私たちはまさに思考し計算する機械の時代に突入しているとわかる。すでにスイスの精神科医が『ウィーン神経学ジャーナル』一九五四年号に次のように書いているのを見いだせる。「電子計算機が人間の心と異なるのはただ単に機械はいくぶん滞りなく作動するという点にあって、あいにく人間の心に関してはそのように言うことができない。」ここに待ち受けているのは、少なくとも私が感じるところでは、新たなホムンクルス主義である。この危険はかつて人間が自分を「にすぎない［存在］」と誤解したり誤って解釈したのと同じことであろう。

これまでの主なホムンクルス主義の三態である、生物学主義、心理学主義、社会学主義はゆがんだ鏡として人の目前にゆがんだ像を映し出し、それによって人間は反射作用の自動装置や衝動のかたまり、心理的機械、あるいはたんなる経済的な環境の産物「にすぎない［存在］」とされてしまう。この「…にすぎない［存在］」という考え方が人間の手に残されたのは、詩篇作者が人間のことをなおpaulo minor Angelis、すなわち、ただ少しく神より低く造られた者と呼んだときからのことである。いずれにしても人間の本質はすでに取り去られてしまっている。そして忘れてはならないのは、ホムンクルス主義は歴史を作り出すことができ、そしてすでに作ってしまっていることである。それには最近の歴史のなかで、遺伝や環境の産物「にすぎない」という人間観、あるいはそれを称して「血と土」という人間観が、人々みなを歴史的な不幸のうちにどれほど押し込んだかを思い出すだけでよい。とにかくホムンクルス主義の人間像からアウシュヴィッツやトレブリンカ、マイダネクのガス室へは一直線の道筋が続いているにちがいないと私は信じている。オートメーション化による人間像の退廃はまだ遠い危険である。だが結局、医者としての私たちの仕事は可能な限りいつであっても、病気を見つけて必要とあれば治療することであるが、ここで言う病気のなかには心の病もあれば私たちの時代精神の病も含まれている。だがそれだけでなく、可能な限りいつであっても、病気を防ぐことも医者としての仕事である。それゆえ私たち［医者］は、警告の声を上げることが許されなければならないのである。

先に私は実存的欲求不満、すなわち自分の実存の意味だけが人生を生きる価値あるものにできるということについて理解が欠けていると、それが神経症を引き起こす原因になると述べた。ところで、ほとんど四半世紀まえに私は失業神経症と名づけた症例について説明したことがある。だが近年ではこれとは違ったかたちの実存的欲求不満がだんだん切迫した問題になってきている。それは、年金生活者の心理的危機である。これは現代の老年学における新進の分野により扱われるべきであろう。すなわち、老年心理学や老年精神医学の分野によってである。

ある人の人生を目標へと向けさせるのは、きわめて重大な事柄である。だがもはやそれは専門家の課題ではない[個々人の課題である]のであれば、[専門家には]他の人生の課題が見出されなければならず、それゆえに課題が探し求められなければならない。私の考えでは精神衛生学の第一の目標はその人に具体的な意味の可能性を提案して、人間の意味への意志を鼓舞することである。そしてこういった具体的な意味の可能性はなお、専門家の領域以外にも存在している。いずれにしても、人が生き抜き、健康を維持するにはそのような人生の課題を知ることほどに有効にはたらくものはない。したがってパーシヴァル・ベイリーが最近、アメリカ精神医学会第一一二回大会の講演で引用したハーヴェイ・クッシング[アメリカの外科医、脳神経外科の分野で活躍。]の次のような言葉にみられる知恵が理解される。「人生を耐え抜く唯一の方法は、つねに成就すべき課題をもつことである。」[これを証するものとして]私自身の経験から言うと、何十年も前に統合失調症理論を創始し、統合失調症研究に多大な貢献をしているウィーンの精神医学教授で、九〇歳を迎えるヨーゼフ・ベルツェの机ほど、読まれるのを待っている本がうずたかく積まれた机を他に見たことがない。

年金生活者の精神的危機は、いわば終身の失業神経症であると考えられる。一方ではまた重大な影響のある、周期的な神経症も存在する。それは日曜神経症である。自分の人生に意味が欠如していると意識するようになった人たちが苦しめられる憂うつ、すなわち実存的空虚感は、忙しい週日の慌ただしさが止む日曜日になると、突然空虚さが顕在化するのである。

もちろん通例として、実存的欲求不満は顕在的ではなくむしろ潜在的であり、その症状として様々な仮面や見せかけが表れることを医者たちは知っている。

そのためまず始めに、「マネージャー病」［複雑で多岐にわたる仕事をして多忙な管理職に発症率の高い病気のこと。一般に狭心症などの心臓血管障害を指す］について考えるとしよう。満たされない意味への意志は権力への意志によって代理的に補償しようとされる場合がある。専門職で管理者が狂気的な熱意に陥るのは、たんに熱狂それ自体が目的となってしまうようなものである。実際のところ熱狂は目的に達するためのたんなる手段であり、そうなることで自分を見失っているのである。昔の学者たちがかつて空間畏怖（horror vacui）と呼んでいたものは物理的空間の領域だけにあるのではなく、心理の領域にも存在している。つまり、人は自分の内なる空虚である実存的空虚を恐れ、仕事や快楽に逃げ込むのである。満たされない意味への意志の地位（place）は権力への意志に取って代わられるが、それはきわめて原始的な形態の権力への意志と言うべき、たんなる経済力や財力といったもの、すなわち金銭への意志にすぎない。

マネージャー夫人病と私が呼びたい症状はこれとはちがった要因が作用している。管理者はあまりに多くの仕事を抱えていると、ひと休みをしたり自分自身に向き合ったりする時間を十分にとることができなくなっているが、それに対して管理者の妻の多くはやることがほとんどないために、あまりに多くの時間が自由になって何をすればよいかわからなくなっているのである。管理者の妻たちが最もわからないのが、自分たちが何をすべきかである。彼女たちはまた、実存的欲求不満に直面して感覚を麻痺させるものを求めており、ただその時間をぼうっとすること（by drugging）、まさに文字どおり、アルコールの助けを借りることでやり過ごそうとしている。夫の仕事中毒によって、彼女たちは代わりにアルコール依存になり、内的空虚からカクテルパーティーに逃避したり、それ以外にもゴシップ好きな社交パーティーや「トランプゲームの」ブリッジパーティーに逃避したりする。

管理者の妻の満たされない意味への意志は、夫の場合のように力への意志によって補償されるのではなく、快楽への意志によって補償されている。ここでの快楽はもちろん、性的な快楽の場合もあり得る。実存的欲求不満が性的な代償作用を引き起こすことはよくわかるが、つまるところ見かけのうえで性的な欲求不満は実存的欲求不満が真の原因である。性的衝動は実存的空虚によってのみ激しくなるのである。

仕事中毒、アルコール依存、ゴシップ中毒やギャンブル依存とならんで、内的空虚や実存的欲求不満を感じなくなる他の手段もある。それは、速さへの熱狂である。ここで私は、広くいきわたっている誤った理解を解消したい。私たちの時代の進度は、ただそれが可能となっただけであって、必ずしも技術的な進歩によって作り出されたのではない。たとえば身体的な面では時代の進度が病気を引き起こす原因にもなっている。実際のところ、ここ数十年で以前と比べ感染性の病気によって非業の死を遂げる人は「技術的な進歩によって」格段に少なくなっている。けれどもこの「死の不足」は交通事故死によって十分に補われているのである。しかしながら心理的な面では状態が異なっている。私たちの時代の速度は、これまでしばしば当然とされてきたように様々な心理的な病気を生み出しているわけでは決してない。それとは反対に、時代の進度や私たちの生活の性急さはむしろ、たとえ失敗に終わっているとしても、自分たちで実存的欲求不満を解消しようとする試みなのではないか、と考えている。つまり、人は自分の人生の目標が分からないので、人生の速度をより速めているのではないか、と考えられるのである。

実存的空虚をエンジン音でかき消そうとする人たちは、モータリゼーションが後押しする力（vis a tergo）となってきわめて急速に増加している。無意味さの感覚だけでなく、言葉の最もありふれた意味での古き良き劣等感もまたモータリゼーションによって補償され得るのである。多くの自動車を操る成金の振る舞いは、ちょうどある言葉を思い出させはしないだろうか。その言葉とは動物心理学者や、このごろでは比較行動学研究者を自称する人たちの用語、「それは人々に印象づけるための行動か？」である。

しばしば乗り物は劣等感を補償するだけのために購入されることがある。それを社会学者は誇示的消費と呼んでいる。私の診たある患者は大企業の経営者で、マネージャー病の古典的なイメージを体現していた。その生活すべては、健康を害するくらいの過労と言ってよいほどまで働くというただ一つの欲望によって支配されていた。彼はプロペラ機を所有していたが、それでは満足できずジェット機を欲しがっていた。明らかに彼の実存的空虚はとても大きかったので、超音速のスピードでもなければ克服できなかったのである。

これまでのところで、私たちの時代にあっては「生きた」虚無主義とホムンクルスの人間観が、人間の精神衛生上の危険をもたらしていると論じてきた。だが心理療法はホムンクルス主義の人間観と関係なくあるのだとしたら、心理療法はこの危険を一時的に追い払うだけである。だがそれではホムンクルス主義や、人間を「にすぎない」と考えるかぎりにおいて人間の戯画でしかないもの、つまりは「衝動によってある行動に」「余儀なく追いやられる」存在や、イドと超自我の衝動の矛盾する主張を折衷することで満足しただけの存在であるという見方が残されてしまう。

人間は「余儀なく追いやられる」のではない、人間は自ら決するのである。人間は自由である。だがここでは自由についてではなく、むしろ責任について論じたい。責任は私たちが何かに対して責めを負うことを含意している。そして責めを負うとは具体的で個人的な課題や要求を達すること、私たちみなが充足しなければならない唯一無二で個人的な意味を実現することであるとされる。その結果、責任は自己実現や自己充足について論じる際に、人を誤った方向に導いていると私は考えている。その導きに従うと、人は自分自身を充足させ実現するだけでなく、非常に具体的な価値である、その人だけによって達成され得る事柄の実現もなされなければならない。そして身の回りの世界のある具体的な課題を成し遂げる程度に応じてのみ、自己実現できることになってしまうのである。すなわち意図によって（per intentionem）ではなく、結果によって（per effectum）である。

同じような状況が快楽原則についても蔓延している。もしも快楽の究極の結果を得ようとするのであれば、その意図に反して、あるいはそれどころかその意図自体が妨害して、失敗するにちがいない。このような症例は性的神経症にくりかえし見られるもので、快楽を求めようとすればするほど、快楽が得られなくなってしまう。逆もまた真で、不快や苦悩から逃れようとすればするほど、その人は新たに加わった苦悩のうちにより深く沈みこむのである。パデュー大学のイーディス・ジェールソン教授は最近になってロゴセラピーについての論文で、アメリカの精神保健運動を正すうえでロゴセラピーは格別の重要性をもっていると指摘した。すなわち、苦悩のうちにある人でさえ――それもとりわけ変えられない苦悩にふさわしいのであるが――意味を成し遂げようとする人間の可能性は、結果として最も高い可能価値さえ達成する、ということである。これは実に私の確信であり、近年私が何度となく強調していることである。ところでジェールソン女史はこのことを知るのは北米人にとって特有の重要性があると考えている。なぜなら北米人は、人間の苦悩を不適応や精神神経症のように見なす傾向があるからである。この誤った考えは人を現実逃避主義者にしてしまい、言い換えると、反対側に逃げるなどできないにもかかわらず、運命づけられた苦悩から逃避させてしまう。そうすることで人は自分で新しく無用な苦悩を背負い込むだけである。今となってはその人は、自分の運命に苦悩するだけでなく、苦悩する人は無意識的な神経症患者であるという自分の思い込みによってもまた苦悩させられている。したがってその人はただ苦悩するだけでなく、それに加えて苦悩することを苦悩してもいるのである。

これまで快楽への意志や力への意志だけでなく、意味への意志もあることを確認してきた。これからはさらに、自分たちの人生に意味を与える可能性をもたらす創造的な活動だけでなく、創造的な活動を超えた、真理や美や思いやりの経験、自然や文化、そして大事なことを一つ言い残したが、自己の唯一無二性と個性の経験――すなわち我と汝の出会いやそれを言い換えたものとしての愛の経験――が人生に意味を与える可能性について確認していきたい。だがそれと共に、人は創造することや愛することによってだけでなく、苦悩することによっても人生を意味に充ちたものにできる可能性があるのである。そのため自分の運命は行動によって変えられないとしたら、重要なのは運命に対してふさわしい態度をとることである。自分の運命を制御したり作り変えることがもはやできないとしたら、それを受け容れられなければならない。自分の運命を創造的に方向づけるには勇気が必要だ。そして本当に運命づけられた、言うなれば避けられず変えられない運命に向き合ったときには、正しくしっかりと苦悩するために、謙虚さが必要となる。

だが人間の実存の意味は苦悩によって脅かされるのみでなく、罪や死によっても脅かされる。自分の犯した罪は自分に責任があり、その事実はもう変えることはできない。だが罪自体は取り消すことができなくても、ここでもまたすべては自分自身のふさわしい態度——すなわち真の悔い改めにかかっている。(罪の償いによって払われるべき代償が未完成の事件にまでも言及しているわけではない。)

そして死について言えば、死は人生の意味を完全に取り消すものなのだろうか？ 答えは決してそうではない、である。過去の出来事は消え去ったのではなく、それとは反対に、「過去は」はかなさからかくまわれ、貯えられているということを忘れてはいけない。一般に人ははかなさという刈株畑だけを考えて、過去という豊かな穀物倉を見落としているが、そこには自分の行為や喜び、そしてまたしっかりと苦悩したことも含めてすべて、彼が貯えてきたものがあるのだ。

したがって人生は、どんな人生であってもどんな状況にあっても、息を引き取る最後の瞬間まで意味が存在し、意味をもち続けているとわかる。これは病気の人の人生についてであっても当てはまり、精神病の人であっても例外ではない。いわゆる「生きるに値しない人生」など存在しないのである。そしてたとえ精神病の陥穽によって本当の精神的な人格が隠れていても、精神病によって人格が崩壊することはない。外界とのコミュニケーション手段が病気によって妨害されるだけであって、人間の核心部分［である精神］は破壊されないまま残されている。そしてもしこれが病気の症状でなければ、精神医学者による診療は無益なことであろう。

七年前にパリで催された精神医学会の第一回世界大会でククル・ペレ・ベルナールから、精神医学者として私は、重度の知的障碍者は聖人になり得ると考えているのか、と尋ねられた。それに対して私は肯定の答えを示した。だがそれだけではない。重度知的障碍者として産まれてくるのは恐ろしく思えるかもしれないが、しかしそれは内的な態度をいかにとるかによって、自分自身が道徳的にたいへん健全であることを証明する好機となり得るというまさにその事実によって、その人は聖人と同然というのももっともだと考えている、と私は彼に語った。もちろん他の人たちもみな人間は、外界へ自己開示が精神病によって妨げられるというまさにその可能性［によって聖人と同然となる場合］があるが、私たち精神科医でさえそれに気づくのは難しいだろう。愚者の仮面の下に隠された聖者がどれほどいるのかは、神のみぞ知り得る事柄である。そのとき私はペレ・ベルナールに、知性に驕った人のうぬぼれこそがその可能性を疑うのではないか、と尋ねたのだった。

人の聖性や道徳性の資格といったものがその人のIQによるとするなら、たとえばこのように言うかもしれない、「IQ九〇以下の人には見込みがない」と。さらに言えば、子どもが個性を持つこと、より正確に言えば一人の人格であることを誰が疑うだろうか。さらに重ねて言えば、知的障碍者以上に子どもらしさがあり、したがって子どものままであり続ける人はいるだろうか。

それゆえ——私は皆さんに証明できたと願いたい——最も悲惨な人生であってさえも、その意味を疑う理由はないということを。人生にはすべて無条件の意味が存在しているのであって、人生の意味に対する無条件の確信こそが必要なのである。これは過去に比べて人々が実存的欲求不満や意味への意志の欲求不満、人間存在の意味が充たされないがゆえの要求、実存的空虚などによって脅かされている、私たちの時代においてこそより本質的な課題である。

だが心理療法が人生の意味、それもあらゆる人生の意味に対して無条件の確信を得ることができるのはただ、その心理療法が適切な論理に基づいて始められ、正しい論理を選びとれば、の話である。それゆえ、ウォルドン・フランクがアメリカの専門誌で、フロイトやアドラーの根拠薄弱な無意識の理論仮説は意識の理論によってすべて取って代わり得る、としてなされた取り組み［の正しさ］を証明しているのがロゴセラピーである、と記すことができたわけは理解できる。実際フロイト派とアドラー派はいずれも独自の理論と進歩的な精神分析との両方を備えているが、とくに北アメリカではすでに、いかに無意識であるといっても世界観がなく、価値観の優先順位がない心理療法はあり得ないと理解され、そういう意見で一致している。さらにいっそう重要なのは、精神分析医自身がしばしば無意識的に抱いている人間観に対して意識的になることである。誰にもまして精神分析医は、人間観に対して無意識的なままにしておくことの危険性をはっきりと認識するべきである。とにかく、それには前世紀の影響によって歪められた自分の人間観を正すことが唯一の方法である。よって本当は人間の戯画であって真の人間像でないものがしばしば自分の思考の出発点になっていて、自分の人間観を修正する必要があるとの認識が求められる。

私が実存分析やロゴセラピーでおこなったのはまさに、現行の精神分析に取って代わるためではなく、現行の精神分析に補足をして、根本的人間像にもとづいた全体的で完全な真の人間像、すなわちあらゆる次元での人間像を形作ること、したがって人間にのみ存在していて結局のところ実存と称される人間の本質を十分に表すための試みであったのだ。

もちろん、私が修正すべきと主張している人間像の戯画を、私自身が生み出していると非難する人があるにちがいないと十分に認識している。おそらくその言には一理あるだろう。ひょっとしたら虚無主義やホムンクルス主義と名づけた、進歩的な精神分析による無意識の理論体系や多くの学説の背後にひそみつつ私たちをおびやかしている危険を察知するあまりに、私の主張は実のところ偏っているかもしれないし、誇張をしているかもしれない。おそらく私は虚無主義の些細な気配に対してとても過敏なのであろう。だがもしそうだとしても、自分のうちに潜む虚無主義を私自身が乗り越えなければならなかったからこそ、それほど過敏になっているのだということだけはどうかわかってほしい。自分が乗り越えなければならなかったからこそきっと私は、どこに虚無主義が隠れているかを鋭く嗅ぎつける能力があるのだろう。

そしてもし私自身の教授する精神分析の、より正確に言えば実存的な私自身の分析の秘密を漏らすことが許されるならば、おそらく私には他の人の目にあるちりをよく見ることができるのであろう、なぜなら、自分の目にある梁は涙と共に流れ去ってしまったからである。［マタイによる福音書七章三節「なぜ、兄弟の目にあるちりを見ながら、自分の目にある梁を認めないのか」を踏まえている］

附録　実存分析と時代の問題

一九四六年一二月二八日、フランス・オーストリア大学会議における講演

実存的に問題を提起するとはどういう意味でしょうか。現実に存在する問いでもって、質問者は自己自身を問うのです。つまり実存的な問いを問うとは人間を問うことなのです。実存的な問いが最近では、以前よりも深められたと、どこまで主張できるでしょうか。ところでこの時代において、すべてがまったく疑わしいものになってきました。金、権力、名声、幸福のすべてが、溶けてしまいました。しかしながらそれとともに人間自身も苦痛に焼き尽くされ、苦悩にあぶりつくされて溶解し、人間の存在まで溶けてしまいました。人が持つ金、権力、名誉、幸福という所有するすべてのものが溶け去ったのです。しかし人は人間のままです。つまり、残ったものは人間そのものであり、人間にある本質的なものなのです。こうして人間の本質を暴露したのは、この時代なのです。包囲殲滅戦や防空壕、強制収容所での大混乱のなかで、人間は真実を知ったのです。そこで万事において最も重要だったのが人間です。しかしながら人間とは何か。人間とはいつも決断する存在なのです。人間とは何であり、次の瞬間には何になるかを繰り返し決断するのです。人間には、天使にもなり悪魔にもなる可能性があります。なぜなら、私たちが知っていた人間、ひょっとすれば前の世代は知らなかった人間、その人間がガス室を造り出した存在だからです。しかしまた同時に、ラ・マルセイエーズもしくは祈りを唱えながら姿勢を正して、そのガス室に入っていった存在でもあるのです。もし人間が自分

自身のことを決める存在であると仮定するならば、人間は自然主義が行き着くまさにその地点から始まるのです。

以前にもましてわかっていることなのですが、まっとうな人間は少数派なのです。ひょっとすれば、永遠の少数派か、常に挫折する少数派なのかもしれません。けれども、私たちを宿命論者にしようとするのは、まさにこの悲観主義だけなのです。なるほど以前は、活動主義は楽観主義すなわち、進歩の信仰と結びつけられていましたが、しかし今日ではまさに自分で貫く進歩の信仰こそが、すなわち、自動的により高度に発展することへの信仰が、私たちの行動を萎えさせ、良心を眠らせるにちがいないということになっています。私たちはとっくの昔に、こうした進歩への信仰から遠ざかっています。悲観主義者になったのです。なぜなら人間に何ができるのかを知っているからです。しかしながら、すべては人間次第であるということを見てきたと先ほど言いましたが、次のことを付け加えておかねばなりません。個々の人間しだいだと。それゆえ、まさに人間的な人間は少数派であるからこそ、個々人が重要なのです。そしてもし人間の大量虐殺が繰り返し起きることに加担したくないなら、個人的な戦いの決断、個人的な犠牲的準備が重要になるのです。それゆえ、人はまた個人的な人生の犠牲を恐れないでしょう。この生自体が一つの価値を意味し、そして人生が他のもののために犠牲にされることに一切価値がないとすれば、この人生とは一体何なのでしょうか。

まさに強制収容所でこそ、このような本質的な生の超越性、すなわち自ら「意図的に」自己を超越することがはっきりあらわれたのです。私は生きながらえるだろうかというたいていの人の疑問がおきた場合、この苦悩全体に意味がないでしょうか。それにもかかわらず、この苦悩というよりもこの死には意味があるのだろうかという他の疑問を抱く人々がいたのです。さもなければ、生き残ることには全く意味がないでしょうから。生きるのは、偶然の恩恵しだいだからです。すなわち、人が「生きて出られる」かどうかということであり、もしくは、たとえこうして生きて出たとしても、意味がなく、生きる価値がないかもしれないのです。それゆえ、強制収容所での苦悩や犠牲が、外見上すべて無意味なようですが、その奥では一つの絶対的な意味が明らかになり、苦悩や犠牲や死の意味も強制収容所の中に含まれていたのです。

生の意味と価値について語ることは、以前にもまして、今日では必要なことと思われるかもしれません。問題はそれが「可能で」あるかどうか、そしていかに可能かということにすぎないのです。今日ではある観点で、もっと簡単です。また多くのことについて、自由にしゃべることが許されているのです。人間の存在およびその価値に、また尊厳には意味があるかどうかという問題に内的に関連する多くのことについて、です。しかしながら別の観点では、現在ふたたび「意味」や「価値」そして「尊厳」について語ることが一層むずかしくなりました。私たちはこう問わなければならないのでしょうから。今日でも、これらの言葉をこう簡単に口にすることができるのだろうかと。現に、これらの言葉の意味は、なんとなく曖昧になったのではないのだろうかと。

今日の生の実感からすると、生きる意味を信じる余地はあまり多くありません。私たちは典型的な戦後時代に生きています。多少ジャーナリスティックな表現ではありますが、「心の中が爆撃を受けた」と言えば、今日の人間の心情、すなわち、精神的な状態が、もっとも的確に特徴づけられます。どこででも感情に支配されているわけではないとすれば、同時に、また戦前の時代ほど何もかも、まだひどくないでしょう。原子爆弾の発明は、世界規模の破局という恐怖を育んでいます。そして一種の世界滅亡の気分が二千年紀の終わりを占領しています。私たちはすでに歴史の中で、世界滅亡の気分を知っています。それは最初の一〇世紀の始めと終わりに存在しました。そして前の世紀には周知のごとく、世紀末の気分もありました。世界滅亡の気分だけが敗北主義だったのではなく、このようなすべての気分の根底には、宿命論があったのです。

それにもかかわらずこうした宿命論では、私たちは精神の復興に着手することができません。まず、こうした宿命論を克服しなければならないのです。しかしながらその際、留意しなければならないことが一つあります。今日ではもはや、安易な楽観主義をもってしては、最近出てきた問題をそう簡単に克服することができません。私たちは悲観主義になったのです。私たちが信ずるのは、もはや進歩そのもの、人類のさらなる発展ではなく、自ら意志を押し通すものなのです。信ずることが、このような懐疑によってぐらつくことがない限り、生に意味があることを信ずることは、どれほど揺るぎないものでありましょうか。というのは、確かに過去数年の間に、私たちは正気に戻りましたが、しかしまた人間的なものの重要性が示され、すべてのことが、人間しだいであるということを教えられたからです。残ったものは「ただ」人間だけでした。いずれにしても！　人間はごく最近の過去の汚泥の中に残っているからです。そしてまた強制収容所の体験の中にも残っています。

最後まで留まったのは人間、「裸の」人間でした。すべてのものがこの数年間で抜け落ちてしまいました。金も、権力も、名声も。もはや人間にとって、確かなものは何もかもなくなりました。生も健康も幸福も、そして何もかもが不確かなものになってしまいました。虚栄も名誉欲も縁故もです。

すべてがむき出しの実存に還元されてしまったのです。苦痛のためにあぶりだされ、すべて本質的でないものは、溶け去りました。人間は溶けてなくなり、結局、自分が最後にあったものになりました。すなわち、大衆の中の誰かある人、もしくはだれも本来の自分でなく、真実の自分ではありませんでした。匿名の人間、名もない「もの」、たとえば囚人番号のように。わずかにそういう「もの」にすぎませんでした。しかしある場合には人間も溶けてその本来の自己に戻ったのです。

こういったことはすべて何を意味するのでしょうか。これまでのことから、何が明らかになったのでしょうか。二つあります。おそらく、考えが同じ人は少数にもかかわらず、すべては個々の人間しだいであるということです。そしてもう一つは、すべて人間が創造的に、たんなる言葉ではなく、実際にそれぞれ自分の存在の中で、生の意味を実現せよということです。

今日、人間は生きる意味と価値の代弁者となることができるのかどうか、それはどのような意味でか、またどのような精神からか、という冒頭の問いについては以上です。ところで、生存の意味を話題にする場合、まず、その都度、生きている意味が何らかの方法で問われてきました。その意味がはっきり問われれば、それはまた何らかの疑いをかけられることでもありました。けれども、人間存在の意味を疑うことは、簡単に絶望につながります。この絶望は、私たちにとっては、自殺の決断という形になるのです。

自殺を話題にする場合、私たちは自殺を準備をするための本質的に異なる四つの理由を区別しなければなりません。第一に、自殺は元来、心理的状態の結果ではなく、身体的・肉体的状態の結果と言えます。このグループには、たとえば最終的に身体に起因する情緒不安定のために、ほとんど無理矢理自殺を試みる場合が入ります。こうした事例は、当然のことながら本日の講演の考察からはずされます。第二に、周囲の人々に及ぼす影響を計算して自殺を決断する人がいます。たとえばそのような人々は、自分たちに加えられた苦痛に対して、他人に復讐しようとしているのです。そして復讐欲に駆られて、今度は当該の他の人々が、生涯、罪の意識を背負わなければならない、私が自殺したことに責任を感じるべきだと思っているのです。つけ加えるなら、私たちにとって生きる意味があるかどうかという問題が重要な場合も、当てはまりません。第三に、単に疲れたと感じ、生きることに疲れたために、自殺を決断する人々が存在します。しかしこの疲労は感情にすぎません。周知のとおり、感情は議論にならないのです。疲れて、疲労を感じるだけではまだまだ人生の途上で立ち止まる理由にはなりません。それよりもむしろ、さらに先へ進むことに意味があるのかどうか、疲労を克服することが、割にあうのかどうかということの方が重要なのです。ここでまず本当に必要なことは、生きる意味があるのか、生きることに疲れてもなお生き続ける意味があるかという問いに対する一つの答えなのです。したがってこの答えそのものは、まだ生きていくことに対する反対理由ではありません。けれども、生き続けていくことができるためには、生きていく絶対的な意味を知るしかないのです。

ここで本来考察するべき第四のグループには、生き続ける意味、というよりも、そもそも生きる意味がまったく見出せないという理由で、自殺しようとする人々が入ります。このような動機でなされる自殺はふつう決算自殺と呼ばれています。いわゆる、人生のマイナスの決算から自殺するのです。そういう人は、決算をして、借り方と貸し方を比較します。これまでの人生でのマイナスとこれからの人生で実現できるであろうプラスを突き合わせるのです。そこで赤字決算になれば、自殺することに決めるのです。では、この決算の照査を始めましょう。

普通、貸し方にはすべての悲しみと痛みが、借り方には自分が得ることのできなかったすべての幸せがあります。この決算は根本的にまちがっているのです。なぜなら、よく言われるように、人間は「楽しみのために生きているのではない」からです。そしてそのことは存在と当為という二重の意味で正しいのです。そのことが実感できない人は、かつてロシアのある実験心理学者が書いた書物を手にとってほしいと思います。普通の人間は日常生活において、快感よりもずっと多くの不快感を体験するということを証明した人です。それゆえ、快感のために生きることなど最初から全くありえないでしょう。しかしそのために生きる必要があるでしょうか。そもそも快感のために生きて報われるのでしょうか。

ともかく一人の男のことを思い浮かべてみましょう。死刑の判決を下された男が、処刑の数時間前に、最後の食事の献立を自由に決めることを許されたとします。看守が独房に入ってきて望みはないかと尋ね、そして様々なおいしい食べ物の提供を申し出ます。しかしながら死刑囚の独房にいるこの男は一切の申し出を断ったのです。数時間後に死体となる定めのこの有機体の胃に、おいしいごちそうを詰め込むか否かはささいなことだと、考えているのです。そして今ならまだこの有機体の大脳の神経細胞に快感が起きる可能性はあります。しかしその快感も二時間経てばすべての神経細胞が全滅するという状況を考慮すれば無意味なものになると、考えているのです。

けれども、人生というものはすべて死の眼前にあります。そしてこの男の考えていることが正しいとすると、できるだけ多くできるだけ大きな快感をひたすら手に入れようと目指す限り、私たちの人生はすべて無意味だということになるでしょう。快感はそれ自体、生きていることに意味を与えることができるようなものではありません。それゆえ、快感がないからと言って、……今から見てみますが……「この」生の意味を奪うことはできないのです。

自殺を試みた後、命を救われたある男が、ある日、私にこう話しをしてくれました。その男はピストルで自分の頭を打ち抜くために、町の郊外へ出かけようとしました。すでに夜もだいぶ更けていたので市電はもはやなく、そのためにタクシーを拾わなければならない状況でした。その時、タクシー代など無駄遣いしたくないと躊躇したのです。ついに死を直前にしてこのように躊躇した男は、苦笑せざるをえませんでした。これは先の申し出を断った死刑囚の独房の男と同様、こっけいなほどばかばかしいことです。また死に直面してお金を惜しむなんて、自殺を決意している男には無意味なことに思えたのです。こうしたすべてのこと、人間が人生において幸福を求め、迷いから目覚めることを、タゴールはある詩の中で次のようにみごとに表現しています。

私は眠り、夢を見る、
生きることが喜びだったら、と。
私は目覚め、気づく、
生きることは義務だ、と。
私は働く……するとほら、
義務は喜びだった。

ここで引用した詩には、今、これから考察を進めるべき方向が示されています。

それゆえ、生きるということはある意味で義務であり、たった一つの重要な責務なのです。そしてなるほど人生には歓びもありますが、しかし歓びを得ようとすることも、歓びを「欲する」こともできません。むしろ、歓びは自ら生ずるものにちがいありません。結果が生ずるのと同じように、おのずと生ずるのです。幸せは決して目標であるべきでないし、目標であってはならないし、目標であることもできず、結果にすぎないのです。幸せとは、タゴールの詩の中で義務と言われているものを達成した結果なのです。そしてこの義務については、後になんらかの仕方で、もっと詳細に明らかにしましょう。いずれにしても、幸せとは、思いがけず転がり込むものにすぎず、けっして努力して得ることのできないものですから、人が幸せを求めようとすればすべてその努力は無に帰するのです。次のような賢明な比喩を述べたのはキルケゴールです。幸せへの扉は「外に向かって」開く、と。つまり、激しく幸せを追い求めたり、幸せへの扉をいわば押し壊そうとする人にはまさにそれは閉ざされているのです。

あるとき、生きることに疲れた二人の人……男の人と女の人……が、偶然同時に私の前に座っていました。二人は声をそろえて言いました。人生には意味がない、「人生にもう、何も期待できないから」。ある意味で二人の言い分は正しいものでした。しかしながら逆に、二人を待っているものがあることがただちに判明したのです。男性を待っていたのは未完のままになっていた学術書でした。そして女性を待っていたのは子どもでした。その子どもは当時、遠く連絡の取れない外国で暮らしていましたが、盲目的な愛情をもってひたすら母を待ち焦がれていたのです。そこで重要なのが、カントの言葉で言いたいのですが、「コペルニクス的」転回を遂げることでつまり物事の考え方を一八〇度転回することです。その転回をすれば、もう「私は人生にまだ何を期待できるか」と問う必要はありません。そうではなくて「人生が私に何を期待しているか」と問うだけでいいのです。人生において私を待っているのはどのような義務であり、どのような課題だろうか、と。

一般的な問い方で、生きる意味があるかと問うことが、結局は誤りだ、と今なら、私たちでもわかります。つまり、人生の意味を問うことは、私たちには許されていないのです。問いを出し、私たちに問いを向けるのが人生なのです。私たちは問われる存在なのです。答えなければならないのは私たちであって、すなわち、いつでも引っきりなしに出される人生の問い、「人生の問題」に答えなければならないのです。

生きること自体、問われることに他ならないということであり、私たちの存在はすべて、答えることに他なりません。そしてそれは生きていることに責任をもって答えることなのです。このように考えると、今では私たちを脅かすものは何もありません。未来も、また未来がないように思えることでさえも、怖くはありません。今や現在がすべてであり、その現在は人生が私たちに向ける永遠に新しい問いを含んでいるからです。すべてはその都度、私たちに期待される事柄しだいなのです。しかしながら、どのような未来が私たちを待ち受けているかは、知ることができないばかりか、知る必要もありません。これに関しては、私はずいぶん前に短い新聞記事に掲載されていた物語について話すことにしています。無期懲役の判決を受けた一人の黒人が、かつて悪魔島に流刑にされたという話です。

その黒人が乗っていた船「リヴァイアサン号」が沖合に出た時、火災が発生しました。非常時だったので、黒人は手錠を解かれて救助作業に加わり、一〇人もの命を救いだしました。その働きに免じて、後に恩赦を授けられたのです。ここで質問したいのですが、もしだれかが乗船前にマルセイユ港の埠頭でこの黒人に、これから先の人生に何か意味が見出せるかと尋ねたらどうだったでしょうか。おそらく、まだどのようなことが待ち受けているだろうか、と首を横に振らざるをえなかったでしょう。しかしながら、どのようなことが自分に待ち受けているかは誰にもわからないのです。ちょうど「リヴァイアサン号」の黒人が一〇人の命を救ったように、どのような重大な時間が、唯一無比の行動をとるどのような一回限りの機会が自分を待ち受けているか、誰にも分からないのです。

人生が私たちに提出し、その答えに瞬間の意味を実現できる問いは、たんに時々に応じて変わるだけでなく、人に応じてもまた変わるのです。人生が出す問いは、瞬間瞬間に、その人その人によってまったく異なっています。ですから、生きる意味を問うのは、まったく具体的に、つまりここと今においてなされなければなりません。「その」人生の「その」意味を問題にすることは、こういうものの見方からすると、どうしても単純なものに思われます。たとえば、「ところで、チャンピオン、どの手が最善手だと思われますか」とチェスの世界チャンピオンにインタビューをするレポーターの質問がとんちんかんなのと同様です。まったく特定の、具体的な勝負の局面や具体的な駒の配置というものを別にして、特定のいい手、そればかりか唯一の最善手というものは一体全体あるのでしょうか。

何年か前のある日のこと、生きる意味についてある所で短い講演を始める前に、先ほどのように極端ではないけれどとんちんかんな一人の青年が私に声をかけてきました。おおよそ次のような言葉でした。「ねえ、フランクル先生、怒らないでください。私は今晩、婚約者の両親に招待されていて、どうしても行かなければなりません。ですから先生の講演を拝聴できませんので、どうかお願いですから、すぐおっしゃってください。生きる意味って何でしょうか」。

さて、そのときどきに私たちを待ち受けているもの、具体的な「その時の要求」には、様々な意味で一つの答えが必要です。第一に考えられるのは、私たちが行動によって答えること、すなわち、一つの行為によって答えることです。私たちの行動やまた私たちの作る作品でもって、人生が提出する具体的な問いに答えるやりかたです。ここでも二、三考慮に入れておかなければなりません。一番わかりやすく表現できるとすれば、具体的な体験に言及することかもしれません。ある日、一人の青年が、前に座っていました。ちょうど人生の意味の問題、というよりむしろ生きる意味があるかないかという問題について議論していたときでした。その時、青年は次のような異議を唱えました。「あなたなら、話は簡単でしょう。現に相談所を設立されましたし、人々を助けたり、励ましたりなさっているのですから。しかし私はと言えば……。私を誰だとお思いですか。職業を何だとお思いですか。ただの仕立て屋の店員にすぎません。私は何をするべきでしょうか。どうすれば私がすることで、人生に意味を与えることができるのでしょうか」。人がどこで暮らしているのか、例えばどのような職業についているのかはけっして重要なことではない、ということをこの男は、忘れていたのです。自分の持ち場、自分の活動範囲でいかに最善を尽くすかということだけが問題なのです。むしろ重要なのは活動範囲の大きさではなく、その範囲で職責を果たしているかどうか、生を「充実させている」かだけなのです。具体的な生活圏では、個人一人ひとりが、かけがえがなく、代理不可能なのです。

そしてそこではだれもがそうなのです。各々の人生に課された義務はその人だけが持ち、その義務を果たすよう求められているのです。そして比較的大きな生活圏を持ちながら、完全に職責を果たしきれていない人の人生は、もっと狭い範囲でも本当に満足している人と比べ、満たされていないままなのです。この仕立て屋の店員は、具体的な生活環境の中でもっと大きなことができ、することなすことにおいて、この羨望の的となっている人がより大きな人生の責任を自覚せず、正当に評価されない限り、その人よりも、もっと意義深く、意味に満ちた生活を送ることができるのです。

しかしながら、たとえば失業者の場合はどうか、とここで異議を唱える人があるかもしれません。つまり、職務が自分の人生を活動によって意味のあるものにできる唯一の場ではないことを忘れている場合です。いったい職務だけが、人生を意味あるものにするのでしょうか。私たちが問うているのは自分たちの、（さらにはしばしば機械的な）業務が、どれほど意味がないか、と当然ながら、嘆き訴える多くの人々にすぎないのですから。数列をどこまでも加算したり、機械のレバーをいつも同じように切り替えたり、動いているベルトコンベアーでいつも同じ作業をしていることに、いかに意味がないかと嘆き訴えているのです。なるほどこのような人々の生活は、あまりにも乏しい休暇の中で、ようやく意味あるものに形成され、個性的で人間的な意味で満たされるのです。しかしながら失業者でも、十分すぎるほどの自由時間に自分の人生を意味のあるものにする機会があるのです。

失業者の経済上の困難や経済的な苦境、社会学的もしくは経済学的な要因を総じてこのような関連で過小評価するほど、私たちが軽薄だと思わないでいただきたいと思います。「まずは腹ごしらえ、それから道徳だ」という考え方がどこまで蔓延しているか今日では以前にもましてわかっています。

このことについては、全くそのとおり、嘘偽りはありません。しかしながら同時に、何の道徳もなしに腹ごしらえすることがいかに無意味か、そして腹ごしらえだけを考えている人々の意識にのぼるこの無意味さがどれほど壊滅的かもわかっています。またとりわけ、絶対的に生きる意味があるという揺るぎない信念が、つまりたった一つでも「道徳」がありさえすれば、いずれにせよ、どれほど人生が我慢できるかわかっているのです。というのは、人間というものは、もし飢えることに一つでも意味がありさえすれば、誠実に飢えを耐え忍ぶ準備をするものだということを体験したからです。

しかしながら、「道徳」を持たない人が飢えるとどれほど困難なことになるかということだけでなく、食べ物が一切与えられない場合に、道徳を要求することが、どれほどむずかしいことであるかを私たちは見てきたのです。私はかつてあるところで、未成年の若者についての精神医学上の法廷鑑定所見を提出しなければならないことがありました。少年は極度な困窮状態にあって、一個のパンを盗んだのです。そして当該の裁判所はその少年が「劣等」か否かという厳密な質問をしてきました。鑑定所見の中で、私は、その少年が精神医学的には決して劣等とみなされないと認めざるをえなかったのです。しかしながら同時に次のような説明をしないわけにはいきませんでした。少年の具体的な状況では、こうした飢えに直面した場合、誘惑に抵抗するためにはそれだけで十分に優等でなければならなかったであろう、と。

責任を意識して人生の具体的な問いに答える限り、人生に意味を与えることができるのは、私たちの活動だけではありません。行動する人間として、また愛する人間として、美しいもの、偉大なもの、良きものを愛し、それに身を捧げることで存在の要求を満たすことができるのです。ここで美の体験が人生を意味あるものにすることができるということ、またいかにできるかということを、例えば今、まさか決まり文句であなた方に、説明せよと言われるのではないでしょうね。私はむしろ次のような思考実験に限定したいと思います。想像してみてください。あなた方はコンサート・ホールに座って、お気に入りの交響曲に耳を傾けています。ちょうど今、大好きな小節が耳に入り、背筋が寒くなるほど感動しています。そこで心理学的には不可能でも考えるのは可能だと想像してみてください。その瞬間にだれかがあなた方に「人生には意味があるでしょうか」と尋ねます。この場合、答えはたった一つしかありえません、それは「ただ、この瞬間のためだけに生きていただけで、すでにそれだけの価値はありましたよ」という内容だと私が主張しても、あなたは賛同していただけると思います。

しかしながら、芸術ではなく自然を体験する人でも同じことでしょうし、一人の人間に対面する人でも同じです。ある特定の人を眼前にして、心を捉えるあの感情、因みに言葉で説明すると、「こんな人がそもそもいるだけで、この世界は意味を持つし、この世界で生きることが意味を持つ」とでも言いたくなる感情はだれもが熟知しています。

つい先ごろ、だれかが私に次のような質問をしてきました。ある理念のために殉教した人たちのことなのですが、「その人たちが命を捧げて犠牲になったのは無駄で無意味だったのは、ひどいことではないですか」と。この世界全体はひどくないと答えざるをえませんでした。一見、無意味に思えますが、そのように命をささげた人たちがいる限り、この世界で生きることには意味があるのです。

活動することによって、また愛することによって、そして結局は苦悩することによって私たちは人生を意味あるものにすることができます。というのは、一人の人間は行動と愛情に関する限り、人生の可能性が限定されることにどのような態度をとるか、そのように限定される中で苦難を、また十字架の苦難をどのように受け止めるか、こうしたことすべての点で、まだ様々な価値を実現することができるからです。

私はかつて新聞で、難破した夫婦が描かれた挿絵を見たことがあります。夫婦は、小さな筏いかだで大海原を漂流していたのです。夫は不安げな表情で、無駄なのに自分の白いシャツを手で振って、見えない船を招き寄せていたのです。しかしながら、妻は筏のうえでひざを曲げて、懸命にブラシで筏の床板を磨いているのです。この挿絵から理解できることは次のようなことでしょう。この妻は、助かる見込みのない状況でも、どことなく正しく「威厳に満ちて」行動し、このような非常時なのにまったく「有能な主婦」であることを示したのです。とんまで興醒めな冗談だとせせら笑うのではなく、ここに、何らかの業績を見ようと思うのです。

したがって、困難に対していかに立ち向かうかということの中で、その人がだれかということが実際に示され、そうすることで意味ある人生が成就されるのです。また、スポーツマン精神という、本来まったく人間的なこの精神を忘れないでおきましょう。スポーツ選手がすることと言えば、困難によって成長するために、まさしく困難を造り出すことではないでしょうか。もちろん一般には、困難を実際に造り出すことなどは重要ではありません。むしろ一般には、不幸の中で苦悩する意味があるのは、その不幸が運命であって、それゆえに避けることも逃れることもできない場合だけです。こうした不幸はかつて「高貴な」不幸と呼ばれていました。しかしながら、不幸の中で苦悩することそれ自体が、高貴なものとなるのです。それどころか、この不幸が人間をもっとも高い価値の領域へと導いてゆくのです。

したがって、どのような場合でも運命、すなわち、わが身に起こることを自分なりに形成することができます、いずれにしてもです。「何かを遂行すること、もしくは何かを耐えることのどちらかで、高められないような事態は存在しない」とゲーテは述べています。私たちは可能なら運命を変えるか、もしくは不可避ならば、進んで運命を甘受するか、そのどちらかなのです。私たちは運命か不幸かいずれかによって内面的に成長することができるのです。今では、ヘルダーリンが「不幸の階段を登るとき、高みに立つのだ」と記していることが何のことか理解できるのです。

人々が簡単に自分の不幸を嘆いたり、あるいは自分の運命を悲しんだりすると、そうしたことが誤解であるように思えてしかたないのです。それぞれの運命というものがなければ、私たちはどうなるでしょうか。運命というハンマーに叩かれなければ、運命に苦悩する白熱がなければ、私たちの存在はどのように形成されたでしょうか。本当にどうすることもできない運命、どうしても変えることのできない運命に反抗する人というのは、すべての運命の意味を把握しているわけではありません。運命とは元来、生の総体の一部に属しているものなのです。そして運命によって定められているものが、いささかでもこの総体から取り出されてしまうと、生の全体、生の形態は破壊されてしまうのです。もし父親が飲兵衛で、そして酔っぱらって子づくりをしなかったなら私はどうなっただろうかと、ある患者が尋ねたとき、私はただ自分の運命を嘆くのは無意味だと答えるしかありませんでした。その聞き方が間違っているのですから。父親が別人なら、自分もまったく「他人」であったでしょうし、このような意味のない質問もできず、運命に激怒して不平もあげなかったでしょう。

再び、一つのジョークでたとえを提供してみましょう。ジョークではありますが、私はこれには「形而上学的な背景」があると、あえて言いたいのです。少し前、アメリカの新聞で二人の見張り兵を描写した挿絵を見ました。「わが上なる星の輝く空」、しかし「わが内なる道徳的法則」はどうも存在しないようです。なぜなら二人はかなりだらしない風貌で、まったくひげも剃っていない一人が、もう一人を非難がましく責めています。「こん畜生。なんでお前はべっぴんの女に生まれてこなかったんだ?!」

つまり、運命は私たちの人生の一部なのです。苦悩もまたそうです。それ故、生きることに意味があるなら、苦悩することにもまた意味があるのです。したがって、必然的な苦悩がある限り、可能性を考えれば、その苦悩もまたなんらかの意味を持つものなのです。それはまたいたるところで実際に、苦悩そのものとして承認され、評価されています。数年前、イギリスのボーイスカウト連盟が最高の業績を上げたことに対して三人の少年を表彰した、という知らせが私たちのところへ届きました。表彰を受けたのはどのような少年だったのでしょうか。三人の少年は不治の病で入院し、それにもかかわらず、その冷酷な運命に毅然とした、堂々とした態度で立ち向かったのです。この表彰によって、真の運命に正面から耐え抜くことが一つの業績、すなわち、最高の業績であるということが広く認められたのです。そうなると、上で引用したゲーテの命題である二者択一は、もっと深く考察すると、完全に正しいとは言えません。業績か忍耐かという選択肢は最終的には問題にならないのです、事情によっては、むしろ忍耐すること自体がもっとも偉大な業績なのです。

本当の苦悩には本質的な行為という特徴があります。私の感覚では、おそらくリルケの言葉に最もいたのです。

適切に表現されていると思います。リルケはかつてどれほどの苦悩を「耐え抜か」なければならないのだろうかと悲鳴をあげました。ドイツ語には「仕事を」という表現しかありません。しかしながらリルケは、少なくとも働くことや苦悩することで、意味のある人生を過ごすことができると理解していたのです。

いずれにせよ人生に、瞬間に意味を付与する二者択一しかありえない、つまり、いずれにせよ私たちがいかに答えるかという決断しかありえないという事実、けれどもその都度まったく具体的な問題が人生の方から私たちに立てられているという事実、こういったすべてのことから次のことがわかります。人生は常に意味を満たす一つの可能性を提供しており、したがって、いつも生きることに意味があるかどうかは、人それぞれの自由選択なのです。人間の生は「最後の息を引き取る瞬間まで」意味あるものに形成することが可能だとも言うことができるでしょう。人は、息をしている限り、意識がある限り、人生が出す問いにその都度、答えなければならないという責任があるのです。人間であることとは、意識することであり、責任をもつことに他ならないという、人間であることの大切な根本的事実の本質をよく考えれば何の不思議もないことなのです。

可能性を考えれば、人生にはいつも一つの意味があり、それゆえ、人生がいつの瞬間に、常に変化する意味で満たされるかどうかは、その都度まったく私たち次第なのです。したがってその都度の意味を実現することは、まったく私たちの責任であり、私たちの決断にかかっているのです。そのとき私たちには確実に分かることが一つあります。つまりある一つのことは確実に無意味であり、絶対に何の意味もないということです。それこそが、命を投げ捨てるということなのです。したがって、自殺はけっしてなんらかの問いに対する答えではないということです。自殺をしても問題が解決するわけではありません。

つい先ほど、すでに一度、チェスの勝負をたとえにする必要がありました。それは人生における人間の立場を説明し、その都度の人生の問いの前に立たされていることを説明するためでした。この「チェスの最善手」のたとえで次のことを示そうとしたのです。つまり人生の問いは、その都度きわめて具体的で、それぞれの人によりそれぞれの状況によって、……ここと今……に関連した問いとしてしか考えられないのです。ここでもう一度、チェスのたとえを使用する必要があります。人生が提出する問題を、自殺によって「解決」しようとする試みが、どれほど馬鹿げているかということを今示すことが重要なのです。

少し想像してみてください。チェスの棋士が問題の局面に立たされて、指し手が分からなくなり、……なんということをするのでしょうか……盤の石を投げつけたのです。そうすることが局面の打開になるのでしょうか。たしかに解決には至りません。しかしながら自殺する人はまったくそのような振る舞い方をするのです。自殺する人は命を投げだしておいて、解けないと思われた人生の問題を解決したと思っているのです。自殺することが、人生のルール違反だとは知らないのです。先のたとえの棋士同様、ルールを無視しているのです。ルールの枠内で、ナイト（桂馬）飛びとか、キャスリング（王と塔の位置を入れ替えること）とか、なにか知りませんがそういったことで、いずれにせよ、駒の動きによってのみ局面を打開できるのであり、決して上に述べた盤の石をひっくり返すような行為によってはできないのです。今、自殺する人も人生のルール違反なのですが。このルールは私たちに、何が何でも勝てというのではなく、けっして勝負を放棄するなと求めているのです。

今、ここで次のような異論を唱える人がいるかもしれません。自殺が理にかなわないことは認める。しかしながら、自然死が誰にでも身近に迫っているという事実があるからには、人生そのものが無意味になるのではないだろうか。自然死によって、私たちすべてがそもそも最初から無意味であると思わないといけないのではないか。どのみち、すべて長続きするものなどないのだから。

逆に次のように問い返すことで、このような異議に答えてみましょう。私たちが不死の存在だったらどうなるのだろうかと自分の胸に、ちょっと聞いてみましょう。その問いにはこう答えることができます。もし私たちが不死の存在だったら、なんでもできるだろう。だが実際にはすべてを先延ばしにもできるでしょう。なぜなら、あることをまさに今するのか、それとも明日か、明後日なのか、一年してからか、一〇年してからなのか、もしくはいつするのか、ということはまったく問題にならないからです。死や終わりというもの、様々な可能性の限界があることをまさに今、行動に移すか、あるいは今、ある体験に没頭するかという動機を見失うのです。なんといっても時間はあるのです。私たちには時間があるのです。無限に多くの時間が。

しかしながら、私たちは死ぬ存在なのであり、私たちの生には終わりがあり、私たちの時間は限られ、また私たちの可能性も制約されているという事実か、その事実だけが、つまりこうした事実があるからこそ、そもそも何かに着手したり、ある可能性を利用したり実現したり、充実させたり、時間を利用したり、充実させたりする意味があると思われるのです。死とは、それを強制することなのです。それゆえ、私たちの存在がまさに責任存在であるという背景にはまず死があるのです。

そう考えると、どれほど長生きするかということは、本質的にはまったく重要ではないことが証明されるのです。長生きをしたからといって、それだけでずっと人生に意味があるわけではないのです。場合によっては、短い生涯でもはるかに意味があるもしれません。ある具体的な人間の伝記を判断するのは、その書物のページ数ではなく、ただそこに書かれている内容の豊かさだけなのです。

私たちはさらにこの機会にもう一つの問題に触れておきましょう。それは子孫を残さなかった人の人生が、もしかするとその事実だけで無意味になるのかどうかという問題です。

「生、すなわち、個々の生に意味がある」が一つの答え方です。

この場合、たとえ子孫を得なくても、したがって自分の生命を生物学的に「永遠化」するという方法に委ねなくても、生命の意味を保持しなければなりません。ついでに述べると、子孫を得ることで、自分の生命を生物学的に「永遠化」するということはきわめて幻想的で、そのような方法に頼らなくても、生命の意味を保持しなければなりません。

「個人の生、言い換えると、個々の人間の人生には意味がない」がもう一つの答え方です。

そのときには、それだけではただ子孫を得て人生を「永遠なもの」にしようと試みても、人生が意味あるものになることはけっしてありえないでしょう。というのは、それは「無意味な」ものを永遠化することであり、それ自体が無意味だからです。

以上すべてのことから見て取れるのは、ただ一つ、つまり死は生きる意味の一部に属しているということです。（先に私たちが話した）運命や、人間の運命的な災い、そしてそういう災いに見舞われた人間の苦悩が、生きる意味の一部になっているのと同じなのです。災いと死の両方とも、人間の存在を無意味にするのでなく、むしろそもそもの最初から、意味あるものにするのです。それゆえ意味があるのは、この世での人生が一回きりだということ、私たちの生涯が代替不可能なものだということ、人生を充足する行為も、人生をまっとうしない行為もすべてはやり直し不可能なものだということなのです。私たちの人生に重い意味を与えているのがそれなのです。しかし人生に重い意味を与えているのは、一人ひとりの生の一回性だけではありません。毎日、毎時、毎瞬の一回性が、人生に恐ろしいが素晴らしい責任の重みを負わせているのです。その一回きりの要求が実現されなかった、いずれにしても、実現されなかった時間は失われたのです。「すべて永遠に」失われたのです。しかしながらその逆に、その瞬間の機会を利用して、実現されたことは、このうえないやり方で救済され現実になったのです。それが過去のものになると、外見上「終了した」ように思われますが、ただそう思われるにすぎないのです。つまり本当は、まさに「保存してある」という意味で終了しているのです。この意味では、過去のものになったという在り方は、おそらく存在一般の中でも、もっとも確実な形式でさえあるのかもしれません。そのように救済されて「過去のもの」になった存在に、「うつろいやすさ」はもはや何ら手出しもできないのです。

たしかに生物学的にみた人間の生命、肉体的なものは、その本質上、はかないものなのです。肉体的なものは何も残りません。それにもかかわらず、どれだけ多くのものが後に残されることでしょうか。肉体的なもので生き残るもの、私たちで残るであろうもの、私たちより生きながらえることができるもの、それが人生の中で実現されたものです。それは、私たちを超え、私たちの彼方へ去って、影響を後に残すものなのです。私たちの人生は、有効性の中で燃え尽き、その点ではたとえばラジウムに似ています。この放射性物質は周知のとおり、「寿命」に限りがあり、「寿命」のある間に、ますます放射エネルギーに転換されて、二度と物質には戻りません。私たちが世界の中に「放射している」もの、私たちの存在から放出される「波動」、それは私たち自身がとっくに他界しても、私たちのうちで残るものなのです。

トリックとでも言っていいような簡単な方法で、その瞬間瞬間にどれだけ大きな責任を負っているかをはっきりと自覚することができるでしょう。その責任を前にすると、身震いするしかないのですが、最後にはそれでも何らかの喜びを感じて立っていることができるのです。その方法とはいわゆる一種の定言命法です。それゆえカントの有名な格率、「あたかも……のごとく行為せよ」という公式でもあります。それはおおよそ、「あたかも君が二度目の人生を送り、まさに君がちょうどしようとしているように、一度目はなにもかも間違ったことをしたかのように、生きよ」という内容です。

時間の中で生きている私たちの存在の本質的有限性は、たとえ先のことであっても、私たちの眼前にある死がいずれやってくるという事実にあらわれています。この有限性は、人生を意味あるものにする唯一のものではありません。さらに個々の人間が他の人間と並んで生きているという私たちの有限性も同様に、一人ひとりの人生を無意味なものにするのではなく、むしろあらかじめ意味あるものにするのです。これによって伝えたいことは、私たちの不完全性という事実であり、たとえば人間の様々な素質によって決まるような内面的な制約という事実なのです。しかしながら、人間の不完全性にこそ意味があるはずだ、という考えを実行する前に、まず次のように問いたいと思います。自分自身の不完全さと至らなさに絶望することが、そもそも正当なのでしょうか。さらに、自分の存在を自分のあるべき姿と測り比べ、したがって自分自身に理想という尺度を当てる人が、まったく価値のない人間でありうるのかどうかを問題にしなければならないのですから。自分自身に絶望することができるという事実こそが、何らかの方法でその人が正しいことを証明し、その絶望にはさほど根拠がないとするのでしょうか。理想に気づくことすらないほどまったく価値のない人間だったとすれば、彼は一体全体、自己自身を裁くことができるでしょうか。自分自身を裁くことができるということは、その人に裁判官の品位と厳粛さが備わっている証拠ではないでしょうか。理想から離れていることに気づいたときにはすでに、その理想にまったく背いたわけではないことも確認できるのではないでしょうか。

さて、私たちの不完全性と、一人ひとりの一面性に意味があるのかどうかを問うてみたいと思います。一人ひとりの人間はなるほど不完全ですが、それぞれ違ったやり方で、「自分なりに」不完全であるということを忘れないでおきましょう。そしてその人なりに不完全であるのはその人だけなのです。こうして肯定的に表現するならば、一人ひとりの人間は、なんらかの仕方でかけがえがなく、代替不可能で、代わりのいない存在なのです。これについて、ちょうどぴったりあてはまるモデルを生物学の世界で見出すことができます。周知のとおり元来、生物の進化は「万能な」細胞から始まりました。「原始的な」細胞はすべてのことができます。食べたり、運動したり、増殖したり、環境をなんらかの仕方で「感覚」したりすることなど、様々なことができます。そしてより高等な有機体の細胞組織へと、長い間かかって進化した結果、個々の細胞は特殊化して、最終的にはたった一つの機能しか持たなくなるのです。それが有機体全体の中で、分業が進むという原理に従っているのです。しかしながらその場合、個々の細胞はもともとの「完全」な能力を犠牲にして、限定的ではありますが代理不可能な機能を手に入れたのです。こうしてたとえば、眼の網膜細胞は、もはや食べたり、運動したり、増殖したりすることはできません。しかしながら、網膜細胞ができるたった一つのこと、つまり、見ることについていうと、いまや際立って見ることができるのです。そしてこの特殊な機能があるからこそ、眼は代理不可能になったのです。たとえば、皮膚細胞、筋肉細胞、あるいは胚細胞などをもってしても、網膜細胞は代替はできないのです。

先述の議論の中で、死が、生きる意味に必要不可欠のものであることが証明されました。死は、一回限りの人生と私たちの責任存在を基礎づけることによって証明されたように、ここで人間の不完全さが必要不可欠であることも判明します。不完全さは今や、肯定的にみて価値のあることなのです。私たちの様々な在り方は、不完全であるからこそ無比のものとなるのです。しかしながら、ただ唯一であるだけでは、不完全さは肯定的な価値の根拠にはなりません。一人ひとりの人間が唯一の存在であることに価値があるのは、人間の共同体という上位概念の全体に関与することによってです（個々の細胞の機能が、有機体全体にとって意味を持っているのと類似しています）。唯一の在り方に価値がありうるのは、ただそれ自身だけで唯一であるのではなく、人間の共同体によって唯一である場合だけなのです。個々の人間がまったく「唯一の」指先の指紋を持っているという単純で目立たない事実では、せいぜいのところ刑事警察のメンバーや犯罪調査、あるいは犯人の捜査ぐらいにしか役にたちません。こうした各人の生物学上の「個体性」だけでは、まだ各人は「人格」になっていないのです。まだその唯一性によって、共同体にとって価値ある生物にはなっていないのです。

人生が一回きりで、一人ひとりの人間が唯一であること、しかも唯一の人の「ために」唯一であること、つまり他者に、共同体に関連することで唯一であることを一つの公式にまとめてみましょう。その公式は人間の「おそろしくもすばらしい」責任、人生の「重要さ」を私たちに思い出させるはずです。そのときには、ヒレルが約二千年前にモットーにした以下の言葉まで遡ることができるでしょう。

「もし私がそれをしなければ、ほかのだれがするだろうか。
しかし、もし私が自分のためだけにそれをするならば、私は何だろうか。
そしてもし私が今しなければ、いったい、いつすべきだろうか」。

「私がしなければ」という箇所に、各個人が唯一であるという内容が含まれています。「自分のためだけにするなら」という箇所には、唯一であってもあることに尽力しなければ、価値や意味を喪失するという内容が含まれています。そして「今しなければ」という箇所には、その都度の状況が一回きりであるという内容が含まれています。

さて、人生の「意味」についての問いに対して述べなければならなかったことをまとめてみましょう。次のように公式化できます。生きるとはそれ自身、問われることであり、答えること。それぞれ自分自身の生に責任を持って答えることである。それゆえ、それぞれの生は与えられたものとしてではなく、課せられたものであるように思われます。生きることはいつ何時でも課題なのです。そのことから、生きることは、困難になればなるほど、意味あるものになりうるという結論に達するのです。スポーツ選手、たとえば課題を探求するロッククライマーは、それればかりか困難を自ら造り出すのです。一つの岸壁にまだ困難な、さらに困難な「変形」が見出されるとき、ロッククライマーは、いかに喜ぶことでしょう。しかしながら、ここで次のことを言い添えなければなりません。つまり宗教的な人間はもう一歩先を進むという意味で、生きている実感、「存在理解」が卓越しており、人生を仕事と理解しているよりも超えています。課せられた仕事のみならず、いわば仕事を「課す」、もしくはその仕事を課す神格をも味わって生きているのです。換言すれば、宗教的な人間は、人生は神が課した使命であると味わって生きているのです。そして、最後に要約すると、私たちは、生きる「価値」の問題について、何を言うことができたでしょうか。私たちに提供された見解を表現するには、おそらくヘッベルの次の言葉がもっとも適切でしょう。「人生は何かであるのではなく、人生は何かをする機会である！」

訳者あとがき

フランクルという人物

二〇世紀を代表する人物の一人であるヴィクトール・エミール・フランクル博士は、一九〇五年三月二六日にオーストリアのウィーンで生まれ、ウィーン大学医学部神経学と精神医学の教授を務めた。彼は第二次世界大戦中、三年間、アウシュヴィッツ、ダッハウその他の強制収容所に送られた。アウシュヴィッツからの奇跡的な帰還を経て、戦後二五年間にわたってウィーン・ポリクリニック（市立総合病院）の部長職にあった。その前半生はアウシュヴィッツからの解放と共に終了し、戦後の後半生は自らが開発したロゴセラピーを普及させることで、台頭する物質主義とニヒリズムに対抗する日々を過ごした。

フランクルは、ウィーンの偉大な心理学者、フロイトとアドラーのもとで学び、やがて袂を分かつこととなる。彼はロゴセラピー（実存分析）という生きる意味を問う心理療法を打ち立てた現代を代表する思想家であり精神科医でもあった。フロイトの精神分析学とアドラーの個人心理学の人間観と心理療法の限界を明確に認識して、それらを補強するものとしてロゴセラピー（実存分析）を提唱した。本書の中でも、フランクルは、自分は「フロイトという巨人の肩の上に乗る小人」という謙遜した表現をしている箇所がある。しかしこれはある意味で、フロイトよりも遠くを見通す洞察力を持っていることの控えめな自負を表している発言だったのだろう。

戦後、四十年間もの長きにわたって、フランクルは世界中で数えきれない講演をしてきた。ヨーロッパ、アメリカそしてアジアの二九大学から名誉教授の称号をうけている。さらに数多くの賞も授与されているが、なかでもアメリカ精神医学学会のオスカー・プフィスター賞、オーストリア学士院の名誉会員は特筆に値する。またフランクル博士が、マザー・テレサからノーベル平和賞候補者に推薦されていた事実はあまり一般には知られていない。

フランクルの最晩年は、重い心臓病をわずらい、一九九七年九月二日の早朝、ウィーンで死去、九二歳の生涯だった。フランクルの手がけた三九冊の著書は、日本等を含めて四十ケ国語で翻訳出版されている。フランクルがナチズムへの対抗者であったことは、彼を一躍世界的に有名にした『夜と霧』（原題は「強制収容所における一心理学者の体験」）によって周知の事実である。とくにアメリカで出版された『人間の意味探求』（邦訳『夜と霧』）は非常に多くの部数が販売され、ワシントンの国会図書館などから、「アメリカでもっとも影響を与えた十冊の本」の一つに選ばれているほどである。

この邦訳の題名である『夜と霧』の名の由来は、一九四一年一二月六日のヒトラーの特別命令に基づくものだった。非ドイツ国民で占領軍に対する犯罪容疑者は、夜間秘密裡に捕縛して強制収容所に送られ、その安否や居所は家族親戚にも知らされず、後にはさらにこれが家族の集団責任という原則に拡大された。政治犯容疑者は家族ぐるみ一夜にして消え失せた。これがいわゆる「夜と霧（Nacht und Nebel）命令」だった。

実存哲学者のカール・ヤスパースは『夜と霧』を、今世紀の最も重要な書物の一つであると賞賛し、また来談者中心療法のカール・ロジャーズも、この本はここ半世紀における心理学思考のうち、最も際立った貢献の一つである、と位置づけているほどである。日本でもフランクルの思想は、精神医学の分野だけでなく、宗教学、哲学、教育学、心理学、看護学、福祉学等、幅広く注目され始めている。日本の高等学校の倫理等の教科書でもフランクルの思想が紹介され始めている事実からもその注目度が理解できるだろう。

本訳書の成立まで

今回、訳出されたヴィクトール・E・フランクル博士の原書 *THE FEELING OF MEANINGLESSNESS ―― A Challenge to Psychotherapy and Philosophy* は、フランクル研究所から翻訳の御推薦をいただいたものであり、最初にそのことに対してフランクル研究所のヴェッセリー博士（フランクルの娘婿でウィーン大学教授）およびバッチャニー博士に深く感謝の意を表したい。

ここで、フランクルの著作を邦訳する直接のきっかけを与えていただいたフランクル研究所所長のアレクサンダー・バッチャニー（Alexander Batthyany）博士について簡単に紹介しておく。バッチャニー博士は、ウィーン大学で博士号（心理哲学および認知科学）を取得され、フランクルの高弟の一人、エリザベス・ルーカス博士のもとでロゴセラピーと実存分析研究を修了されている。現在はリヒテンシュタイン公国にある国際哲学アカデミーの理論心理学教授で、ヴィクトール・フランクルの講座を担当。加えてウィーン大学では科学哲学と認知科学理論を教授される一方、またウィーンのフランクル研究所所長も務められており、エレオノーレ・フランクル博士（フランクル夫人）と共にフランクルの記録文書等の管理運営の重責を担われている。またフランクル全集（十二巻）の主要編集者の一人でもあり、バッチャニー博士自身、心理哲学や認知科学、ロゴセラピーや実存分析に関する著作を多数出版されている。

二〇〇七年の夏に、初めて訳者はウィーン市内にあるフランクル研究所およびフランクル夫人を訪問してインタビューをさせていただいた（その内容は拙著『フランクル教育学への招待』二〇〇八年、風間書房を参照）。インタビューも終了しお別れする際に、フランクル夫人から、「今後何かあればご遠慮なくバッチャニー博士に連絡してください。」とここで初めて彼の名前を紹介していただいた。帰国後、翻訳の仕事のことで訳者から連絡をとらせていただき、バッチャニー博士の論稿「ヴィクトール・E・フランクルの生涯とロゴセラピーおよび実存分析の発展」の翻訳の許諾を求めたことが、彼との学術的交流の始まりとなった。その訳文は当初、大学紀要（詳細は後掲）に掲載したのであるが、実はこのバッチャニー博士の原稿こそが、本書冒頭の「序に代えて」と同じ内容のものであった。

その後二〇一二年に再度フランクル研究の調査のためにウィーンを訪問した際に、バッチャニー博士のご自宅に招待を受け、そこで初めて直接お会いし、フランクルに関する研究について多くを語り合うことができた。同じフランクル研究者という信頼感もあり意気投合し、フランクル研究の協力を申し出た際に、バッチャニー博士もそれを快諾してくださった。今回のフランクル博士の翻訳出版の背後には、研究者相互の息の長い交流があり、ようやく現実化したとも言えるだろう。こうした長い道程を経て、具体的な翻訳書という一つの果実がこの世に誕生したことは訳者にとっても感無量である。

二〇一一年三月に東日本大震災が起こり、その後、バッチャニー博士も来日されてフランクルやロゴセラピーについての講演を幾度かされたことをご本人から説明を受けた。そのため、日本でフランクルの思想やロゴセラピーの考え方がさらに重要視される状況にあることは、なによりもバッチャニー博士ご自身が肌身で感じられていることだろう。

本書の内容について

ここで本書の内容を簡単に解説しておこう。本書は、Viktor E. Frankl, *THE FEELING OF MEANINGLESSNESS——A Challenge to Psychotherapy and Philosophy* Edited & with an Introduction by Alexander Batthyany, 1992 の全訳である。本書は先にも触れたとおり、バッチャニー博士から翻訳を薦められたものの一冊である。

本書の目次は、青土社編集部との打ち合わせのなかで、日本の読者に理解しやすいようにとの配慮から原書どおりとせず、なじみやすいような表現に変更していることを初めにお断りしておきたい。「序に代えて」はバッチャニー博士が渾身の力を込めて執筆されたフランクル博士の思想的伝記である。副題は、「ヴィクトール・E・フランクルの生涯とロゴセラピーおよび実存分析の発展」となっていることからもわかるように、ここでは二一歳のフランクルがいかにして、フロイトやアドラーからその思想を学び取り、またそこから独自のロゴセラピーを構築していったのかを、丹念に学術書や論文等を引用しつつ、紹介している貴重な学術的文献と言えるだろう。その意味でも、日本におけるこれからのフランクル思想研究にとっても貴重な資料の一つとなるだろう。

「序に代えて」は①一九二三～二七年の「個人心理学からロゴセラピーへ」、②一九二七～三〇年にかけての「青年期の心理学に関して」、③一九三〇～三八年の「若き医師――精神医療におけるロゴセラピー」、④一九三八～四五年の「それでも人生にイエスと言う（人間の意味探求）」、⑤一九四五～九七年の「体系化と確証」、の五つの時期から構成されている。本稿は、たんなるフランクルの伝記というよりも、フランクルのロゴセラピーの成立過程を、とくに学問的な切り口で、フランクルの思想的変遷に即しつつ論じている点にその特徴があると言えるだろう。「序に代えて」のもう一つの特筆すべき点は、フランクルが医学生の時代にウィーンを中心に青少年相談所を設立する活動を積極的におこなったが、その点についての詳細な説明が深く掘り下げられており、他の邦訳書には見られない特徴を持っている。その意味で現代日本の「青少年相談活動」の実践を考える場合にも、おおいに役立つ資料と言えるのではないだろうか。

*

バッチャニー博士による「序に代えて」以外の内容は、すべてフランクル博士が様々な場所でおこなった講演録が中心となって収められている。第一部は「ロゴセラピーと実存分析の基礎」と題してまとめられている。第二部は「ロゴセラピーと実存分析の哲学的観点」が展開され、さらに第三部では「ロゴセラピーと実存分析の特殊な事例」が紹介されている。

このように第一部・二部・三部は内容的にも相互に密接に関連しあっており、あるテーマは重層的に織り込まれているために、以下の内容解説では、第一部・二部・三部を統合したかたちで説明することにしたい。まず、フランクルのロゴセラピーの本質と人間の捉え方を理解する基本的なアプローチとして、ロゴセラピーの基礎にあたる三つの概念、つまり意志の自由、意味への意志、人生の意味がフランクルによって詳細に解説されており、そこから様々な主題となって応用・展開されて論じられていく。その際、実存分析とロゴセラピーの違いについてもかなりの頁を割いて説明が展開されている。

実存的空虚が拡大しその結果、退屈や無感動が蔓延しつつある現代社会のなかで、このような実存的空虚に援助を与えることができるのがロゴセラピーの手法であることも強調されている。とくに生きる価値や意味は人に教えることができず、それらはその人自らが生きねばならないものである、とフランクルは強調している。フロイト派の精神分析の立場でさえ、多くの患者が人生の内容と目的の欠如に苦闘することを認めているほどである。フロイトは、人間が人生の意味や価値を問う瞬間に病気であると解釈したが、フランクルはこうした考え方に真っ向から反対して、実存的空虚は神経症とは区別されねばならないものであると主張した。フランクルの高弟の一人、クランボー博士も精神因性神経症を普通の神経症から区別しようとして、科学的な「人生の目的テスト」を開発しており、本書でもそのことが詳細に紹介されている。

また、精神因性の神経症の事例でロゴセラピーが効果的であることがわかりやすく説明されている。自分の人生は明確に無意味であるという実存的絶望に囚われた患者に必要なのは、心理療法よりもロゴセラピーであり、これは心因性の神経症の事例には適用されないことが主張されている。ロゴセラピーの臨床的応用は、人間的意義から出てくるものであり、おおきくふたつの技法がある。第一は「反省除去」であり第二は「逆説志向」と呼ばれている。このふたつの技法は、人間存在のふたつの本質的特質、つまり人間の自己超越と自己分離（自己客観化）の能力に基づいている。第一の「反省除去」は、性神経症のロゴセラピー技法の一部であるのに対して、第二の「逆説志向」は強迫神経症と恐怖症の患者の短期治療に役立つと言われている。たとえば「逆説志向」という技法に内在する健全なユーモア感覚によって、自分から自分を引き離し、固有の自分の問題を笑うことが可能となる。

このようにフランクルの実存的な思想およびロゴセラピーで説かれている基本的・応用的な内容が、本書の編集責任者であるバッチャニー博士によって見事に編集・配分され、読者はこの一書によってフランクルの思想体系のみならず、ロゴセラピーの理論と実践についてわかりやすく具体的な事例を学ぶことができるだろう。フランクルの思想やロゴセラピー等の著作が、世界規模でたんに心理学関係者のみならず、幅広く人文科学全般の関係者にも深く受け入れられている事実は、いかにフランクルの思想が人間存在の根底に鋭く問いかける奥深いものであるかを示すものである。その意味でも本書はたんに、精神医学者、カウンセラー、心理学研究者だけでなく、教育者、教育行政官、医師、看護師、保健師、社会福祉士、哲学者、宗教関係者の方々にも関連するテーマを扱っているものであると確信している。

＊

「序に代えて」の箇所は『兵庫大学論集』（一七号・一八号）ですでに訳出したものである。以下に、初出一覧としてまとめておく。

＊「ヴィクトール・E・フランクルの生涯とロゴセラピーおよび実存分析の発展――一九二三〜二七年の〈個人心理学からロゴセラピーの時代〉」二〇一二（平成二四）年三月『兵庫大学論集』（一七号）翻訳者：◎広岡義之、津田徹、塩見剛一、広瀬悠三（三〇五頁〜三〇九頁）

＊「ヴィクトール・E・フランクルの生涯とロゴセラピーおよび実存分析の発展（二）――一九二七〜三〇年における彼の青年心理学の形成に関して」二〇一三（平成二五）年三月『兵庫大学論集』（一八号）翻訳者：◎広岡義之、津田徹、塩見剛一、山本孝司（二八五頁〜三〇五頁）

＊

なお本書の翻訳者はすべて、大学で教育・研究に従事している現役の教育学・教育心理学研究者であることも申し添えておきたい。翻訳にあたっては、まず、津田徹（序に代えて）、塩見剛一（序に代えて、第三部：三、四、五）、広岡義之（序に代えて、第一部：二、三、第二部・四、附録）、古田薫（第一部：一、四、五、第二部：三）、高柳充利（第一部：六、七）、草野智洋（第二部：一、二、五、六、第三部：一、二）、山本孝司（序に代えて）、広瀬悠三（序に代えて）、竹内節（附録）がそれぞれ訳出し、その後に広岡が全体にわたって検討を加えた。したがって訳文の責任はあげて広岡が負うべきものである。

＊

なお今回の本書出版に併せて、附録という形で、以下のフランクル博士の講演内容の翻訳を追加することにした。元の内容は、青土社から二〇一三年四月に刊行された現代思想四月臨時増刊号

『総特集　ヴィクトール・E・フランクル――それでも人生にイエスと言うために』の巻頭論文（八頁～二九頁）に掲載された、V. E. Frankl, Die Existenzanalyse und die Probleme der Zeit, 28. Dezember 1946. Vortrag am französisch-österreichischen Hochschultreffen in St. Christoph am Arlberg. の全訳である。本論文も、かつてバッチャニー博士からご推薦いただいた良質のフランクル論文で、本書『虚無感について』の主題にもきわめて沿った内容であるために再掲載に踏み切った。以下に簡単に紹介しておきたい。

本稿は、「実存分析と時代の問題」と題された一九四六年一二月二八日におこなわれたフランクルによる講演（サンクト・クリストフ・アム・アールベルクで行われたフランス・オーストリア大学会議における講演）である。サンクト・クリストフ・アム・アールベルク（St. Christoph am Arlberg）は、オーストリア・チロル州にある村内の一地区で、現在ではウィンタースポーツのメッカとなっている有名な観光地である。

この講演がなされた一九四六年当時、フランクルはどのような状況だっただろうか。講演前年の一九四五年四月二七日、連合軍がウィーンを奪還してからちょうど二週間後に、アメリカ軍部隊がトゥルクハイム収容所に入ってきて、フランクルを含むそこに残された人々の恐怖の生活は終り、フランクルは強制収容所から奇跡的に解放された。その後、同年の夏にフランクルは苦労して故郷であるウィーンに戻ることができた。悲劇を和らげるためにも著作活動に没頭し、最初の著作である『医師による魂の癒し』（邦訳名『死と愛』）を再構成し始めた。そしてその翌年の一九四六年、四〇歳でウィーン・ポリクリニック（市立総合病院）神経科の部長に着任することができ、ようやく生活基盤が整い始めた。ここで訳出された講演は、フランクルがそのような困難な状況にある時期におこなわれた講演ということになる。

本稿でフランクルは繰り返し、人間の生は「最後の息を引き取る瞬間まで」意味あるものであり、人は息をしている限り、意識がある限り、人生が出す問いにその都度、答えなければならない責任があることを強調している。だからこそ自殺することがいかに人間の真のあり方からそれているかを様々な事例を通じて読者に伝えようとしている点で、極めて今日的なテーマを語っており、そうしたことが今なおフランクルの思想が光輝いている所以であろう。たとえば自殺がいかに本来の人間の在り方から外れたことであるかということを、本稿において次のように説明している。

「可能性を考えれば、人生はいつも意味があり、それゆえ、人生があらゆる瞬間に、常に変化する意味で満たされるかどうかは、その都度まったく私たち次第なのです。したがってその都度の意味を実現することは、まったく私たちの責任であり、私たちの決断にかかっているのであり、そのとき私たちには一つのことが確実に分かるはずです。つまりある一つのことは確実に無意味であり、絶対的に何の意味もないということです。それこそが、命を投げ捨てるということです。したがって、自殺はけっしてなんらかの問いに対する答えではないということです。自殺をしても問題が解決するわけではないのです」。

現代という先の見えない時代はまさに「意味喪失」の時代であり、いかにすれば人間的な意味を再発見できるかを模索しているというのが実状だろう。本稿が少しでもそうした問題を考える端緒となれば幸いである。

なお、本稿訳出にあたっては Viktor Emil Frankl, *Trotzdem Ja zum Leben sagen*, 2. Aufl., Franz Deuticke, Wien, 1947. フランクル著、山田邦男・松田美佳訳、『それでも人生にイエスという』(春秋社、一九九三年)第一章「生きる意味と価値」の箇所を参考にした。訳者の山田邦男・松田美佳両氏に、この場をお借りして、深く感謝するとともに御礼申し上げます。

「生きる意味」を喪失したと言われている現代社会において、フランクルの存在そのものがわれわれにますます「生きる力」を与えてくれるように思える。その意味でも本書の出版によって、さらに真の人間研究・人間形成の課題について研鑽を積んでゆきたい。この翻訳作業を深化・発展させながら、読者諸賢のご批判、ご教示を賜り、さらに一層の精進に努める所存である。また本書の出版に際して、青土社の篠原一平氏から編集・校正について、いつも貴重なご指摘や温かいご配慮をいただいた。ここに厚く御礼を申し上げる次第である。

二〇一五年一一月三〇日

訳者代表　広岡 義之

新装版へのあとがき

二〇一五年に刊行された本書『虚無感について』が、八年の年月を経てこのたび重版されることになった。こうした「虚無感」という重い内容であるにもかかわらず、現在、日本で生きる私たちにとって、喫緊に必要とされる主題を含んだものであるということが、重版という事実で如実に傍証できるであろう。今ほど、フランクルのロゴセラピーや彼の実存的思考が現代人に不可欠なものとなっている時代は他にない。

ここで本書刊行以降に、国内でフランクルについて出版された翻訳書と研究書・一般書を単行本に限定して、時系列で整理して紹介しておこう。この一覧を提示することで、フランクル思想がいかに現代日本において喫緊に求められているかが容易に一瞥できるだろう。

翻訳書

＊フランクル著、広岡義之他訳、『絶望から希望へ』、青土社、二〇一五年。
＊フランクル著、赤坂桃子訳、『ロゴセラピーのエッセンス――一八の基本概念――』、新教出版社、二〇一六年。
＊フランクル著、林嵜伸二・広岡義之他訳、『ビルケンヴァルトの共時空間――ある哲学者会議――』、

ミネルヴァ書房、二〇一七年。
＊フランクル著、寺田浩・寺田治子・赤坂桃子訳、『精神療法における意味の問題：ロゴセラピー 魂の癒し』、北大路出版、二〇一六年。
＊フランクル著、赤坂桃子訳、『夜と霧の明け渡る日に』、新教出版社、二〇一九年。

研究書・一般書

＊諸富祥彦著、『知の教科書 フランクル』、講談社、二〇一六年。
＊諸富祥彦著、『夜と霧』ビクトール・フランクルの言葉』、ワニブックス、二〇一六年。
＊河原理子著、『フランクル『夜と霧』への旅』、朝日出版社、二〇一七年。
＊松山淳著、諸富祥彦解説、『君が生きる意味 人生を劇的に変えるフランクルの教え』、ダイヤモンド社、二〇一八年。
＊広岡義之著、『フランクル哲学と出会って、ほんとうの自分と幸せを感じるための本』、あいり出版、二〇一八年。
＊広岡義之著、『フランクル教育哲学概説』、あいり出版、二〇二二年。
＊岡本哲雄著、『フランクルの臨床哲学―ホモ・パティエンスの人間形成』、春秋社、二〇二二年。
＊勝田茅生著、『ロゴセラピーと物語：フランクルが教える〈意味の人間学〉』、新教出版社、二〇二二年。

イベント

また刊行物とは異なるが、以下のフランクルについての特筆すべきイベントがあったことをここで報告しておきたい。

フランクルの思想劇（フランクル著、林嵜伸二・広岡義之他訳、『ビルケンヴァルトの共時空間――ある哲学者会議――』、ミネルヴァ書房、二〇一七年）についての朗読劇が日本で初公開されたというものである。それは、二〇二一年七月三一日に、創価大学の学生たち（学生代表：川崎叶太さん）が「はちおうじ哲学カフェ学び愛」の主催という形で、『危機の時代にフランクルの声を聴く＆語り合う』を実施されたことである。これはフランクルの戯曲を「朗読劇」として上演した日本初の公式記録ということになる。学生たちが主体的に活動されているが、顧問的なお働きとして、創価大学の哲学研究者、伊藤貴雄先生が支えておられる。代表の川崎叶太さんからは次のような報告を広岡のほうへ寄せてくださった。要約してみよう。「当日は、歓喜あふれる会になりました。今回は、文学部のみならず、他学部からもフランクルに触れたいと声をあげてくれた学生のチームで朗読を行いました。三〇人ほど参加いただきました。また、『夜と霧』の新訳の訳者である、池田香代子先生も来てくださいました。会の終了後も二〇分ほど質問を受け付けていただきました。」

このようにフランクルの思想が、少しずつでも着実に、日本の精神文化に根付いていってくれれば幸いであると訳者は考えている。本書『虚無感について』の重版というささやかではあるが新たな歩みに当たって、フランクルの思想が日本でもさらに深まり、個々人の「真の生き方」の一助になることができれば訳者にとっても有意義なことである。

二〇二三年七月

広岡義之

原 註

第１部　第２章　精神医学と人間の意味への探求

①　カディッシュの祈りとは、神の名による聖別のこと。「あなたはわたしの嘆きを数えられたはずです。あなたの記録にそれが載っているではありませんか。あなたの革袋にわたしの涙を蓄えてください。」［『聖書』新共同訳、日本聖書協会］

第１部　第５章　実存分析とロゴセラピー

①　退屈のような状態が現れると、人間の心理的生活にホメオスタシス理論を適用しても効果がなく、欲求が完全に満たされることは充足（実存の充足のもっとも深い意味において）をまったく意味しない。むしろ、その逆であり、空虚さ（実存的空虚のもっとも深い意味において）を意味する。

②　意味への意志は精神的現実世界の主観的側面であり、精神的現実世界において意味は客観的な側面である．少なくとも意志が意味を「与える(give)」のではなく「発見（find)」することに関心を持つ限りにおいて、意味は客観的である。

③　ここで転向という言葉は、決して宗教的含意を表すために使用しているのではない。

第１部　第６章　自己実現を超えて

①　『実存主義精神医学』1号５～20頁の再録。本論文の編集にあたり、マサチューセッツ州ゴードン大学心理学部長Ｄ・Ｆ・トゥィーディー博士より賜った温かな協力への感謝を表したい。

第１部　第７章　ロゴセラピーの哲学的基盤

①　アーウィン・W・ストラウス編（1964)『現象学：純粋と応用』（ピッツバーグ：デュケイン大学出版会）からの再録。

第２部　第１章　意味探求と実存主義

①　人間は無（nothing）であるのではなく、モノ（thing）ではない（no)。この非実在性（nothingness）ではなく非モノ性（no-thingness）であるということが、実存主義から学んだ教訓である。

編者による註

序に代えて

[1] 「見習い分析」とおおよそ訳される「教育分析」(*Lehranalyse*) は、精神分析家になるために必要となる訓練の一部であり、その訓練を受ける人は患者の役で何時間も精神分析を受けることになる。

[2] 次に挙げる引用文は、『医師による魂の癒し Ärztliche Seelsorge』(『医師と魂』という英語タイトルで発表される) の初版の基になる活字原稿の二部の写しの一つからの抜粋である。広く知られているように、フランクルはアウシュヴィッツの消毒室で元の原稿を失った。二部の写しがウィーンに残っていた。一部は一九四二年に、フランクルの子どものころからの友人で、登山仲間のフーバート・グスール (Hubert Gsur) の監房にこっそりと持ち込まれたものである。グスールは「ドイツ国防軍の破壊とクーデターの企て」のために死刑を宣告され、処刑を待つ身であった。もう一つの写しは戦争の間、パウル・ポラック (Paul Polak) が管理していたことがわかった。そして、ポラックはウィーンにフランクルが帰還した後、その写しをフランクルに返した。以下の引用は、この写しから抜粋されている。そして、この原稿は今日ではヴィクトール・フランクルの非公開の遺稿および文書資料として保存されている。

[3] これらの学会のリストについては、www.viktorfrankl.org を参照。

第3部　第3章　巨人の肩に乗って

① 偉大な中世の思想家であるドゥンス・スコトゥスは、唯一無二性をそのスコラ哲学体系の中心に位置づけ、唯一無二性に対して「このものであること（haecceitas：此性、このもの性）」という用語を作り出した。

訳者による補足

第1部　第7章　ロゴセラピーの哲学的基盤

[1]　ギリシャ語のヌース（noos）に想を得たフランクルによる造語。
[2]　ただし、日本語版には未収録の部分からの引用。

第2部　第3章　科学は人間をどこまで把握できるか

[1]　刑務所内で発行されている新聞。
[2]　「ローゼンシュタイン」は、おそらくトコジラミの駆除殺虫剤の名称か、殺虫剤を製造する製薬会社の名前だと思われる。
[3]　レオ・ベックはポーランド生まれのユダヤ教の聖職者（ラビ）であり、ナチス政権下におけるユダヤ人の精神的支柱であった。自身も第2次世界大戦末期に強制収容所に送られた経験がある。
[4]　医師としての実務に入る前に行う職業倫理上の宣誓。
[5]　原文にはこの図は記載されていない。図に関する説明も本文中には見当たらないので、どの部分で図が提示されたのかも明確ではない。おそらく、「次元」という考え方を説明するために示された図が十字架を模したように見えたということなのではないかと推測される。

第2部　第4章　フランクルの思想は科学的でありうるのか

[1]　この話はややわかりにくいので補説しておく。1　現に、あなた［大佐］は逃げずにここに留まっている。2　あなた［大佐］はじっさい怖くない。3　よって、私と同じくらいあなたは恐れを抱いているのではない。4　ゆえに、あなた［大佐］と同様に、私［ユダヤ人医師］は本当は怖くないし、逃げ出すこともない。5　ユダヤ人医師の態度：逃げていない→怖くない→客観視できている。フランクルの言う自己距離化（セルフ・ディタッチメント）ができている。そして実際は恐れているかもしれないが、この軍医は、対話相手の大佐と同様か、それ以上の態度をもった人物である。ただし、フランクルの趣旨は、自己距離化（セルフ・ディタッチメント）に強調点があり、ユダヤ人医師は怖いと思うけれども、あなた［大佐］がここにともにいることを通して、自己を分析しているのではないだろうか。よって、本当は怖くないとは言い過ぎとなり、実際には怖さや恐れもあっただろう。

参考文献

序に代えて

Allers, R. (1924). Die Gemeinschaft als Idee und Erlebnis. *Internationale Zeitschrift für Individualpsychologie* 2, 7-10

Allers, Rudolf (1963/2006). *Abnorme Welten. Ein phänomenologischer Versuch zur Psychiatrie. Herausgegeben und kommentiert von Alexander Batthyany*. Weinheim: Beltz

Anderson, M. C. & Green, C. (2001). Suppressing unwanted memories by executive control. *Nature* 410, 366-369

Batthyany, Alexander (2006). Mythos Frankl? Entgegnung auf Timothy Pytell. *Sonderbeilage noos* 12

Batthyany, Alexander & Guttmann, David (2006). *Empirical Research in Logotherapy and Meaning-Oriented Psychotherapy*. Phoenix, AZ: Zeig, Tucker & Theisen

Batthyany, Alexander & Hallowell, David (Eds.) (2006). *Towards a Psychology of Meaning. Selected Papers on Logotherapy and Existential Analysis*. London: Fencroft.

Batthyany, Alexander & Levinson, Jay (Eds.) (2006). *Logotherapy and Existential Analysis――Interdisciplinary Perspectives*. Phoenix, AZ: Zeig, Tucker & Theisen.

Berkley, G. (1993). *Hitler's Gift: The Story of Theresienstadt*. Boston: Branden Books.

Crumbaugh, J. C., & Maholick, L. T. (1964). An experimental study in existentialism: The psychometric approach to Frankl's concept of noogenic neurosis. *Journal of Clinical Psychology*, 20, 200-207.

Crumbaugh, J. C. (1977). The Seeking of Noetic Goals Test (SONG): A complementary scale to the Purpose-in-Life Test (PIL). *Journal of Clinical Psychology*, 33, 900-907.

Crumbaugh, J. C. & Henrion, R. (1988). PIL Test:Administration, interpretation, uses, theory and critique. *The International Forum*

for Logotherapy / Journal of Search for Meaning, 11, 76-88.
Dienelt, Karl (1959). *Jugend- und Existenzberatung*. In: Frankl, V. E.; Gebstattel U. v.; Schultz. J. K. (Hrsg.) (1959), Handbuch der Neurosenlehre und Psychotherapie. München: 584–594
Fabry, J. B. (1978-1979). Aspects and prospects of logotherapy: A Dialogue with Viktor Frankl. *The International Forum for Logotherapy Journal of Search for Meaning*, 2, 8-11.
Fizzotti, Eugenio (1995). Prolegomena zu einer Psychotherapie mit menschlichem Antlitz. *Journal des Viktor-Frankl-Instituts 1. 29–40*
Frankl, Eleonore; Batthyany, Alexander; Czernin, Marie; Pezold, Juliane; Vesely, Alexander. (2005). *Viktor E. Frankl, Wien IX. Erlebnisse und Begegnungen in der Mariannengasse*. Innsbruck: Tyrolia
Frankl, Viktor E. (1923). Geistversportlichung. *Der Tag*, 4.3.1923
Frankl, Viktor E. (1924). Zur mimischen Bejahung und Verneinung. *Internationale Zeitschrift für Psychoanalyse* 10, 437-438
Frankl, Viktor E. (1925). Psychotherapie und Weltanschauung. Zur grundsätzlichen Kritik ihrer Beziehungen. *Internationale Zeitschrift für Individualpsychologie* III, 250-252.
Frankl, Viktor E. (1926a). Zur Psychologie des *Intellektualismus. Internationale Zeitschrift für Individualpsychologie* IX-XII
Frankl, Viktor E. (1926b). Schafft Jugendberatungsstellen! *Die Mutter*, 31.8.1926
Frankl, Viktor E. (1926c). Gründet Jugendberatungsstellen! *Der Abend*, 31.8.1926
Frankl, Viktor E. (1927).Vom Sinn des Alltags. *Der Mensch im Alltag* Vol. I, Bd. 3, S. 3
Frankl, Viktor E. (1930). Jugendberatung. In: *Enzyklopädisches Handbuch der Jugendfürsorge*. o.O.
Frankl, Viktor E. (1931). Die Schulschlußaktion der Jugendberatung. *Arbeiterzeitung*, 5.7.1931
Frankl, Viktor E. (1933). Wirtschaftskrise und Seelenleben vom Standpunkt des Jugendberaters. *Sozialärztliche Rundschau*. 4: 43-46
Frankl, Viktor E. (1935a). Aus der Praxis der Jugendberatung.

Psychotherapeutische Praxis, VII
Frankl, Viktor E. (1935b). Ein häufiges Phänomen bei Schizophrenie. *Zeitschrift für Neurologie und Psychiatrie*, 152, 161–162
Frankl, Viktor E. (1935c). Kol nidre auf dem Steinhof. *Mitteilungsblatt der Vereinigung jüdischer Ärzte* II (1935), Nr. 22, 6-7
Frankl, Viktor E. (1938). Zur geistigen Problematik der Psychotherapie. *Zentralblatt für Psychotherapie* 10, 33-75
Frankl, Viktor E. (1939a). Zur medikamentösen Unterstützung der Psychotherapie bei Neurosen. *Schweizer Archiv für Neurologie und Psychiatrie*, 43, 26–31
Frankl, Viktor E. (1939b). Philosophie und Psychotherapie. Zur Grundlegung einer Existenzanalyse. *Schweizerische Medizinische Wochenschrift*, LXIX, 707-709
Frankl (ca. 1940/42). *Ärztliche Seelsorge*. Urfassung. Wien: Viktor Frankl Institut (unveröffentlicht).
Frankl, Viktor E. (1942). Pervitin intrazisternal. *Ars Medici (Schweiz)*, 32, 1, 58–60.
Frankl, Viktor E. (1946a). *Ärztliche Seelsorge. Grundlagen der Logotherapie und Existenzanalyse.* Wien: Deuticke
フランクル著、霜山徳爾訳、『死と愛——実存分析入門』、みすず書房、1996年、新装第13刷。
フランクル著、山田邦男監訳、『人間とは何か——実存的精神療法』、春秋社、2011年、第1刷。
Frankl, Viktor E. (1946b). *Ein Psycholog erlebt das Konzentrationslager.* Wien: Verlag für Jugend und Volk
フランクル著、霜山徳爾訳、『夜と霧』（旧版）（著作集①）みすず書房、1976年、改版第9刷。
フランクル著、池田香代子訳、『夜と霧』（新版）みすず書房、2003年、第3刷。
Frankl, Viktor E. (1947). *Die Psychotherapie in der Praxis.* Wien: Deuticke
Frankl, Viktor E. (1949). Aus der Krankengeschichte des Zeitgeistes. *Wiener Universitäts-Zeitung.* I/7
Frankl, Viktor E. (1965). Der Pluralismus der Wissenschaften und die Einheit des Menschen. In: Die *Sechshundertjahrfeier der Universität Wien. Festbericht.* Wien: Selbstverlag der Universität

Wien.

Frankl, Viktor E. (1993). *Theorie und Therapie der Neurosen*. München: Reinhardt bei UTB

フランクル著、霜山徳爾訳、『神経症 I ――その理論と治療』(著作集④) みすず書房、1973 年、第 9 刷。

フランクル著、霜山徳爾訳、『神経症 II ――その理論と治療』(著作集⑤) みすず書房、1973 年、第 9 刷。

Frankl, Viktor E. (2002). *Was nicht in meinen Büchern steht. Lebenserinnerungen*. Weinheim: Beltz

フランクル著、山田邦男訳、『フランクル回想録――二〇世紀を生きて』、春秋社、1998 年、第 1 刷。

Frankl, Viktor E. & Lapide, Pinchas (2005a). *Gottsuche und Sinnfrage. Ein Gespräch*. Gütersloh: Gütersloher Verlagshaus

フランクル、ラピーデ著、芝田豊彦・広岡義之訳、『人生の意味と神――信仰をめぐる対話――』、新教出版、2014 年、第 1 刷。

Frankl, Viktor E. (2005b). *Frühe Schriften. Herausgegeben und kommentiert von Gabriele Vesely-Frankl*. Wien: Maudrich.

Guttmann, D. (1996). *Logotherapy for the Helping Professional. Meaningful Social Work*. New York: Springer Publishing Company.

Lukas, Elisabeth (1985). *Psychologische Seelsorge. Logotherapie - die Wende zu einer menschenwürdigen Psychologie*. Freibug: Herder.

Lukas, Elisabeth (1993). *Von der Trotzmacht des Geistes. Menschenbild und Methoden der Logotherapie*. Freiburg: Herder

Lukas, Elisabeth (1994). *Psychotherapie in Würde: Sinnorientierte Lebenshilfe nach Viktor E. Frankl*. München: Quintessenz.

McHoskey et al. (1999). Relativism, nihilism, and quest. *Journal of Social Behavior & Personality. Vol 14(3) 445-462*

Moomal, Zubair (1999). The relationship between meaning in life and mental well-being. *South African Journal of Psychology*. Vol 29(1) 36-41

Neugebauer, Wolfgang (1997). Wiener Psychiatrie und NS-Verbrechen. In: *Die Wiener Psychiatrie im 20. Jahrhundert*. Wien: Tagungsbericht, Institut für Wissenschaft und Kunst, 20./21. Juni 1997

Robinson, Daniel N. (1985). *Philosophy of Psychology*. New York:

Columbia University Press
Robinson, Daniel N. (1995). *An Intellectual History of Psychology.* Madison: Wisconsin University Press
Soucek, Wolfgang (1948). Die Existenzanalyse Frankls, die dritte Richtung der Wiener Psychotherapeutischen Schule. *Deutsche Medizinische Wochenschrift*, 73, 594–595
Stewart, Jonathan W. et al. (1993). Demoralization predicts nonresponse to cognitive therapy in depressed outpatients. *Journal of Cognitive Psychotherapy.* Vol 7(2) 105-116
Testoni, I.; Zamperini, A. (1998). Nihilism, drug addiction and representation of death. *Giornale Italiano di Suicidologia.* Vol 8(1) 13-21
Wegner, D. *White Bears and Other Unwanted Thoughts: Suppression, Obsession and the Psychology of Mental Control.* New York: Viking, 1989.
Wenzlaff, R. M., Wegner, D. M., & Roper, D. W. (1988). Depression and mental control: The resurgence of unwanted negative thoughts. *Journal of Personality and Social Psychology*, 55(6), 882-892.
Vesely, Franz & Fizzotti, Eugenio (2005). *Internationale Bibliographie der Logotherapie und Existenzanalyse.* Wien: Internationales Dokumentationszentrum für Logotherapie und Existenzanalyse (www.viktorfrankl.org)
Wolf K, Koppel S, Mass R, Naber D. (2004). Identification of mimic disintegration in schizophrenia using facial electromyography. *Nervenarzt.* 2004 Sep 15.

第１部　第２章　精神医学と人間の意味への探求

Binswanger, L. (1957) *Sigmund Freud, Reminiscences of A Friendship*, New York: Grune & Stratton
Dreikurs, R., (1960) The Current Dilemma in Psychotherapy, *Journal of Existential Psychiatry*1,187-206.
Frankl, V.E., (1959) *From Death-Camp to Existentialism: A Psychiatrist' s Path to a New Therapy.* Preface by Gordon W. Allport. Boston: Beacon Press.
——. (1960) Paradoxical Intention: A Logotherapeutic Technique, *American Journal of Psychotherapy*, 14, 520-535.

——. (1955) The Doctor and the Soul: *An Introduction to Logotherapy* New York: Alfred A. Knopf.
Kotchen, T. A., (1960) Existential Mental Health: An Empirical Approach, *Journal of Individual Psychology*, 16, 174-181.
Rogers, C. R., (1960a) Two Divergent Trends, in *Existential Psychology,* edited by May, R. New York, Random House.
——. (1961b) The Process Equation of Psychotherapy, *American Journal of Psychotherapy*, 15, 27-45.
Weisskopf-Joelson, E. (1958) Logotherapy and Existential Analysis, *Acta Psychotherapeutica*, 6, 193-204.
Wolpe, J., (1961) The Prognosis in Psychoanalysis Recovery from Neurosis, *American Journal of Psychiatry*, 228

第１部　第３章　ロゴセラピーとは何か

Arnold,M.B. and John,A.G.(1954) The human person. In *Logotherapy and existential analysis* New York: Ronald Press
Birnbaum,F.(1961)*Frankl'sExistential Psychology from the Viewpoint of Individual Psychology*. Journal of individual Psychology 15: 162-166
Frankl,V.E.(1951)Paper read before the Second International Congress of Psychotherapy, Leiden, the Nertherlands
——.(1954)Group threrapeutic experiences in a concentration camp, *Group Psychotherapy* 7: 81-90.
——.(1955/1957)*The doctor and the soul. An introduction to Logotherapy*. New York: Knopf
——.(1957)Paper read before the Association for the Advancement of Psychoanalysis, New York
——.(1958)On Logotherapy and existential analysis. American Journal of Psychoanalysis. 10: 28-37
——.(1958)Paper read before the Fourth International Congress of Psychotherapy, Barcelona
——.(1959)*From death camp to existentialism*. A psychiatrist's path to a new therapy. Preface by G.W.Allport. Boston: Beacon Press
——.(1959)The spiritual dimension in existential analysis and Logotherapy. *Journal of individual Psychology* 15: 157-165
——.(1959)Paper read before the Conference on Existential

Psychotherapy, Chicago
——.(1960) Beyond self actualization and self expression. *Journal of existential Psychiatry* 1: 5-20
——.(1960) Paradoxical intention: A logotherapeutic technique. American Journal of Psychotherapy 14: 520-535
——.(1960) Paper read before the American Association for the Advancement of Psychotheraoy, New York
——.(1960) Paper read before the Conference on Existential Psychotherapy, New York
——.(1961) Logotherapy and the challenge of suffering. *Review of existential Psychology and Psychiatry* 1: 3-7
——.(1962) Psychiatry and Man's Quest for Meaning. *Journal of Religion and Health.* 1: 93-103
Johnson, Paul E.(1961) Logotherapy. A Corrective for Determinism. *Christian Advocate* 5: 12-13
Polok, P.(1949) Frankl's existential analysis. *American Journal of Psychotherapy* 3: 617-622
Tweedie, D. E(1961) *Logotherapy and the Christian faith. An evaluation of Frankl's existential approach to psychotherapy.* Grand Rapids, Michigan: Baker Book House
Ungersma, A. J.(1961) *The search of meaning.* Philadelphia: The Westminster Press
Weisskopf-Joelson, E.(1958) Logotherapy and existential analysis. *Acta Psychotherapeutica.* 6: 193-204

第１部　第６章　自己実現を超えて

Allport, G.W. (1955) *Becoming, Basic Considerations for a Psychology of Per- sonality.* New Haven: Yale University Press
Arnold,M.B.andGasson,J.A.(1954) *TheHumanPerson.*NewYork:Ronald Press (See esp. Chapter 16: Logotherapy and Existential Analysis)
Brady, J. V., (1958) In: Reticular formation of the brain. Edit. H. H. Jasper, 689.
Bühler, C. (1960) Basic Tendencies of Human Life. Theoretical and Clinical Considerations. In R. Wisser (Ed.): *Sein und Sinn. Anniversary Volume for Prof.* von Rintelen. Tübingen.

——. (1959) Theoretical Observations About Life's Basic Tendencies. *American Journal of Psychotherapy* 13, 561-581

Elkin, H.(1958-9) "On the Origin of the Self," *Psychoanalysis and the Psycho- analytic Review* 45, 57-74.

Frankl, V.E., (1939) Philosophie und Psychotherapi., Zur Grundlegung ein- er Existenzanalyse. *Schweiz. med. Wschr.* 69, 707

——. (1949) *Der unbedingte Mensch, Metaklinische Vorlesungen*, Wien: Franz Deuticke (English edition, New York: Flarper and Brothers)

——.(1954) Group Therapeutic Experiences in a Concentration Camp, *Group Psychotherapy*, 7, 81 (Paper read before the Second International Congress of Psychotherapy in Leiden, the Netherlands, on September 8, 1951.)

——.(1955) *The Doctor and the Soul, an introduction to Logotherapy*, Knopf: NewYork

——.(1955) The Concept of Man in Psychotherapy, *Pastoral Psychology*, 6, 16-26, 1955.

——.(1956) *Theorie und Therapie der Neurosen, Einfuhrung in Logotherapie und Existenzanalyse*, Wien and München: Urban & Schwarzenberg

——. (1958a) On Logotherapy and Existential Analysis, *The American Journal of Psychoanalysis*, 18, 28-37 (Paper read before the Association for the Advancement of Psychoanalysis on April 17, 1957.)

——.(1958b) The Will to Meaning, *The Journal of Pastoral Care*, 12: 82 88.

——.(1959a) In: *Critical Incidents in Psychotherapy*, Standal, S.W. and Cor- sini, R.J. eds., Englewood Cliffs: Prentice Hall

——.(1959b) *Das Menschenbild der Seelenheilkunde, Drei Vorlesungem zur Kritik des dynamischen Psychologismus*, Stuttgart: Hippokrates Verlag

——.(1959c) *From Death Camp to Existentialism, A Psychiatrist's Path to a New Therapy*, Preface by Gordon W. Allport, Boston: Beacon Press

——.(1959d) Logotherapy and the Collective Neuroses, in: *Progress in Psychotherapy*, Vol. IV, Masserman J.H. and Moreno J.L eds.,

New York: Grune & Stratton
——.(1959e) The Spiritual Dimension in Existential Analysis and Logo-therapy, *Journal of Individual Psychology*, 15, 157-165
Jung, R. (1958) *Deutsche Medizinische Wochenschrift.* 83, 1716
Knickerbocker, L, (1948) Leadership: A Conception and some implications, *Journal of Social Issues, 4*, 23-40
Kocourek, K., Niebauer, E. and Polak, P., (1959) Ergebnisse der klinischem Anwendung der Logotherapie, in: *Handbuch der Neurosenlehre und Psycho- therapie*, edited by V. E. Frankl, V. E. v. Gebsattel and J. H. Schultz, Band III, Munich and Berlin: Urban & Schwarzenberg
Maslow, A. H. (1954) *Motivation and Personality*, New York: Harper & Brothers, New York
McGregor, D. (1948) The staff function in human relations, *Journal of Social Issues*, 4, 5-22.
Murelius, O. (1958) Ethics and Psychology, *American journal of Psychotherapy* 12, 641-649
Olds, J. and Mimer, P., (1954) *Journal of comparative and physiological Psychology* 47, 419
Piotrowski, Z. A. (1959) Basic Human Motives According to Kurt Gold-stein, *American Journal of Psychotherapy*, 13, 553-560, 1959.
Polak, P., (1949) Frankl's Existential Analysis, *American Journal of Psycho- therapy,* 3, 617-622
Straus, E.W., (1958) In *Existence*, edited by May, R., Angel, E. and Ellenher- ger, H.F., New York: New York
Weisskopf-Joelson, E., (1955) Some Comments on a Viennese School of Psychiatry, *Journal of Abnormal and Social Psychology,* 51, 701-703
—— .(1958) Logotherapy and Existential *Analysis, Acta Psychotherapeutica*, 6, 193-204
Werner, G. (1958) Klinische Wochenschrift 36, 404

第2部　第1章　意味探求と実存主義

Binswanger, L., (1957) *Reminiscences of a Friendship*, New York: Grune and Stratton, p. 96.
Birnbaum, F., (1961) *Frankl's Existential Psychology from the Viewpoint*

of Individual Psychology. J. med. Psychol. 17, 162.

——. & Maholick, L. T., (1963) The Case for Frankl's 'Will to Meaning' , *Journal of Existential Psychology* 4, 43.

——. & Maholick, L. T., (1964) An Experimental Study in Existentialism: The Psychometric Approach to Frankl's Concept of Noogenic Neurosis. *Journal of Clinical Psychology* 20, 200

——. (1965) The Application of Logotherapy. *Journal of Existentialism*. 5, 403.

Dreikurs, R., (1960) *The Current Dilemma in Psychotherapy*. J. Existent. Psychiatry 1, 187206.

Frankl, V.E., (1960) Paradoxical Intention: A Logotherapeutic Technique. *American Journal of Psychotherapy* 14, 520.

——. (1962) *Man's Search for Meaning: An Introduction to Logotherapy*. Pref. by Gordon W. Allport, Boston: Beacon Press

——. (1965a) *The Doctor and the Soul: From Psychotherapy to Logotherapy*. Second edition. New York: Knopf

——. (1965b) *The Concept of Man in Logotherapy*. J. Existent. 6, 53.

——. (1966) Logotherapy and Existential Analysis: A Review. *American Journal of Psychotherapy*, 20, 252.

——. (1967) *Psychotherapy and Existentialism: Selected Papers on Logotherapy*. New York: Washington Square Press

Freud, S., (1889) *Über Forel: Der Hypnotismus, seine Bedeutung und seine Handhabung*. Wiener medizinische Wochenschrift, 34, 1098.

Gerz, H. O. (1962) *The Treatment of the Phobic and the Obsessive-Compulsive Patient Using Paradoxical Intention*. J. Nenropsych., 3, 375.

——. (1966) Experience with the Logotherapeutic Technique of Paradoxical Intention in the Treatment of Phobic and Obsessive-Compulsive Patients, *Journal of Psychiatry*, 123, 548.

Leslie, R.C., (1963) Book Review, *Journal Of Religion & Health*, 2, 169.

——. (1965) *Jesus and Logotherepy: The Ministry of Jesus as Interpreted Through the Psychotherapy of Viktor Frankl*. New York: Abingdon Press

Pervin, L.A., (1960) Existentialism, Psychology and Psychotherapy. Amer. *Psychol*. 15, 305-9.

Polak, P., (1949) Frankl's Existential Analysis. *American Journal of Psychotherapy* 3, 517.
Tweedie, D.F., (1961) *Logotherapy and the Christian Faith: An Evaluation of Frankl's Existential Approach to Psychotherapy.* Grand Rapids: Baker Book House
Tweedie, D.F., (1963) *The Christian and the Couch: An Introduction to Christian Logolherapy*. Grand Rapids: Baker Book House
Ungersma, A.J., (1961) *The Search for Meaning: A New Approach to Psychotherapy and Pastoral Psychology*. Philadelphia: The Westminster Press
Weisskopf-Joelson, E., (1958) Logotherapy and Existential Analysis. *Acta Psychotherapeutica*, 6, 193

第2部　第2章　心理療法とは何か

Bühler, C., (1960) Die Wertproblematik der Psychotherapie in Handbuchder Neurosenlehre and Psychotherapie, hrsg. von Frankl, V.E., von Gebsattel, V.E., und Schultz, *J.H.*, vol. V, Muenchen & Berlin: Urban & Schwarzenberg
Davis, J.M., McCourt, W.F., and Solomon, P., (1960) The effect of visual stimulation on hallucinations and other mental experiences during sensory deprivation in *American Journal of Psychiatry,* 116, p. 889.
Frankl, V.E., (1945) *Aerztliche Seelsorge*, Wien: Franz Deuticke
——. (1949) Der unbedingte Mensch, *Metaklinische Vorlesungen.* Wien:　Franz Deuticke
——. (1950) Homo patiens. *Versuch einer Pathodizee*. Wien: Franz Deuticke
——. (1956) Theorie und Therapie der Neurosen. *Einführung in Logotherapie und Existeuzanalyse*. München & Basel: Ernst Reinhardt
——. (1959) Das Menschenbild der Seelenheilkunde. *Drei Vorlesungen zur Kritik des dynamischen Psychologismus.* Stuttgart: Hippokrates Verlag
Freud, S. Schriften, *Londoner Ausgabe*, vol. XVII, p. 29.
——. op. cit., vol. XI, p. 370.
Hartmann, H., (1960) Ich Psychologie and Anpassungsproblem.

Psyche, 14, p. 81.
Rogers, C.R., (1960) Discussion. *Existential Inquiries* 1, no. 2, p. 9.

第2部　第6章　「意味する」とはどういうことか

Allers, R., (1961) Ontoanalysis: A New Trend in Psychiatry. Proceedings of the American Catholic Philosophical Association, 78
Allport, G.W., (1962) Psychological Models for Guidance, *Harvard Educational Review,* 32, 373
Crumbaugh, J.C., (1965) The Application of Logotherapy, *Journal of Existentialism*, 5, 403
Crumbaugh, J.C. and Maholick, L.T., (1963) The Case for Frankl's 'Will to Meaning.' *Journal of Existential Psychiatry*, 4, 43
Frankl, V.E., (1963) *Man's Search for Meaning: An Introduction to Logotherapy.* New York: Washington Square Press
Frankl, V.E. (1965a) *The Doctor and the Soul: From Psychotherapy to Logotherapy.* 2nd expanded edition, New York: Knopf
Frankl, V.E., (1965b) The Concept of Man in Logotherapy. *Journal of Existentialism*, 6, 53
Frankl, V.E., (1965c) Fragments From the Logotherapeutic Treatment of Four Cases. *In Modern Psychotherapeutic Practice: Innovations In Technique,* edited by Arthur Burton. Palo Alto: Science and Behavior Books
Frankl, V.E., (1966) Self-transcendence as a Human Phenomenon, *Journal of Humanistic Psychology*. 6, 97-106
Frankl, V.E. (1967) *Psychotherapy and Existentialism: Foundations and Applications of Logotherapy*. New York: Washington Square Press.
Grollman, E.A., (1964) Viktor E. Frankl: A Bridge between Psychiatry and Religion. *Conservative Judaism*, 19, 19
Haworth, D.S., (1965) *Viktor Frankl Judaism*, 14, 351
Scheler, M., (1960) *On the Eternal in Man*. New York: Harper & Brothers
Strunk, O., (1965) Religious Maturity and Viktor E. Frankl, In *Mature Religion*, New York and Nashville: Abingdon Press
Thompson, W.I., (1962) Anthropology and the Study of Values, *Main Currents in Modern Thought,* 19, 37
Wertheimer, M.: (1961) Some Problems in the Theory of Ethics, In

Documents of Gestalt Psychology, edited by M. Henle. Berkeley & Los Angeles: University of California Press

第3部　第2章　宗教と実存的心理療法

Arnold, M.B. and Gasson, J.A., (1954) *The Human Person*, New York: Ronald Press. See Chapter 16: Logotherapy and Existential Analysis.

Frankl, V.E., (1954) Group Therapeutic Experiences in a Concentration Camp, *Group Psychotherapy*, 7, 81 (Paper read before the Second International Congress of Psychotherapy in Leiden, Netherlands, on September 8, 1951),

——. (1955) *The Doctor and the Soul, An Introduction to Logotherapy*, New York: Alfred A. Knopf

——. (1955) The Concept of Man in Psychotherapy, *Pastoral Psychology*, 6 16 26 (Paper read before the Royal Society of Medicine, Section of Psychiatry, on June 15, 1954)

——. (1958a) On Logotherapy and Existential Analysis, In *American Journal of Psychoanalysis*, 18, 28 37 (Paper read before the Association for the Advance, ment of Psychoanalysis on April 11, 1951)

——. (1958b) The Will to Meaning, *The Journal of Pastoral Care*, 12, 82 88

——. (1959a) In: *Critical Incidents in Psychotherapy*, edited by S. W. Standal and R. J. Corsini, Englewood Cliffs: Prentice Hall

——. (1959b) *From Death Camp to Existentialism, A Psychiatrist's Path to a New Therapy*, Preface by Gordon W. Allport, Boston: Beacon Press

——. (1959c) Logotherapy and the Collective Neuroses in: *Progress in Psychotherapy*, Vol. IV, edited by J. H. Masserman and J. L. Moreno, Grune & Stratton, New York

——. (1959d) The Spiritual Dimension in Existential Analysis and Logotherapy, *Journal of Individual Psychology*. Vol. 15, Nr. 2, November 1959

Gebsattel, V. E. von, (1947) *Christenturn und Humanismus*, Stuttgart: Ernst Klett

Polak, P., (1949) Frankl's Existential Analysis, *American Journal of*

Psychotherapy, 3 611-622

Weisskopf Joelson, E., (1955) Some Comments on a Viennese School of Psychiatry, *Journal of Abnormal and Social Psychology*, 51, 101-103

——. (1958) Logotherapy and Existential Analysis, *Acta Psychotherapeutica*, 6, 193-204

第3部　第3章　巨人の肩に乗って

Lowry, R.J.,(1982) *The Journals of Abraham Maslow Lexington*, Kentucky: Lewis, p.39.

Maslow, A. J.,(1965) *Eupsychian Management: A journal*, Homewood, Illinois: R. Irwin,, p.136.

訳者について

広岡義之（ひろおか・よしゆき）
1958 年生まれ。関西学院大学大学院文学研究科博士課程満期退学。神戸親和大学発達教育学部特任教授・大学院文学研究科担当。専門は教育学。主な著書に『フランクル教育学への招待』（風間書房）『フランクル人生論入門』（新教出版）などが、主な訳書に V. E. フランクル『絶望から希望を導くために』（共訳、青土社）などがある。

古田 薫（ふるた・かおり）
1962 年生まれ。京都大学大学院教育学研究科博士後期課程単位取得満期退学。兵庫大学教育学部教育学科教授。

塩見剛一（しおみ・こういち）
1977 年生まれ。関西学院大学大学院文学研究科博士課程満期退学。大阪産業大学教職教育センター准教授。専門は教育学。主な著書に『ペレニタスの教育』（共著、教育哲学・思想研究会）などが、主な訳書に V. E. フランクル『絶望から希望を導くために』（共訳、青土社）などがある。

津田 徹（つだ・とおる）
1970 年生まれ。関西学院大学大学院文学研究科博士課程満期退学。神戸芸術工科大学芸術工学教育センター教授。専門は教育学、西洋哲学史。主な著書に『教育の制度と歴史』（共著、ミネルヴァ書房）などが、主な訳書に V. E. フランクル『絶望から希望を導くために』（共訳、青土社）などがある。

山本孝司（やまもと・こうじ）1971 年生まれ。早稲田大学大学院教育学研究科単位取得満期退学。西南学院大学人間科学部児童教育学科教授。

高柳充利（たかやなぎ・みつとし）
1974 年生まれ。京都大学大学院教育学研究科博士後期課程研究指導認定退学。信州大学学術研究院教育学系准教授。著書に『教育実践に役立つ生徒指導・進路指導論』（共著、あいり出版）がある。

草野智洋（くさの・ともひろ）
1978 年生まれ。大阪大学大学院人間科学研究科博士後期課程修了。琉球大学人文社会学部人間社会学科准教授。

広瀬悠三（ひろせ・ゆうぞう）
1980 年生まれ。京都大学大学院教育学研究科博士課程研究指導認定退学。京都大学大学院教育学研究科准教授。

著者について
ヴィクトール・エミール・フランクル（Viktor Emil Frankl）

ヴィクトール・エミール・フランクルはウィーン大学医学部の神経学と精神医学の教授を務めた。また25年間にわたってウィーン神経学ポリクリニック市立総合病院の部長職にあった。彼の「ロゴセラピー（実存分析）」は「心理療法のウィーン第三学派」として知られるようになる。フランクルはハーバード大学、スタンフォード大学、ダラス大学、ピッツバーグ大学で客員教授として、さらにはカリフォルニア州サンディエゴにあるアメリカ合衆国国際大学のロゴセラピー特別教授として招聘された。

1905年生まれのフランクルは、ウィーン大学から医学博士と哲学博士を取得している。彼は第二次世界大戦中の3年間、アウシュヴィッツ、ダッハウ、そして他の強制収容所に送られた。40年間もの長きにわたってフランクル博士は、世界中で数えきれないほどの講義をしてきた。彼はヨーロッパ、アメリカ、アフリカそしてアジアの29大学から名誉教授の称号を受けた。フランクルには数多くの賞が授与されているが、なかでもとりわけアメリカ精神医学学会からのオスカー・プフィスター賞、また科学分野のオーストリア学士院の名誉会員は特筆に値する。

フランクルが出版した39冊の著書は、40カ国語で翻訳出版されている。特にアメリカで出版された『人間の意味探求』（邦訳『夜と霧』）は、非常に多くの部数が販売され、ワシントンの国会図書館などから「アメリカで最も影響を与えた十冊の本」の一つに選ばれているほどである。1997年にウィーンで亡くなる。

The Feeling of Meaninglessness
A Challenge to Psychotherapy and Philosophy by viktor frankl
Edited & with an introduction by Alexander Batthyany
Courtesy of Viktor Frankl Institute

虚無感について
心理学と哲学への挑戦　新装版

2023年8月25日　第一刷印刷
2023年8月31日　第一刷発行

著　者　V・E・フランクル
訳　者　広岡義之

発行者　清水一人
発行所　青土社

〒101-0051　東京都千代田区神田神保町1-29　市瀬ビル
［電話］03-3291-9831（編集）　03-3294-7829（営業）
［振替］00190-7-192955

印刷・製本　シナノ
装丁　岡孝治

ISBN978-4-7917-7579-8　Printed in Japan